日本一国宝《こくほう》の建築物《けんちくぶつ》が多いお寺
法隆寺《ほうりゅうじ》
18件《けん》

日本で最初《さいしょ》の世界文化遺産《いさん》
姫路城《ひめじじょう》
1993年登録《とうろく》

日本一長いお寺の本堂《ほんどう》
三十三間堂本堂《さんじゅうさんげんどうほんどう》
長さ約《やく》120m

日本一大きな木造《もくぞう》の鳥居《とりい》
嚴島神社大鳥居《いつくしまじんじゃおおとりい》
高さ約《やく》16m、
最大幅《はば》約24m

もっと知りたい!図鑑

行ってみよう!

京都・奈良図鑑

はじめに

この本は、「京都《きょうと》」「奈良《なら》」を中心に、「平泉《ひらいずみ》」「日光《にっこう》」「姫路《ひめじ》」「広島《ひろしま》」「沖縄《おきなわ》」の建造物《けんぞうぶつ》などの文化財《ぶんかざい》を、歴史的《れきしてき》な背景《はいけい》もふくめてわかりやすく解説《かいせつ》し、修学《しゅうがく》旅行や校外学習で訪《おとず》れるときの、事前学習の手引きとなるよう編集《へんしゅう》した本です。

★

現代《げんだい》の日本社会をあらわすことば（キーワード）のひとつに、「国際化《こくさいか》社会」があります。「国際化」ということばを聞いたとき、わたしたちが思いうかべるのは、ことば（外国語）と、外国に関《かん》する知識《ちしき》の豊富《ほうふ》さではないでしょうか。外国人と思いを伝《つた》えあうとき、それはとてもたいせつなことです。しかし、自分の国の歴史や文化を知り、伝えることが、同じようにたいせつであることも忘《わす》れてはなりません。文化財を学習することの意義《いぎ》のひとつは、ここにあるのです。

文化財に対する理解《りかい》は、それができたころの歴史的背景を知れば、さらに深まります。たとえば、桃山《ももやま》時代の建築《けんちく》やふすま絵はけんらん豪華《ごうか》ですが、たたかいに明けくれた戦国《せんごく》時代が終わり、国が安定してきた開放感《かいほうかん》のあらわれであることを知ると、「はなやかさ」のもつ意味がよくわかります。このように、文化財について学習し、実際《じっさい》に鑑賞《かんしょう》することによって、わたしたちは、日本の歴史や文化を、より体験的《たいけんてき》に知ることができます。文化財を通じて日本の心を感じ、日本という国に、誇《ほこ》りを感じることができるようになると思います。このことは、真の「国際人」となるために、とてもたいせつなことなのです。

★

文化財は、知れば知るほど、いろいろなことを教えてくれます。この本を通じて、文化財がみなさんにとって身近な存在《そんざい》となることを、祈《いの》っています。

この本の使い方

この本は、寺院や神社、施設《しせつ》などで見られる文化財《ぶんかざい》を、地域《ちいき》ごとに紹介《しょうかい》しています。

項目《こうもく》

紹介《しょうかい》する寺院や神社などの名前です。「飛鳥《あすか》」のように、ある地域《ちいき》をまとめて紹介しているものもあります。

地図

伽藍配置《がらんはいち》や敷地内《しきちない》の文化財《ぶんかざい》を紹介《しょうかい》しています。

文化財《ぶんかざい》の内容《ないよう》

文化財《ぶんかざい》のさらにくわしい解説《かいせつ》がのっています。

カテゴリー

「京都《きょうと》」「奈良《なら》」「平泉《ひらいずみ》」「日光《にっこう》」「姫路《ひめじ》」「広島《ひろしま》」「沖縄《おきなわ》」の７つの地域《ちいき》にわけています。「京都」「奈良」は、そのなかで、さらに細かい地域わけをしています。

所在地《しょざいち》と文化財《ぶんかざい》の分類《ぶんるい》・種類《しゅるい》

その文化財《ぶんかざい》がある住所です。地図番号は、各地域《かくちいき》の広域《こういき》地図(京都→12ページ、奈良→81ページ、平泉→115ページ、日光→118ページ、沖縄→141ページ)と照《て》らしあわせて位置《いち》を確認《かくにん》することができます。施設《しせつ》によっては、見学前に予約《よやく》が必要《ひつよう》なところもあります。

文化財《ぶんかざい》の概要《がいよう》

文化財《ぶんかざい》の歴史《れきし》や見どころを紹介《しょうかい》しています。

おもな文化財《ぶんかざい》

寺院や神社、施設《しせつ》にあるおもな文化《ぶんか》財を「国宝《こくほう》」や「重要《じゅうよう》文化財」といった分類《ぶんるい》ごとに掲載《けいさい》しています。

豆知識《まめちしき》

その文化財《ぶんかざい》の歴史的《れきしてき》な背景《はいけい》、エピソードなどがのっています。

もっと知りたい！

知っておくと、寺院や神社、施設《しせつ》をさらに楽しめる情報《じょうほう》です。

透視《とうし》してみよう！

寺院や城郭《じょうかく》などの建築物《けんちくぶつ》について、内部のようすや建築《けんちく》のくふうを透視《とうし》図《ず》で見ることができます。

おもしろ情報《じょうほう》

各地域《かくちいき》に伝《つた》わる文化や伝統《でんとう》を紹介《しょうかい》しています。その地域の文化について、さらにくわしく知ることができます。

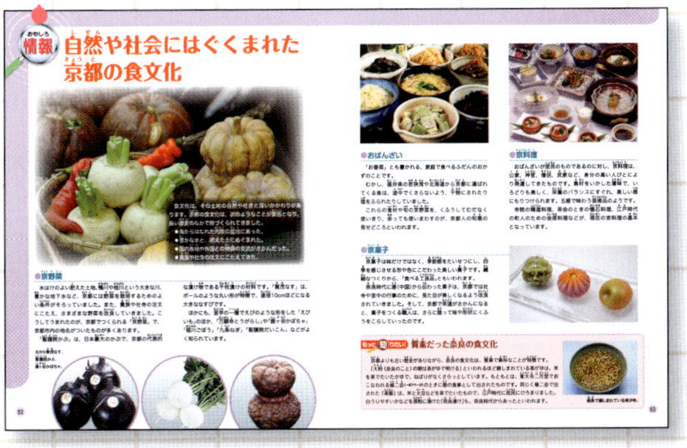

行ってみよう！京都・奈良図鑑

もくじ

京《きょう》都《と》

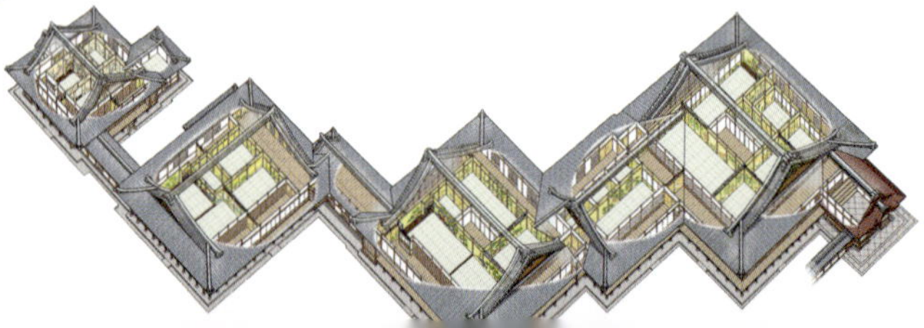

奈《な》良《ら》

守りたい、伝《つた》えたい、日本の文化財《ぶんかざい》

長い歴史《れきし》のなかで、人間の文化的《ぶんかてき》な営《いとな》みから、さまざまな産物《さんぶつ》がうまれてきました。そのなかで、歴史的《れきしてき》、芸術的《げいじゅつてき》、学術的《がくじゅつてき》に価値《かち》の高いものを、「文化財《ぶんかざい》」とよんでいます。日本では、文化財保護法《ほごほう》(1950年施行《しこう》)で、以下《いか》のように分類《ぶんるい》し、指定された文化財の保護につとめています。

文化財《ぶんかざい》の種類《しゅるい》・分類《ぶんるい》

重要《じゅうよう》なもの → とくに価値《かち》の高いもの

- **文化財《ぶんかざい》**
  - **有形文化財《ぶんかざい》**
    建造物《けんぞうぶつ》や美術工芸品《びじゅつこうげいひん》のように、形として存在《そんざい》し、歴史《れきし》上《じょう》、芸術上《げいじゅつじょう》、学術上《がくじゅつじょう》価値《かち》の高いもの。
    - 重要文化財《じゅうようぶんかざい》 → 国宝《こくほう》
      ※重要《じゅうよう》なものを重要文化財《ぶんかざい》に、とくに価値《かち》の高いものを国宝《こくほう》に指定
    - 登録《とうろく》有形文化財《ぶんかざい》
      ※保存《ほぞん》と活用がとくに必要《ひつよう》なものを登録《とうろく》
  - **無形文化財《むけいぶんかざい》**
    演劇《えんげき》、音楽、工芸技術《こうげいぎじゅつ》など、形のないもので、歴史上《れきしじょう》、芸術上《げいじゅつじょう》、価値《かち》が高いもの。
    - 重要無形文化財《じゅうようむけいぶんかざい》
      ※重要《じゅうよう》なものを重要無形文化財《むけいぶんかざい》に指定
  - **民俗文化財《みんぞくぶんかざい》**
    衣食住《いしょくじゅう》、信仰《しんこう》、年中行事などに関《かん》する風俗慣習《ふうぞくかんしゅう》や民俗《みんぞく》芸能《げいのう》などの無形《むけい》のものと、それらに用いられる衣服《いふく》や器具《きぐ》などの有形のものがある。
    - 重要無形民俗文化財《じゅうようむけいみんぞくぶんかざい》
      ※とくに重要《じゅうよう》なものを指定
    - 重要《じゅうよう》有形民俗文化財《みんぞくぶんかざい》
      ※とくに重要《じゅうよう》なものを指定
    - 登録《とうろく》有形民俗文化財《みんぞくぶんかざい》
      ※保存《ほぞん》と活用がとくに必要《ひつよう》なものを登録《とうろく》
  - **記念物《きねんぶつ》**
    古墳《こふん》や城跡《しろあと》などの遺跡《いせき》、庭園などの名勝地《めいしょうち》、動物・植物・地質鉱物《ちしつこうぶつ》で価値《かち》の高いものをいう。
    - 史跡《しせき》 → 特別史跡《とくべつしせき》
      ※重要《じゅうよう》なものを史跡《しせき》に、とくに重要なものを特別《とくべつ》史跡に指定
    - 名勝《めいしょう》 → 特別名勝《とくべつめいしょう》
      ※重要《じゅうよう》なものを名勝《めいしょう》に、とくに重要なものを特別《とくべつ》名勝に指定
    - 天然記念物《てんねんきねんぶつ》 → 特別天然記念物《とくべつてんねんきねんぶつ》
      ※重要《じゅうよう》なものを天然記念物《てんねんきねんぶつ》に、とくに重要なものを特別《とくべつ》天然記念物に指定
    - 登録記念物《とうろくきねんぶつ》
      ※保存《ほぞん》と活用がとくに必要《ひつよう》なものを登録《とうろく》
  - **文化的景観《ぶんかてきけいかん》**
    棚田《たなだ》や里山など、地域《ちいき》における人びとの生活や生業《せいぎょう》、地域《ちいき》の風土により形成《けいせい》された景観地《けいかんち》のこと。
    - 重要文化的景観《じゅうようぶんかてきけいかん》
      ※とくに重要《じゅうよう》なものを選定《せんてい》
  - **伝統的建造物群《でんとうてきけんぞうぶつぐん》**
    城下町《じょうかまち》や宿場町など、周囲《しゅうい》の環境《かんきょう》と一体をなし、歴史《れきし》的《てき》なおもむきを形成《けいせい》している町並《まちな》みや集落などのこと。
    - 伝統的建造物群《でんとうてきけんぞうぶつぐん》保存《ほぞん》地区 → 重要伝統的建造物群《じゅうようでんとうてきけんぞうぶつぐん》保存《ほぞん》地区
      ※わが国にとってとくに価値《かち》が高いものを重《じゅう》要伝統的建造物群《ようでんとうてきけんぞうぶつぐん》保存《ほぞん》地区として選定《せんてい》

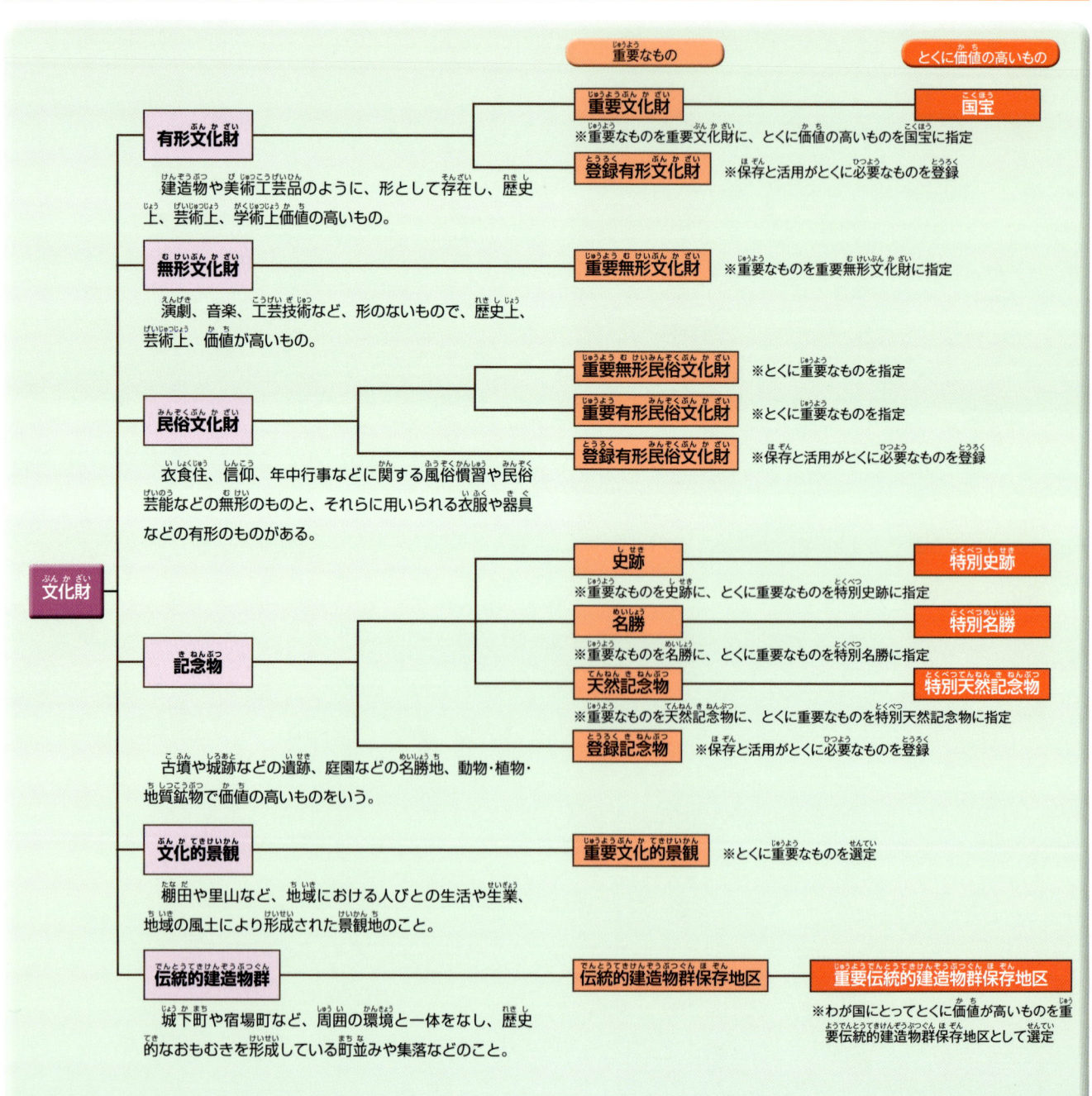

建築《けんちく》

飛鳥《あすか》時代の6世紀《せいき》に仏教《ぶっきょう》が伝《つた》わると、中国の建築技術《けんちくぎじゅつ》も日本に入ってきました。それ以降《いこう》、気候《きこう》風土にあわせて少しずつ変化《へんか》が加《くわ》えられ、日本の建築様式は確立《かくりつ》していきます。

寺院建築《けんちく》様式の移《うつ》りかわり

●飛鳥《あすか》時代から奈良《なら》時代にかけて、日本の寺院建築《けんちく》は中国(隋《ずい》と唐《とう》)の影響《えいきょう》を強く受けていましたが、平安《へいあん》時代になると、だんだん日本人好《この》みの様式に変化《へんか》していきます。これを「**和様《わよう》**」といい、柱が細く、天井《てんじょう》が低《ひく》めのおだやかな建築空間であることなどが特徴《とくちょう》です。**平等院《びょうどういん》**の鳳凰堂《ほうおうどう》(→70ページ)・**三十三間堂《さんじゅうさんげんどう》**(→30ページ)などがその代表例《だいひょうれい》です。

●鎌倉《かまくら》時代には、中国(宋《そう》)の影響《えいきょう》を受けて、屋根が長くてがんじょうなつくりの「**大仏様《だいぶつよう》(天竺様《てんじくよう》)**」、禅宗《ぜんしゅう》の僧《そう》の生活の場を取りこんだ「**禅宗様《ぜんしゅうよう》(唐様《からよう》)**」、また、和様《わよう》をもとに、大仏様と禅宗様のそれぞれの良《よ》さを生かした「**折衷様《せっちゅうよう》**」などの様式がうまれました。**東大寺《とうだいじ》**の大仏殿《だいぶつでん》(→82ページ)や南大門《なんだいもん》には、大仏様の影響が見られます。

●室町《むろまち》時代には、**金閣《きんかく》**(→54ページ)や**銀閣《ぎんかく》**(→38ページ)などの楼閣《ろうかく》建築《けんちく》がさかんになり、安土桃山《あづちももやま》時代には、寺院建築ではありませんが、**姫路城《ひめじじょう》**(→128ページ)などの城郭《じょうかく》建築がさかんになりました。

神社の建築《けんちく》様式

神様がまつられている神社の本殿《ほんでん》の建築《けんちく》には、いろいろな様式があります。神社の場合、基本的《きほんてき》な屋根の形は「**切《きり》妻造《づまづくり》**」ですが、入口がどちら側《がわ》にあるかによって、「妻入り《つまい》」と「平入《ひらい》り」に分かれます(右の図参照《さんしょう》)。

妻入《つまい》りの例《れい》は**春日大社《かすがたいしゃ》**本殿《ほんでん》(→90ページ)で、母屋《おもや》の前にひさしがついていて、「**春日造《かすがづくり》**」とよばれています。屋根は檜皮葺《ひわだぶき》(→151ページ)で、千木《ちぎ》や鰹木《かつおぎ》という飾《かざ》りがのっています。

平入《ひらい》りのなかで、切妻造《きりづまづくり》の前の屋根がのびてひさしとなっているのが「**流造《ながれづくり》**」で、**上賀茂神社《かみがもじんじゃ》**(→46ページ)や**下鴨神社《しもがもじんじゃ》**(→44ページ)などがその例です。

このほか、**厳島神社《いつくしまじんじゃ》**(→132ページ)のように、流造《ながれづくり》の両側《りょうがわ》にひさしがついた「**両流造《りょうながれづくり》**」や、**北野天満宮《きたのてんまんぐう》**(→50ページ)のように、本殿《ほんでん》と拝殿《はいでん》が石《いし》の間《ま》という建物《たてもの》でつながった「**八棟造《やつむねづくり》**」などがあります。

社寺の屋根の形式

●切妻造《きりづまづくり》

本を開いてかぶせたような形で、神社に多く使われている。

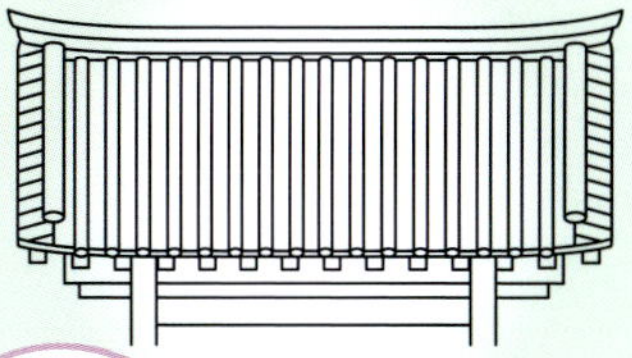

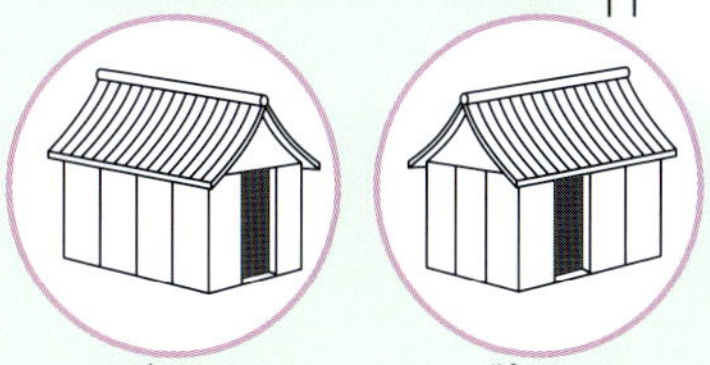

妻入《つまい》り　平入《ひらい》り

●寄棟造《よせむねづくり》

寺院のお堂《どう》の屋根に多く用いられ、4面すべてが瓦葺《かわらぶ》き。**東大寺《とうだいじ》**大仏殿《だいぶつでん》(→82ページ)や**唐招提寺《とうしょうだいじ》**金堂《こんどう》(→100ページ)が代表例《だいひょうれい》。

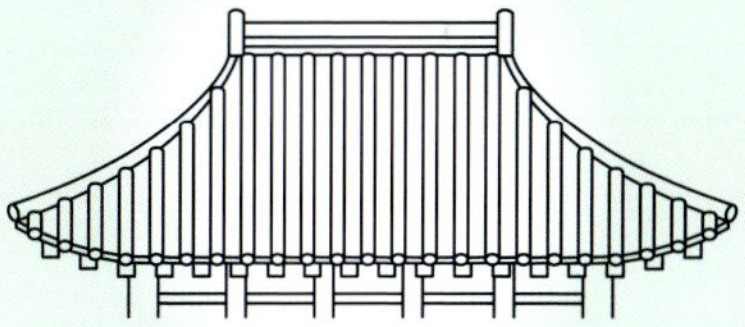

●入母屋造《いりもやづくり》

寄棟造《よせむねづくり》の上に切妻造《きりづまづくり》を重ねた形。**三十三間堂《さんじゅうさんげんどう》**(→30ページ)や**東寺《とうじ》**金堂《こんどう》(→20ページ)が代表例《だいひょうれい》。

●方形造《ほうぎょうづくり》(宝形造《ほうぎょうづくり》)

正方形のお堂《どう》の場合の寄棟造《よせむねづくり》で、屋根は4面とも三角形になっている。**金閣寺《きんかくじ》**(→54ページ)や**銀閣寺《ぎんかくじ》**(→38ページ)が代表例《だいひょうれい》。

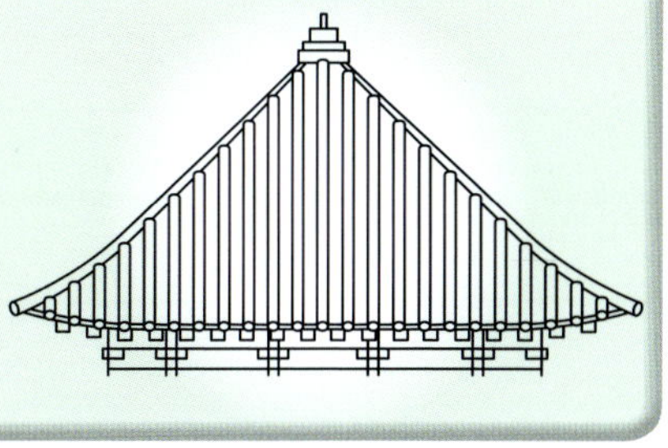

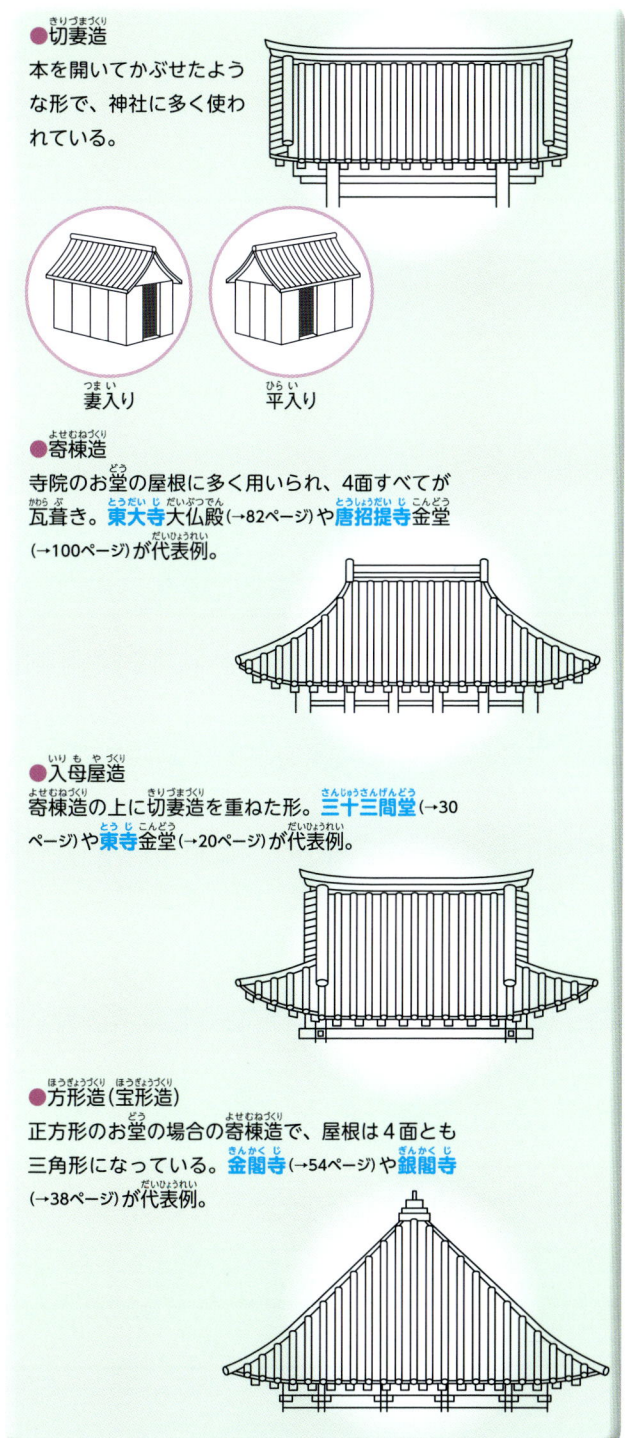

仏像《ぶつぞう》

仏教《ぶっきょう》の伝来《でんらい》とともに、仏像《ぶつぞう》も日本に伝《つた》わりました。
飛鳥《あすか》時代初期《しょき》の仏像は、杏仁形《あんにんがた》(アーモンド形)の目や、
わずかにほほえむアルカイックスマイルという表情《ひょうじょう》が特徴《とくちょう》ですが、
その後、少しずつ日本的《にほんてき》な顔立ちの仏像が増《ふ》えていきます。
仏像は、次の4つのタイプに分類《ぶんるい》できます。

如来《にょらい》

如来《にょらい》とは「悟《さと》りを開いた人」という意味で、仏像《ぶつぞう》のなかでは、最高《さいこう》の地《ち》位《い》を占《し》めます。如来像《にょらいぞう》は、次の5つに分けられます。

釈迦如来《しゃかにょらい》。

● 釈迦如来《しゃかにょらい》

悟《さと》りを開いて仏教《ぶっきょう》の開祖《かいそ》となった「釈迦《しゃか》」の像《ぞう》で、衣《ころも》を一枚《いちまい》だけまとう簡素《かんそ》なすがたは、出家《しゅっけ》していることをあらわしている。**法隆寺《ほうりゅうじ》**金堂《こんどう》の釈迦三尊像《しゃかさんぞんぞう》(→106ページ)が代表例《だいひょうれい》。

● 阿弥陀如来《あみだにょらい》

人びとを極楽浄土《ごくらくじょうど》へと導《みちび》いてくれる仏《ほとけ》。**三千院《さんぜんいん》**(→42ページ)や**平等院《びょうどういん》**の鳳凰堂《ほうおうどう》(→70ページ)では、阿弥陀如来《あみだにょらい》を中央に、左に観音菩薩《かんのんぼさつ》、右に勢至菩薩《せいしぼさつ》が配され、三尊《さんぞん》とよばれている。

● 薬師如来《やくしにょらい》

人びとを病気から救《すく》ってくれる仏《ほとけ》で、奈良《なら》時代以降《いこう》のものは、左手に薬壺《くすりつぼ》をもっている。左に日光菩薩《にっこうぼさつ》、右に月光菩薩《がっこうぼさつ》を配置《はいち》する薬師三尊《やくしさんぞん》は、**薬師寺《やくしじ》**(→94ページ)や**醍醐寺《だいごじ》**(→74ページ)などにある。十二神将《じゅうにしんしょう》(天部《てんぶ》のひとつ)が円陣《えんじん》をつくって薬師如来《やくしにょらい》を守る形式のものは、**新薬師寺《しんやくしじ》**(→93ページ)などに見られる。

● 毘盧遮那仏《びるしゃなぶつ》

太陽のあたたかい光と知恵《ちえ》の光で、国を守る仏《ほとけ》。仏教《ぶっきょう》を中心に国づくりをしようとした平城京《へいじょうきょう》では、**東大寺《とうだいじ》**(→82ページ)と**唐招提寺《とうしょうだいじ》**(→98ページ)につくられた。

● 大日如来《だいにちにょらい》

宇宙《うちゅう》そのものをあらわすとされる、真言密教《しんごんみっきょう》(真言宗《しんごんしゅう》)最高《さいこう》の仏《ほとけ》。**東寺《とうじ》**(→20ページ)や**唐招提寺《とうしょうだいじ》**(→98ページ)にある。

菩薩《ぼさつ》

「菩薩《ぼさつ》」は、悟《さと》りを求《もと》めて修行《しゅぎょう》中《ちゅう》のすがたをあらわしているため、冠《かんむり》や装飾品《そうしょくひん》を身につけています。聖観音《しょうかんのん》、十一面観音《じゅういちめんかんのん》、千手観音《せんじゅかんのん》、不空羂索観音《ふくうけんじゃくかんのん》、弥勒《みろく》、日光《にっこう》、月光《がっこう》、地蔵《じぞう》などの菩薩《ぼさつ》があります。すでに悟りを開いた如来《にょらい》よりも身近な存在《そんざい》として、庶民《しょみん》の信仰《しんこう》を集めました。

千手観音《せんじゅかんのん》。

明王《みょうおう》

仏像《ぶつぞう》の多くが、やさしくおだやかな表情《ひょうじょう》をしているのに対し、「明王《みょうおう》」は、悪を打ちまかして人びとを救《すく》うため、多くは怒《いか》りの表情をしています。不動明王《ふどうみょうおう》や愛染明王《あいぜんみょうおう》などがあります。

不動明王《ふどうみょうおう》。

天部《てんぶ》

バラモン教などのインドの神が、仏教に取りいれられ守護神《しゅごしん》となったのが「天部《てんぶ》」です。四天王《してんのう》、金剛力士《こんごうりきし》、十二神将《じゅうにしんしょう》などがあります。

毘沙門天《びしゃもんてん》。

庭園

庭園は、奈良《なら》時代以前《いぜん》からつくられていましたが、平城宮跡《へいじょうきゅうせき》に復原《ふくげん》された東院《とういん》庭園(→101ページ)は、現在《げんざい》、わたしたちが見ることができるもっとも古い庭園の形式です。自然《しぜん》を取りいれた、日本らしい庭園の原型《げんけい》といわれていますが、時代とともに、庭園の形式は変化《へんか》していきました。

平城宮跡《へいじょうきゅうせき》の東院《とういん》庭園。

浄土式庭園《じょうどしきていえん》

平安《へいあん》時代、貴族《きぞく》の館《やかた》(寝殿《しんでん》)につくられた広大な庭には、必《かなら》ず池がありました。貴族たちは、美しい庭をながめながら、船遊びなどを楽しんでいました。平安時代の中ごろからは、浄土《じょうど》(極楽《ごくらく》)のようすを再現《さいげん》しようとした浄土式庭園《じょうどしきていえん》がつくられました。**平等院**《びょうどういん》(→70ページ)の庭園などが、その代表例《だいひょうれい》です。

平等院《びょうどういん》の浄土《じょうど》庭園。

枯山水《かれさんすい》、石庭《せきてい》

鎌倉《かまくら》時代から室町《むろまち》時代にかけて、禅宗《ぜんしゅう》の寺院の比較的《ひかくてき》せまい空間に、水を使わないで自然《しぜん》の風景《ふうけい》を表現《ひょうげん》する庭がつくられました。これを枯山水《かれさんすい》といいます。また、樹木《じゅもく》をまったく使わず、石と砂《すな》だけで、水の流れや禅の考え方を表現したのが石庭です。枯山水の庭には、**大徳寺**《だいとくじ》の大仙院《だいせんいん》(→48ページ)、**妙心寺**《みょうしんじ》の退蔵院《たいぞういん》(→61ページ)の庭園などがあり、石庭といえば、**龍安寺**《りょうあんじ》の方丈庭園《ほうじょうていえん》(→58ページ)が、その代表例《だいひょうれい》です。

回遊式庭園《かいゆうしきていえん》

庭を散歩《さんぽ》しながら、風景《ふうけい》の変化《へんか》を見て楽しむ形式の庭園です。室町《むろまち》時代の禅宗《ぜんしゅう》寺院の庭にはじまり、江戸《えど》時代になると、大名によって各地《かくち》に大規模《だいきぼ》な庭園がつくられました。池の周辺《しゅうへん》に散策路《さんさくろ》や展望台《てんぼうだい》、茶室などが設《もう》けられたものは「池泉回遊式庭園《ちせんかいゆうしきていえん》」とよばれ、**金閣寺**《きんかくじ》(→54ページ)や**西芳寺**《さいほうじ》(→68ページ)の庭園が有名です。

借景庭園《しゃっけいていえん》

庭園の風景《ふうけい》の一部として、外部の山や竹やぶなどの自然《しぜん》景観《けいかん》を取りいれた庭園です。比叡山《ひえいざん》を借景《しゃっけい》とする円通寺《えんつうじ》庭《てい》園《えん》、嵐山《あらしやま》と亀山《かめやま》を借景とする**天龍寺**《てんりゅうじ》の曹源池庭園《そうげんちていえん》(→65ページ)が有名です。

天龍寺《てんりゅうじ》の借景《しゃっけい》庭園。

龍安寺《りょうあんじ》の石庭。

見てみよう！京都《きょうと》

京都《きょうと》は、三方を山に囲《かこ》まれた盆地《ぼんち》にあり、外部から攻撃《こうげき》を受けた場合でも守りやすく、水にもめぐまれていたことから、794年に、桓武天皇《かんむてんのう》が平安京《へいあんきょう》を開《ひら》きました。それから1000年以上《いじょう》、京都は日本の都でした。

歴《れき》史《し》　日本の歴史《れきし》・文化の中心地

平安京《へいあんきょう》は、唐《とう》の都《みやこ》・長安《ちょうあん》(いまの中国の西安《シーアン》)にならって建設《けんせつ》され、現在《げんざい》でも、東西南北が碁盤《ごばん》の目のように整《せい》備《び》された区画が残《のこ》っています。政治《せいじ》が貴族《きぞく》中心におこなわれた平安時代から武士《ぶし》中心におこなわれた鎌倉《かまくら》時代になると、政治の場は京都《きょうと》をはなれますが、室町《むろまち》時代をむかえ、京都に幕府《ばくふ》が置《お》かれると、ふたたび日本の中心として栄《さか》えました。

ところが、室町幕府の力が弱まり、応仁《おうにん》の乱《らん》（1467～1477年）がおきると、京都は焼《や》け野原となり、戦国《せんごく》時代に突入《とつにゅう》します。やがて、織田信長《おだのぶなが》と豊臣秀吉《とよとみひでよし》により天下が統一《とういつ》されると、そのふたりの保護《ほご》と町衆《まちしゅう》の経済力《けいざいりょく》により、京都は復興《ふっこう》します。とくに秀吉は、伏見《ふしみ》に城《しろ》を築《きず》き、京都の大改造《だいかいぞう》をおこないました。

江戸《えど》時代になると、ふたたび政治の場は京都をはなれますが、徳《とく》川家康《がわいえやす》は、幕府の京都での拠点《きょてん》として二条城《にじょうじょう》を築きます。以後《いご》は、工芸品《こうげいひん》の生産地《せいさんち》として発展《はってん》したも

千年以上《いじょう》つづいた日本の代表的《だいひょうてき》な古都

のの、明治維新《めいじいしん》によって天皇《てんのう》が東京《とうきょう》に移《うつ》ると、京都は急速《きゅうそく》にさびれていきます。

そこで、その対策《たいさく》のために、琵琶湖疏水《びわこそすい》や発電所、その電力を利用《りよう》した路面電車など、「日本初《はつ》」の事業がおこなわれ、京都は当時の最先端《さいせんたん》都市としてうまれかわりました。

第二次世界大戦《だいにじせかいたいせん》では大規模《だいきぼ》な空襲《くうしゅう》を受けなかったため、京都には、長い歴史《れきし》を伝《つた》える文化財《ぶんかざい》や風土が現在も多く残り、国内外から年間5000万人以上《いじょう》の観光客《かんこうきゃく》が訪《おとず》れる、日本一の観光都市となっています。

文化

受けつがれてきた日本の心

京都《きょうと》には、「八百八寺《はっぴゃくやでら》」といわれるほど神社仏閣《ぶっかく》が多く、建造物《けんぞうぶつ》や仏像《ぶつぞう》、庭園、書や絵画など、国宝《こくほう》や重要文化財《じゅうようぶんかざい》が数多く残《のこ》されています。清水寺《きよみずでら》、金閣寺《きんかくじ》、銀閣寺《ぎんかくじ》、上賀茂《かみがも》神社《じんじゃ》など、17の社寺が「古都京都の文化財」として、1994(平成《へいせい》6)年に世界遺産《いさん》(文化遺産)に登録《とうろく》されました。

文化財だけではなく、葵祭《あおいまつり》や祇園祭《ぎおんまつり》などの伝統《でんとう》行事、茶《ちゃ》道《どう》や華道《かどう》、能楽《のうがく》や狂言《きょうげん》、舞《まい》などの伝統芸能も受けつがれ、日本の心をいまに伝《つた》えています。

伝統工芸《でんとうこうげい》

現代《げんだい》に息づく伝統《でんとう》の技《わざ》

京都《きょうと》には、社寺や貴《き》族《ぞく》に保護《ほご》されて発《はっ》達《たつ》した伝統工芸品《でんとうこうげいひん》がたくさんあります。清水焼《きよみずやき》、西陣織《にしじんおり》、京友禅《きょうゆうぜん》、京人形、京扇子《きょうせんす》など、すぐれた美意識《びいしき》と職人技《しょくにんわざ》には、京都ならではの繊細《せんさい》さが見られます。

まち

まち全体が博物館《はくぶつかん》

お寺や神社だけではなく、産寧坂《さんねいざか》や嵯峨鳥居本《さがとりいもと》など、京《きょう》都《と》には、伝統的《でんとうてき》な町並《まちな》みが保存《ほぞん》されている地区がいくつもあります。また、市の中心部には、むかしながらの民家《みんか》である町家《まちや》(→24ページ)が残《のこ》っています。内部を見学できるところもあり、古くからの生活様式や庶民《しょみん》の知恵《ちえ》を見ることができます。まさに京都全体が、博物館《はくぶつかん》だといえます。

もっと知りたい!

京都通《きょうとつう》になれる博物館《はくぶつかん》・資料館《しりょうかん》

「京都国立博物館《きょうとこくりつはくぶつかん》」は建物《たてもの》自体が重要文化財《じゅうようぶんかざい》に指定され、仏像《ぶつぞう》や絵画・書などの文化財が豊富《ほうふ》に展示《てんじ》されています。「京都府京都文化博物館《きょうとふきょうとぶんかはくぶつかん》」はパネルやジオラマで京都の歴史・文化を展示しています。「京都市考古資料館《きょうとしこうこしりょうかん》」では発掘調査《はっくつちょうさ》による埋蔵《まいぞう》文化財を見ることができます。ほかにも、裏千家《うらせんけ》の茶道具の鑑賞《かんしょう》と茶道体験《たいけん》ができる「茶道資料館《ちゃどうしりょうかん》」や、陶芸家《とうげいか》の河井寛次郎《かわいかんじろう》の作品を生前の住居《じゅうきょ》で展示する「河井寛次郎記念館《かわいかんじろうきねんかん》」など、京都ならではの文化にふれることができる資料館もあります。

京都国立博物館《きょうとこくりつはくぶつかん》。

◆むかしは、豊臣秀吉《とよとみひでよし》が都の防衛《ぼうえい》と鴨川《かもがわ》の洪水対策《こうずいたいさく》として築《きず》いたお土居《どい》の内側《うちがわ》を「洛中《らくちゅう》」とし、それより外側を「洛《らく》外《がい》」としていました。この本では、編集《へんしゅう》の都合上《つごうじょう》北は今出《いまで》川通《がわどおり》、南は九条通《くじょうどおり》、東は鴨川《かもがわ》、西は西大路通《にしおおじどおり》に囲《かこ》まれた地域《ちいき》を「洛中《らくちゅう》」とし、それより北を「洛北《らくほく》」、南を「洛南《らくなん》」、東を「洛東《らくとう》」、西を「洛西《らくさい》」に分けて説明《せつめい》しています。

洛《らく》 中《ちゅう》

洛《らく》 東《とう》

洛《らく》 北《ほく》

洛《らく》 西《さい》

洛《らく》 南《なん》

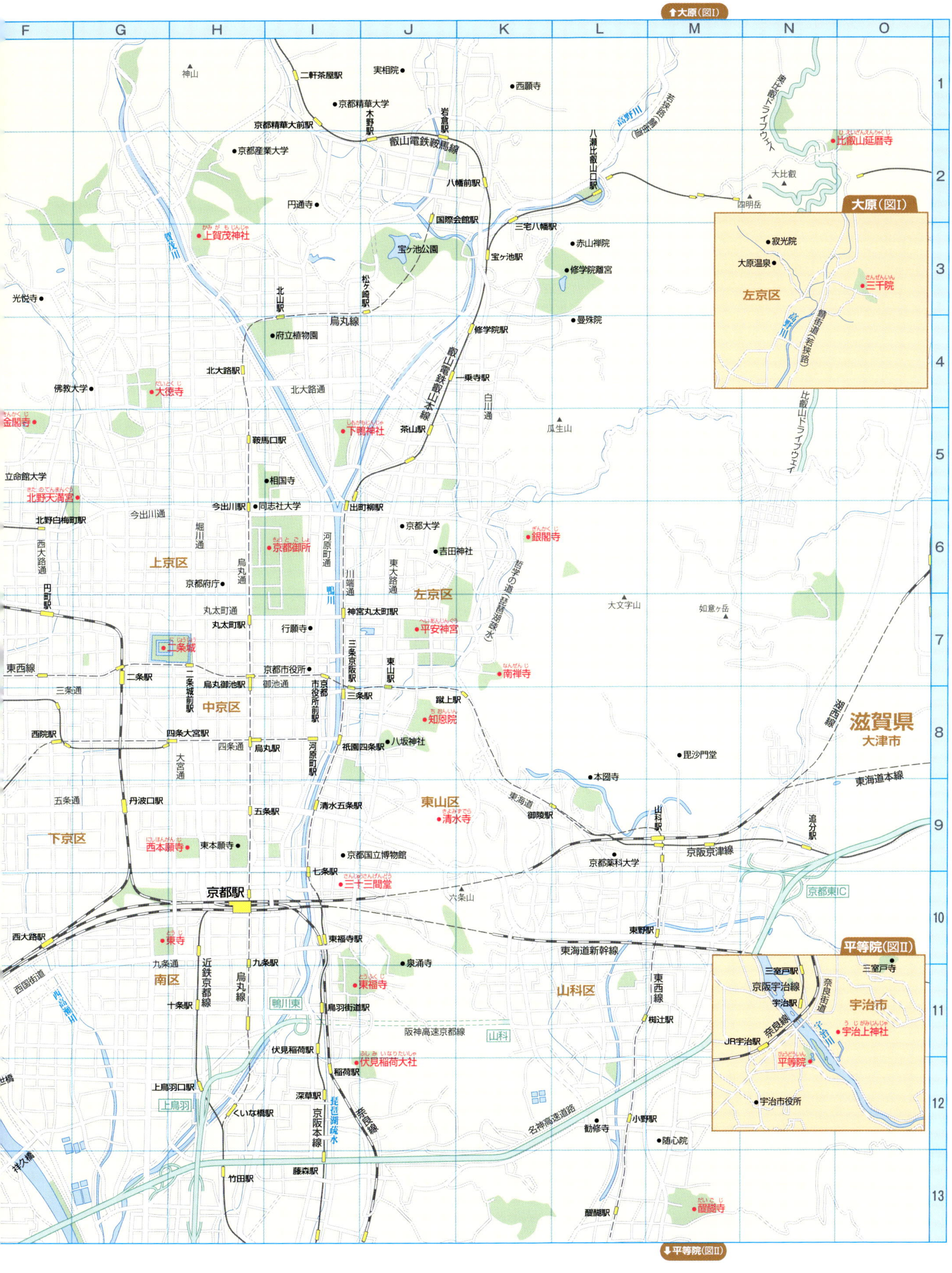

↑大原(図I)
F
G
H
I
J
K
L
M
N
O
1
2
3
4
5
6
7
8
9
10
11
12
13
神山
二軒茶屋駅
実相院
西願寺
京都精華大学
京都精華大前駅
木野駅
岩倉駅
叡山電鉄鞍馬線
京都産業大学
高野川
若狭路(鯖街道)
八瀬比叡山口駅
奥比叡ドライブウェイ
比叡山延暦寺《ひえいざんえんりゃくじ》
大比叡
四明岳
八幡前駅
円通寺
国際会館駅
三宅八幡駅
上賀茂神社《かみがもじんじゃ》
賀茂川
宝ケ池公園
宝ケ池駅
赤山禅院
修学院離宮
松ケ崎駅
北山駅
烏丸線
光悦寺
府立植物園
修学院駅
曼殊院
北大路駅
一乗寺駅
叡山電鉄叡山本線
佛教大学
大徳寺《だいとくじ》
北大路通
白川通
金閣寺《きんかくじ》
下鴨神社《しもがもじんじゃ》
茶山駅
瓜生山
比叡山ドライブウェイ
鞍馬口駅
相国寺
立命館大学
北野天満宮《きたのてんまんぐう》
今出川駅
同志社大学
出町柳駅
北野白梅町駅
今出川通
京都大学
銀閣寺《ぎんかくじ》
堀川通
西大路通
京都御所《きょうとごしょ》
河原町通
吉田神社
上京区
烏丸通
東大路通
哲学の道
鴨川
川端通
左京区
京都府庁
円町駅
丸太町通
神宮丸太町駅
大文字山
如意ヶ岳
丸太町駅
行願寺
平安神宮《へいあんじんぐう》
琵琶湖疏水
二条城《にじょうじょう》
三条京阪駅
東西線
京都市役所
東山駅
南禅寺《なんぜんじ》
二条駅
二条城前駅
烏丸御池駅
御池通
京都市役所前駅
三条通
中京区
三条駅
蹴上駅
知恩院《ちおんいん》
湖西線
滋賀県
大津市
西院駅
四条大宮駅
八坂神社
四条通
烏丸駅
河原町駅
祇園四条駅
毘沙門堂
大宮通
本圀寺
東海道本線
五条通
丹波口駅
東海道
五条駅
清水五条駅
東山区
御陵駅
山科駅
追分駅
清水寺《きよみずでら》
下京区
西本願寺《にしほんがんじ》
東本願寺
京都国立博物館
京都薬科大学
京阪京津線
七条駅
三十三間堂《さんじゅうさんげんどう》
京都駅
六条山
京都東IC
西大路駅
東寺《とうじ》
東福寺駅
東野駅
東海道新幹線
九条通
九条駅
泉涌寺
西国街道
南区
近鉄京都線
烏丸線
東福寺《とうふくじ》
山科区
東西線
西高瀬川
十条駅
鴨川東
鳥羽街道駅
椥辻駅
阪神高速京都線
山科
伏見稲荷駅
伏見稲荷大社《ふしみいなりたいしゃ》
稲荷駅
上鳥羽口駅
上鳥羽
くいな橋駅
深草駅
琵琶湖疏水
京阪本線
奈良線
名神高速道路
勧修寺
小野駅
随心院
祥久橋
竹田駅
藤森駅
醍醐駅
醍醐寺《だいごじ》
大原(図I)
寂光院
大原温泉
三千院《さんぜんいん》
左京区
高野川
鯖街道(若狭路)
平等院(図II)
三室戸駅
三室戸寺
京阪宇治線
奈良街道
宇治駅
宇治市
宇治上神社《うじがみじんじゃ》
宇治川
奈良線
JR宇治駅
平等院《びょうどういん》
宇治市役所
↓平等院(図II)

堀《ほり》をめぐらせた城《しろ》の中のきらびやかな御殿《ごてん》

二条城《にじょうじょう》

◆住所：〒604-8301　京都市中京区二条通堀川西入二条城町541

◆地図：13ページ G-7

★**世界遺産**

二《に》の丸御殿《まるごてん》でもっとも大規模《だいきぼ》な建物《たてもの》である遠侍《とおざむらい》（中央奥《おく》）と、玄関《げんかん》として使われた車寄《くるまよせ》（右手前）。遠侍は、城《しろ》に来た客のひかえの間として使われた。

大政奉還《たいせいほうかん》の歴史《れきし》の舞台《ぶたい》

二条城《にじょうじょう》は、徳川家康《とくがわいえやす》が江戸幕府《えどばくふ》を開いた1603年に、御所《ごしょ》を守り、京都での宿泊所《しゅくはくじょ》とするために建《た》てた城《しろ》です。造営《ぞうえい》の費用《ひよう》を西日本の大名に負担《ふたん》させるなど、徳川家の力を天下に示《しめ》す大事業となりました。３代将軍《しょうぐん》の家光《いえみつ》の時代に大改築《だいかいちく》がおこなわれましたが、以後《いご》、長いあいだ使われず、火災《かさい》や地震《じしん》などもあり、荒《あ》れはててしまいました。

二《に》の丸御殿《まるごてん》の南側《みなみがわ》にある、欄間彫刻《らんまちょうこく》がみごとな唐門《からもん》（重要文化財《じゅうようぶんかざい》）。

しかし、幕末《ばくまつ》の1867年10月、二条城はふたたび歴史《れきし》の舞台《ぶたい》に登場します。15代将軍の慶喜《よしのぶ》が、ここで大政奉還《たいせいほうかん》を宣言《せんげん》し、政権《せいけん》を朝廷《ちょうてい》に返したのです。

現在《げんざい》は、約《やく》27.5万㎡の広大な敷地《しきち》に、外堀《そとぼり》と塀《へい》に囲《かこ》まれた二《に》の丸《まる》と、内堀《うちぼり》に囲まれた本丸《ほんまる》が残《のこ》ります。

江戸期《えどき》を代表する文化財《ぶんかざい》

二条城《にじょうじょう》は、全体が国の史跡《しせき》に指定されています。二《に》の丸《まる》御殿《ごてん》（国宝《こくほう》）は、幕末《ばくまつ》の1862年に改修《かいしゅう》されましたが、家光《いえみつ》の時代のすがたをほぼとどめています。建築《けんちく》様式は和室のもとになった武家風書院造《ぶけふうしょいんづくり》で、障子《しょうじ》や壁《かべ》にえがかれたきらびやかな絵画の数かずは、狩野探幽《かのうたんゆう》ら狩野派《は》の傑作《けっさく》として、重要文化財《じゅうようぶんかざい》に指定されています。

このほかにも、本丸《ほんまる》御殿《ごてん》などの22の建物《たてもの》が重要文化財に指定され、二の丸庭園が特別《とくべつ》名勝に指定されています。

二《に》の丸御殿《まるごてん》の大広間《おおひろま》には、ふすま4枚《まい》にわたってえがかれた狩野派《かのうは》のふすま絵がある。写真は、「松鷹図《まつたかず》」という部分。

● **本丸御殿《ほんまるごてん》【重要文化財《じゅうようぶんかざい》】**

内堀《うちぼり》に囲《かこ》まれて立つ本丸《ほんまる》御殿《ごてん》は、かつて京都御所《きょうとごしょ》にあった旧桂宮邸《きゅうかつらのみやてい》の御殿を、明治《めいじ》時代に移築《いちく》したものです。

● **大広間《おおひろま》【国宝《こくほう》】**

一《いち》の間《ま》と二《に》の間《ま》は、将軍《しょうぐん》が大名たちと対面した部屋です。四《よん》の間《ま》は、将軍が京都《きょうと》に来たときに武器《ぶき》を置《お》いた部屋でした。「松鷹図《まつたかず》」があるのも四の間です。

豆知識……これまで何回もすがたをかえた本丸庭園《ほんまるていえん》。現在《げんざい》の庭園は、1895（明治《めいじ》28）年に、芝《しば》をしきつめた洋風の庭園に改造《かいぞう》されたものです。

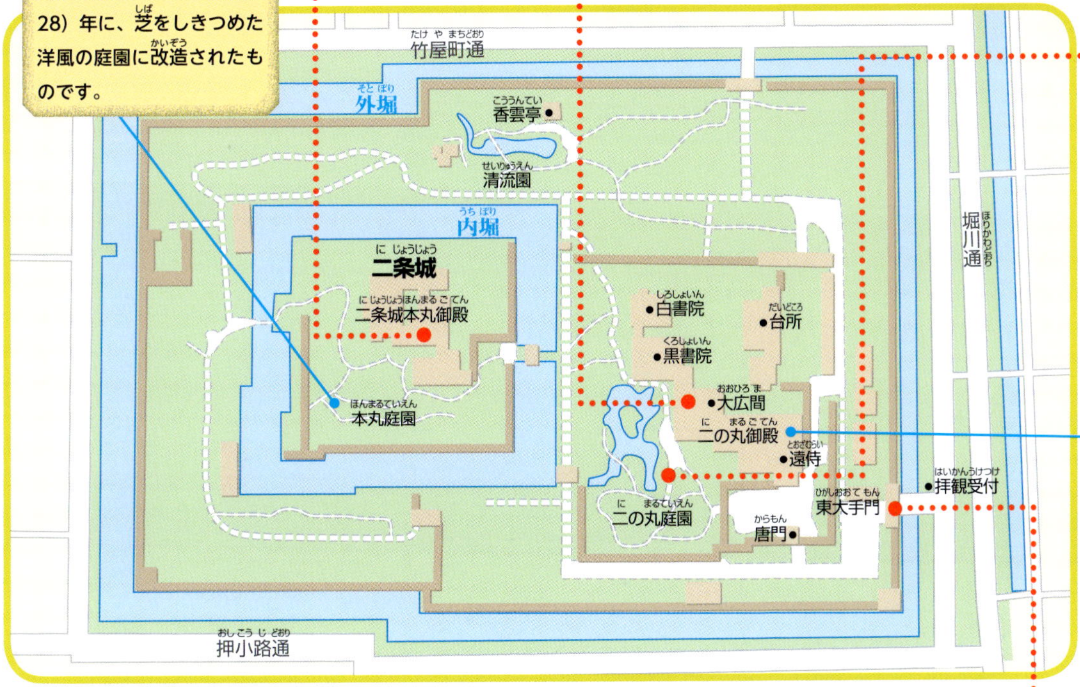

● **二《に》の丸庭園《まるていえん》【特別《とくべつ》名勝】**

別名「八陣《はちじん》の庭《にわ》」とよばれ、不老不死《ふろうふし》を願《ねが》ってつくられました。池に３つの島がうかんでいて、長寿《ちょうじゅ》の象徴《しょうちょう》・鶴《つる》と亀《かめ》の形に見えるように配《はい》置《ち》されています。

豆知識……遠侍《とおざむらい》は車寄《くるまよせ》につづく二《に》の丸御殿《まるごてん》で最《さい》大《だい》の建物《たてもの》で、複数《ふくすう》の部屋に分かれています。なかでも、勅使《ちょくし》の間《ま》の内部装《そう》飾《しょく》はひときわ豪華《ごうか》です。

(→17ページ)

● **東大手門《ひがしおおてもん》【重要文化財《じゅうようぶんかざい》】**

堀川通《ほりかわどおり》に面した、二条城《にじょうじょう》の正門です。内部が通路になっている渡櫓《わたりやぐら》を石垣《いしがき》と石垣のあいだにわたし、その下を門にした立派《りっぱ》なつくりです。屋根の両端《りょうはし》には鯱《しゃちほこ》がかざられています。

◆ 二条城《にじょうじょう》のおもな文化財《ぶんかざい》

【国宝《こくほう》】

- 二《に》の丸御殿《まるごてん》
  （遠侍《とおざむらい》および車寄《くるまよせ》・式台《しきだい》・大広間《おおひろま》・蘇鉄之間《そてつのま》・黒書院《くろしょいん》・白書院《しろしょいん》）

【重要文化財《じゅうようぶんかざい》】

- 本丸御殿《ほんまるごてん》
  （玄関《げんかん》・御書院《ごしょいん》・御常御殿《おつねごてん》・台所《だいどころ》および雁之間《がんのま》）
- 二《に》の丸御殿《まるごてん》
  （唐門《からもん》・築地《ついじ》・台所《だいどころ》・御清所《おきよどころ》）
- 二《に》の丸御殿障壁画《まるごてんしょうへきが》

その他多数

【国の史跡《しせき》】 旧二条離宮《きゅうにじょうりきゅう》（二条城《にじょうじょう》）

【特別《とくべつ》名勝】 二《に》の丸庭園《まるていえん》

もっと知りたい！ 江戸《えど》時代の事業家・角倉了以《すみのくらりょうい》

二条城北側《にじょうじょうきたがわ》の清流園《せいりゅうえん》にある香雲亭《こううんてい》は、江戸《えど》時代初期《しょき》の豪商《ごうしょう》・角倉了以《すみのくらりょうい》の屋敷《やしき》の一部を移築《いちく》した建物《たてもの》です。了以は、ベトナムとの貿易《ぼうえき》で得《え》たばく大な富《とみ》を使い、大堰《おおい》川を改《かい》修《しゅう》し、高瀬《たかせ》川という運河《うんが》をつくりました。これによって京都とその近隣《きんりん》をむすぶ水運が発達《はったつ》し、京都の経済《けいざい》は発展《はってん》しました。そして、水運の権利《けんり》をもつことで、角倉家はさらに財産《ざいさん》を築《きず》きました。彼《かれ》らは、商人でもあり、建設《けんせつ》事業家でもあったのです。

透《とう》視《し》してみよう！

二条城《にじょうじょう》 二《に》の丸《まる》御殿《ごてん》

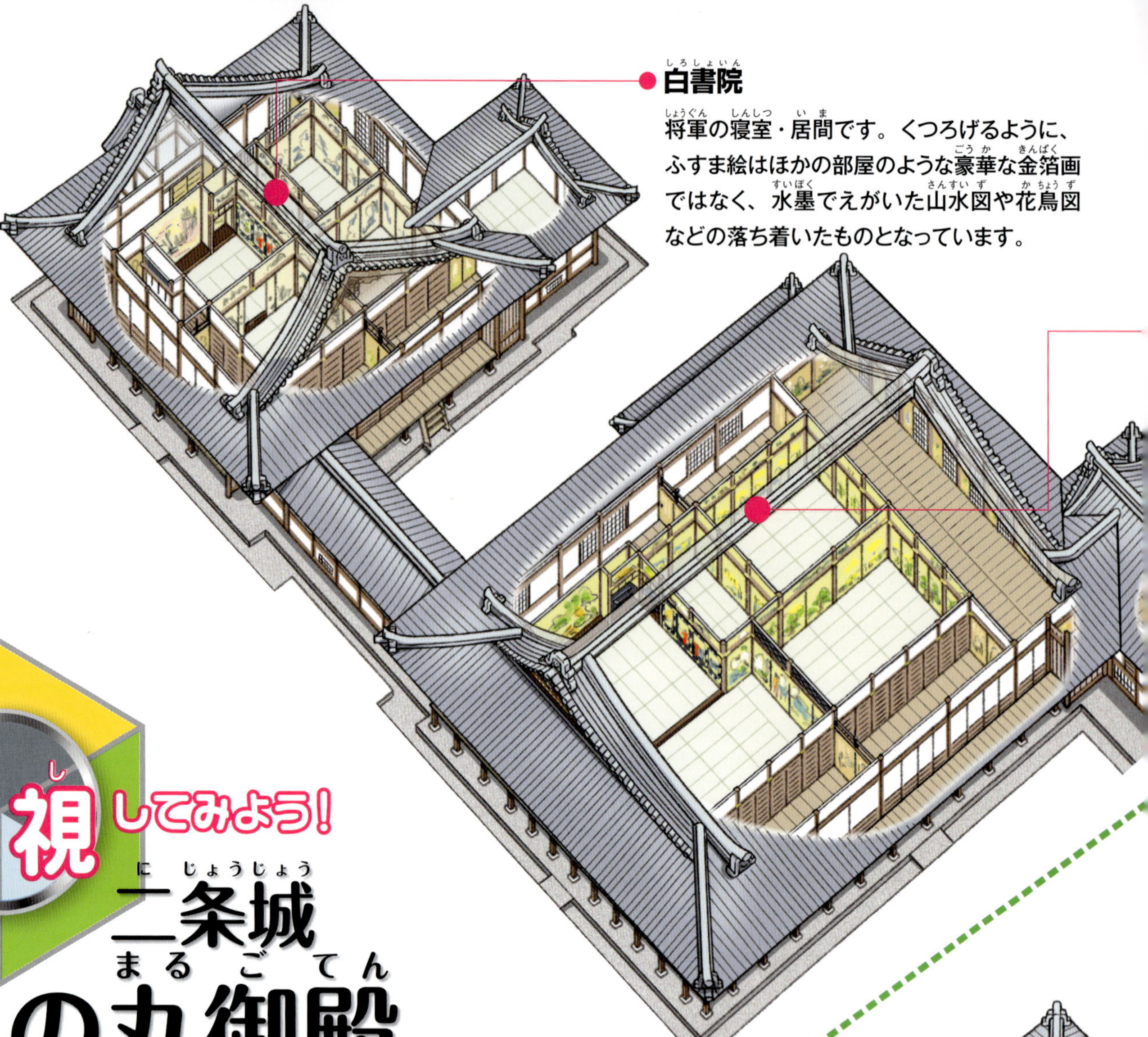

白書院《しろしょいん》

将軍《しょうぐん》の寝室《しんしつ》・居間《いま》です。くつろげるように、ふすま絵はほかの部屋のような豪華《ごうか》な金箔《きんぱく》画ではなく、水墨《すいぼく》でえがいた山水図《さんすいず》や花鳥図《かちょうず》などの落ち着いたものとなっています。

大広間《おおひろま》

大広間《おおひろま》は、将軍《しょうぐん》が大名たちと対面した部屋で、「一《いち》の間《ま》」がもっとも格式《かくしき》が高い部屋です。一の間は、将軍がすわる場所であるため、天井《てんじょう》が一番高くなっています。この部屋で徳川慶喜《とくがわよしのぶ》が「大政奉還《たいせいほうかん》」を発表しました。

鶯《うぐいす》張《ば》りの廊下《ろうか》

廊下《ろうか》を歩くと、キュッキュッとウグイスが鳴くような音がします。侵入者《しんにゅうしゃ》を感知する音として防犯《ぼうはん》に使われました。

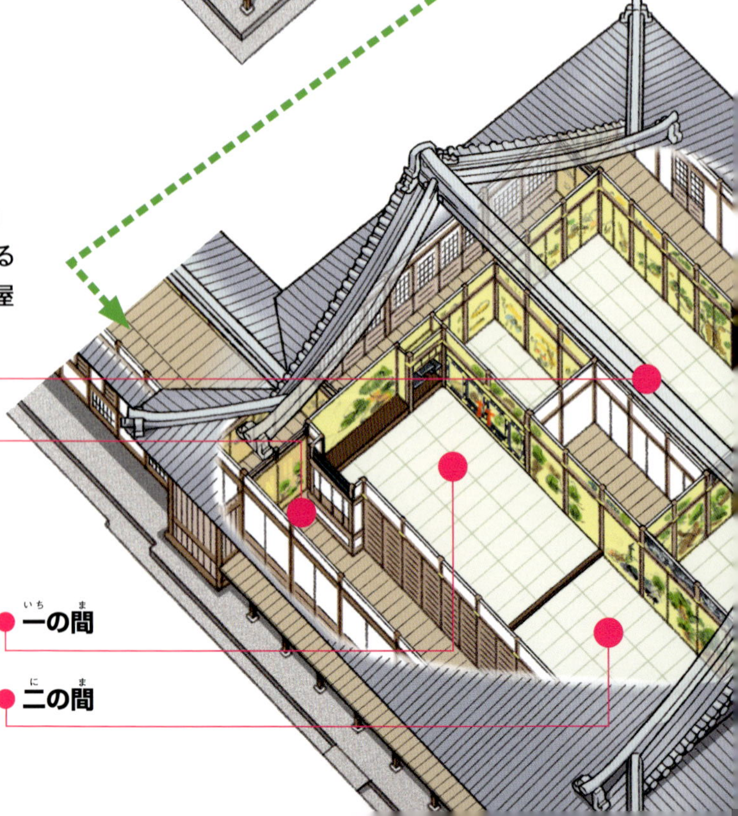

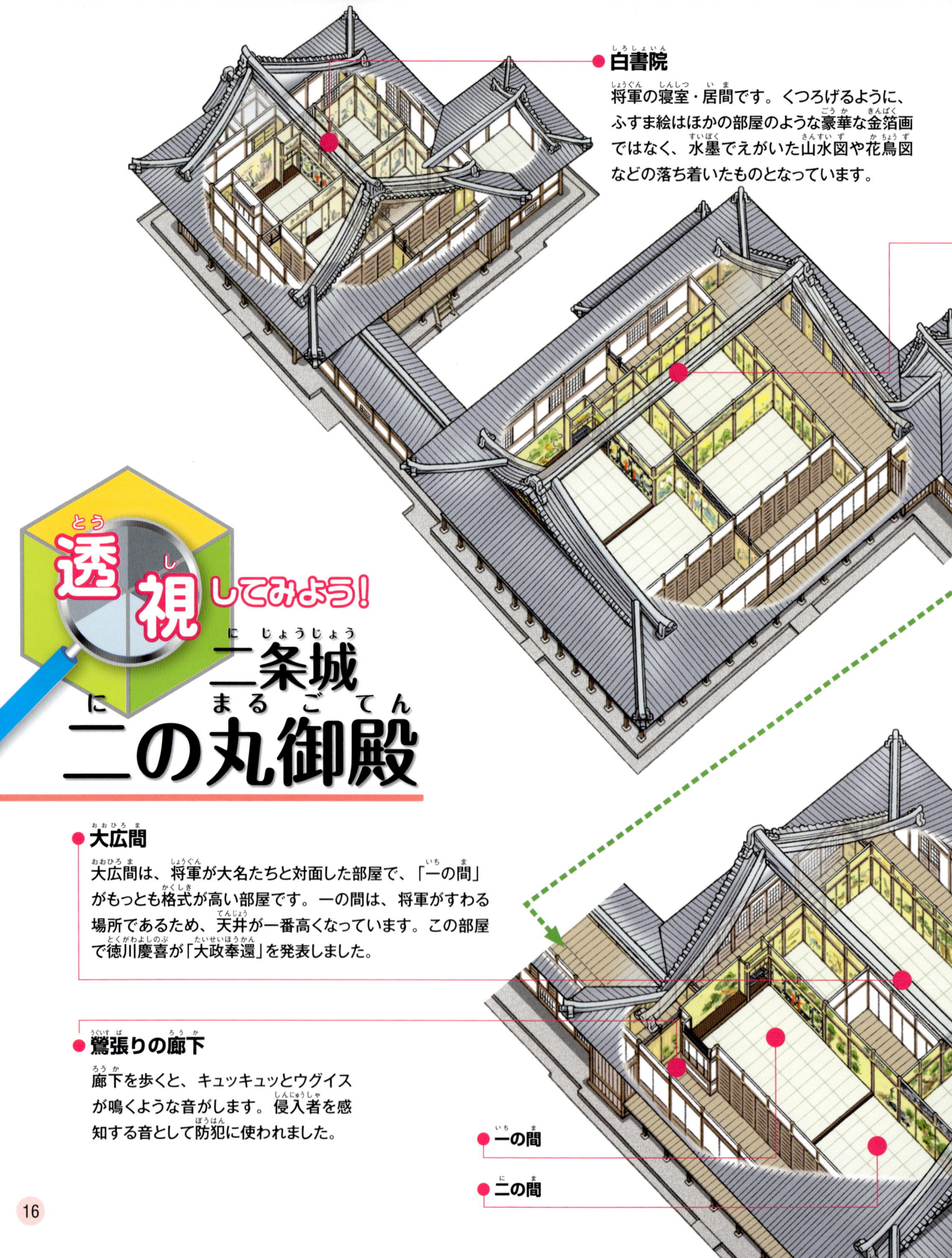

全体図

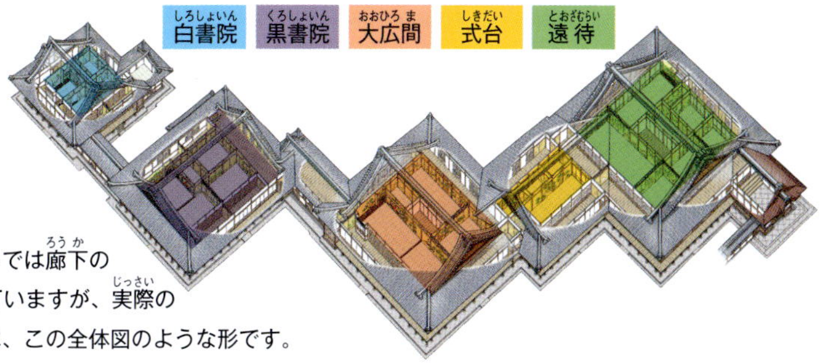

＊下のイラストでは廊下《ろうか》の途中《とちゅう》で切っていますが、実際《じっさい》の二《に》の丸御殿《まるごてん》は、この全体図のような形です。

黒書院《くろしょいん》

将軍《しょうぐん》と、将軍家に親しい大名が対面する場所が、黒書院《くろしょいん》です。江《え》戸《ど》時代には「小広間《こひろま》」とよばれていました。

遠侍《とおざむらい》

大名のひかえの間が遠侍《とおざむらい》です。「二《に》の間《ま》」には虎《とら》と豹《ひょう》をえがいたふすま絵があります。当時、豹は虎の雌《めす》だと考えられていたようです。「勅使《ちょくし》の間《ま》」は朝廷《ちょうてい》からの使者をむかえる場所で、ここでは将軍《しょうぐん》は下座《げざ》(目下の人がすわる場所)にすわりました。

式台《しきだい》

二条城《にじょうじょう》に来た大名が、老中《ろうじゅう》（幕府《ばくふ》の幹部《かんぶ》）とあいさつをかわした場所です。三室ある「老中の間《ま》」は板張《いたば》りの天井《てんじょう》で、簡素《かんそ》なつくりです。

車寄《くるまよ》せ

二《に》の丸御殿《まるごてん》の玄関《げんかん》で、中まで牛車《ぎっしゃ》が入れるようになっています。屋根下の欄《らん》間《ま》彫刻《ちょうこく》は一枚板《いちまいいた》ですが、表と裏《うら》でデザインがことなります。表は鳥・松《まつ》・牡丹《ぼたん》、裏は鳥のいない松・牡丹の彫刻です。

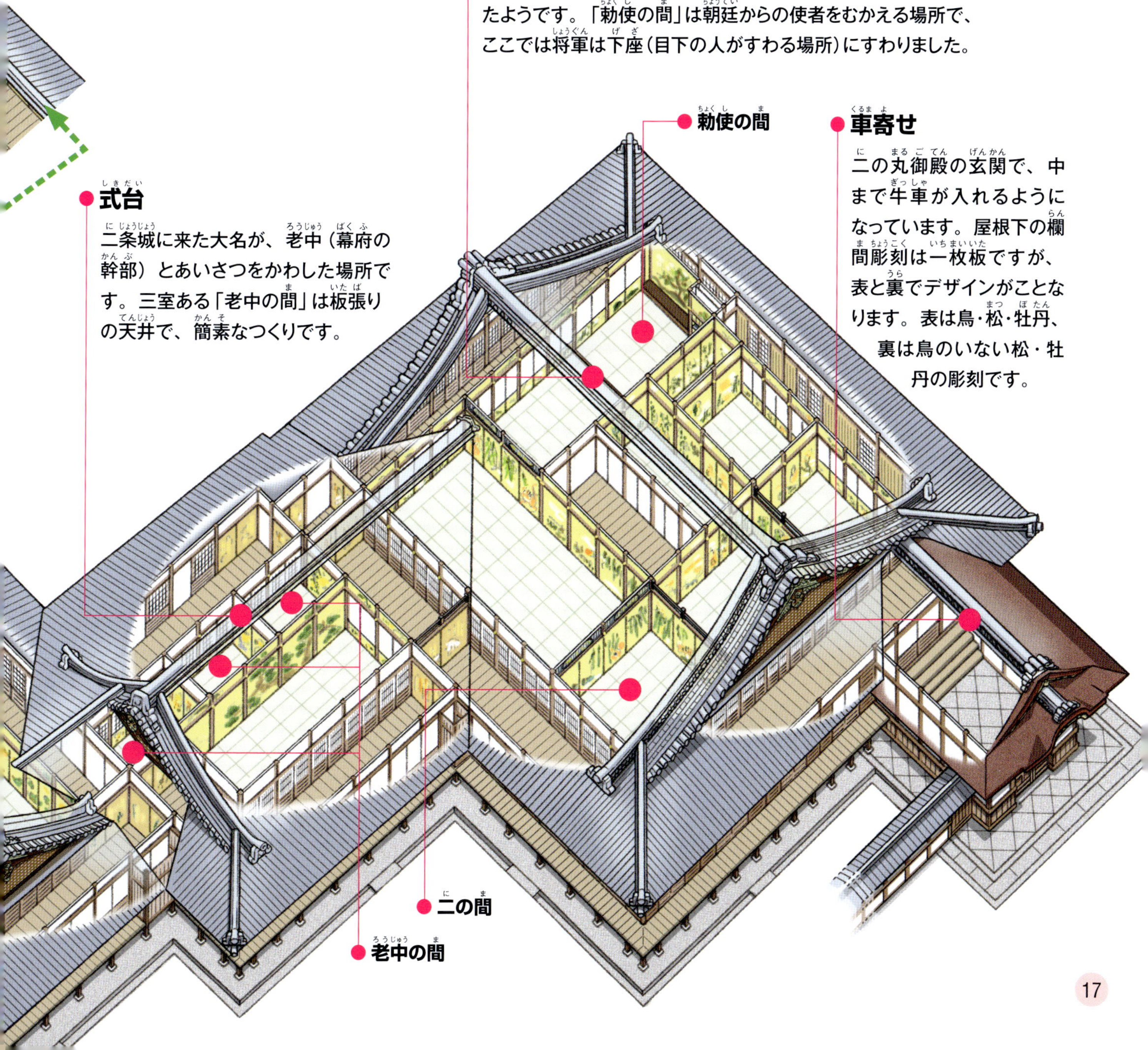

平安京《へいあんきょう》の歴史《れきし》を伝《つた》える優雅《ゆうが》なたたずまい

京都御所《きょうとごしょ》(御苑《ぎょえん》)

◆住所：〒602-8611　京都市上京区京都御苑
◆地図：13ページ I-6

京都御所《きょうとごしょ》でもっとも格式《かくしき》の高い建物《たてもの》、紫宸殿《ししんでん》。

14世紀《せいき》から幕末《ばくまつ》まで使われた皇居《こうきょ》

現在《げんざい》の京都御所《きょうとごしょ》がある場所は、もとは「土御門東洞院《つちみかどひがしのとういん》殿《どの》」という里内裏《さとだいり》だったところです。里内裏とは、平安京《へいあんきょう》の内裏(皇居《こうきょ》)が焼失《しょうしつ》するたびに、天皇《てんのう》が公家《くげ》の邸宅《ていたく》を借《か》りて皇居にしていた場所です。

もとの京都御所は現在地《げんざいち》よりも約《やく》2km西にありましたが、1331年に、いまの場所に移《うつ》ってきました。京都御所が実際《じっさい》に皇居として使われたのは、それから1868(明治《めいじ》元)年までの約《やく》500年間です。江戸《えど》時代初期《しょき》には、近くに仙洞《せんとう》御所《ごしょ》と大宮御所《おおみやごしょ》がつくられています。

猿《さる》が辻《つじ》。写真では見えないが軒下《のきした》に木彫《きぼ》りの猿がまつられている。神の使いとされる猿の顔は、鬼門《きもん》(→150ページ)の方角を向いている。

京都御苑《きょうとぎょえん》は市民《しみん》いこいの場

京都御所《きょうとごしょ》、仙洞御所《せんとうごしょ》、大宮御所《おおみやごしょ》を囲《かこ》む、約《やく》63haの広大な公園を「京都御苑《ぎょえん》」といいます。皇居《こうきょ》が東京《とうきょう》へ移《うつ》るまで、御所の周囲《しゅうい》には宮家や公家《くげ》の屋敷《やしき》が約200軒《けん》ありました。明治《めいじ》時代になり、空き家となった屋敷を解体《かいたい》整理して公園にしたのです。

いまのすがたがととのったのは大正《たいしょう》時代のはじめです。現在《げんざい》は、約５万本の樹木《じゅもく》が茂《しげ》り、なかには樹齢《じゅれい》100年をこえる木もあります。また、野鳥は100種以上《しゅいじょう》、キノコは400種以上観察《かんさつ》されるなど、自然《しぜん》の宝庫《ほうこ》です。

◆京都御所《きょうとごしょ》のおもな建造物《けんぞうぶつ》

●紫宸殿《ししんでん》 ●清涼殿《せいりょうでん》 ●宜陽殿《ぎようでん》 ●小御所《こごしょ》 ●御学問所《ごがくもんじょ》 ●御常御殿《おつねごてん》
●御涼所《おすずみしょ》 ●建礼門《けんれいもん》 ●蛤御門《はまぐりごもん》

◆京都御所《きょうとごしょ》のおもな建造物《けんぞうぶつ》・歴史的遺構《れきしてきいこう》

●仙洞御所《せんとうごしょ》 ●大宮御所《おおみやごしょ》 ●九條邸跡《くじょうていあと》 ●鷹司邸跡《たかつかさていあと》 ●近衛邸跡《このえていあと》
●一条邸跡《いちじょうていあと》 ●白雲神社《しらくもじんじゃ》 ●宗像神社《むなかたじんじゃ》 ●厳島神社《いつくしまじんじゃ》 ●拾翠亭《しゅうすいてい》
その他多数

建礼門《けんれいもん》

京都御所《きょうとごしょ》の南入口にある正門で、かつては天皇専用《てんのうせんよう》の門でした。左右の塀《へい》に入っている５本の横筋《よこすじ》は、塀として最《さい》高《こう》の格式《かくしき》を示《しめ》しています。

豆知識……1788年の京都《きょうと》の大火で御所《ごしょ》が焼《や》けたとき、めったに開かれないこの門が開いたことから、焼かれると殻《から》が開く貝「蛤《はまぐり》」にたとえ、「蛤御門《はまぐりごもん》」とよばれるようになりました。幕末《ばくまつ》に長州藩《ちょうしゅうはん》と幕府側《ばくふがわ》が戦《たたか》った、「禁門《きんもん》の変《へん》」の舞台《ぶたい》となりました。

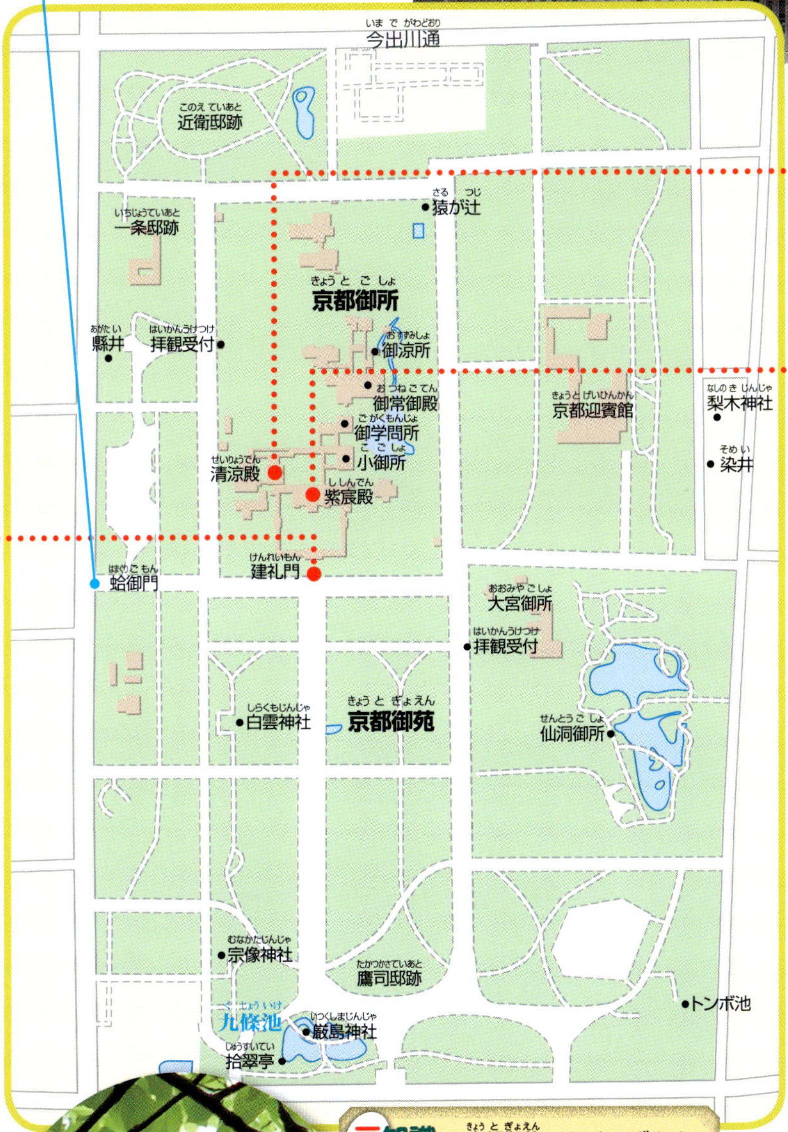

清涼殿《せいりょうでん》

かつては、天皇《てんのう》の住まいと執務所《しつむじょ》だったところです。住まいが御常御殿《おつねごてん》に移《うつ》ってからは、儀式《ぎしき》をおこなう場所になりました。

紫宸殿《ししんでん》(左ページ上写真)

ここでは、天皇《てんのう》の即位《そくい》式など、もっとも重要《じゅうよう》な儀式《ぎしき》がおこなわれていました。南向きに建《た》って南庭に面しているのは、中国の「天子(君主)南面す」という思想にしたがったものです。建物《たてもの》正面の左右には、桜《さくら》(左近桜《さこんのさくら》)と橘《たちばな》(右近橘《うこんのたちばな》)が植えられています。

もっと知りたい! 京に名水あり

御所《ごしょ》の西側《にしがわ》に、「縣井《あがたい》」という井戸《いど》のあとがあります。また、京都御苑《きょうとぎょえん》東側にある梨木《なしのき》神社には、「染井《そめい》」とよばれる井戸があります。このふたつと、四条堀川《ほりかわ》近くの「醒ヶ井《さめがい》」とよばれる井戸の水は、「京都三名水」とよばれてきました。三方を山に囲《かこ》まれた京都は、地下水や伏流水《ふくりゅうすい》の豊富《ほうふ》な土地なのです。

梨木神社《なしのきじんじゃ》に湧《わ》く「染井《そめい》」の水。

豆知識……京都御苑《きょうとぎょえん》には、トンボやチョウなどがすむトンボ池をはじめ、豊《ゆた》かな自《し》然観察《ぜんかんさつ》スポットがあります。大都市の中心にありながら、アオバズク(左写真)やオオタカなどの鳥も見られます。

平安京《へいあんきょう》とともにうまれた寺

東寺《とうじ》(教王護国寺《きょうおうごこくじ》)

◆住所:〒601-8473　京都市南区九条町1
◆地図:13ページ G-10
★**世界遺産**

九条通《くじょうどおり》から見た五重塔《ごじゅうのとう》(右)と南大門《なんだいもん》(中央)。

仏教《ぶっきょう》美術《びじゅつ》の宝庫《ほうこ》

金堂《こんどう》をはじめとする東寺《とうじ》の建物《たてもの》は、室町《むろまち》時代以降《いこう》に再建《さいけん》されたものです。これらの建物をふくめ、東寺には、国宝《こくほう》が25件《けん》と重要文化財《じゅうようぶんかざい》が52件あります。

日本最古《さいこ》の極彩色《ごくさいしき》の曼荼羅《まんだら》(→152ページ)「両界曼荼羅図《りょうかいまんだらず》」をはじめとする平安《へいあん》時代の絵画や仏像群《ぶつぞうぐん》など、空海《くうかい》の仏教《ぶっきょう》思想を伝《つた》えるたいへん貴重《きちょう》なものばかりです。

東寺《とうじ》の本堂《ほんどう》、金堂《こんどう》(国宝《こくほう》)。1603年に再建《さいけん》された、桃山《ももやま》時代を代表する建物《たてもの》。内部では本尊《ほんぞん》の薬師如来像《やくしにょらいぞう》を、十二神将像《じゅうにしんしょうぞう》が囲《かこ》んで立っている。

「弘法《こうぼう》さん」と市民《しみん》から親しまれる

平安《へいあん》時代のはじめごろ、都の正門にあたる羅城門《らじょうもん》をはさんで、東寺《とうじ》と西寺《さいじ》が建《た》てられました。西寺は火事で焼《や》け、東寺も金堂《こんどう》ができたあとは工事が進みませんでした。

しかし、823年に天皇《てんのう》から東寺をあたえられた空海《くうかい》(弘法《こうぼう》大師《だいし》)が、真言宗《しんごんしゅう》の道場として建設《けんせつ》を進めた結果《けっか》、教王護《きょうおうご》国寺《こくじ》としてうまれかわりました。境内《けいだい》の縁日《えんにち》は「弘法さん」とよばれ、空海の命日の21日に、毎月開かれています。

◆東寺《とうじ》のおもな文化財《ぶんかざい》

【国宝《こくほう》】

●金堂《こんどう》 ●五重塔《ごじゅうのとう》 ●大師堂《だいしどう》 ●蓮華門《れんげもん》 ●観智院客殿《かんちいんきゃくでん》
●絹本著色真言七祖像《けんぽんちゃくしょくしんごんしちそぞう》 ●木造五大菩薩坐像《もくぞうごだいぼさつざぞう》 ●木造五大明王像《もくぞうごだいみょうおうぞう》
●密教法具《みっきょうほうぐ》 ●犍陀穀糸袈裟《けんだこくしのけさ》・横被《おうひ》 ●弘法大師筆尺牘《こうぼうだいしひつせきとく》

【重要文化財《じゅうようぶんかざい》】

●講堂《こうどう》 ●慶賀門《けいがもん》 ●東大門《ひがしだいもん》 ●南大門《なんだいもん》 ●北大門《きただいもん》 ●北総門《きたそうもん》 ●宝蔵《ほうぞう》
●絹本著色十一面観音像《けんぽんちゃくしょくじゅういちめんかんのんぞう》 ●絹本著色不空羂索観音像《けんぽんちゃくしょくふくうけんさくかんのんぞう》　その他多数

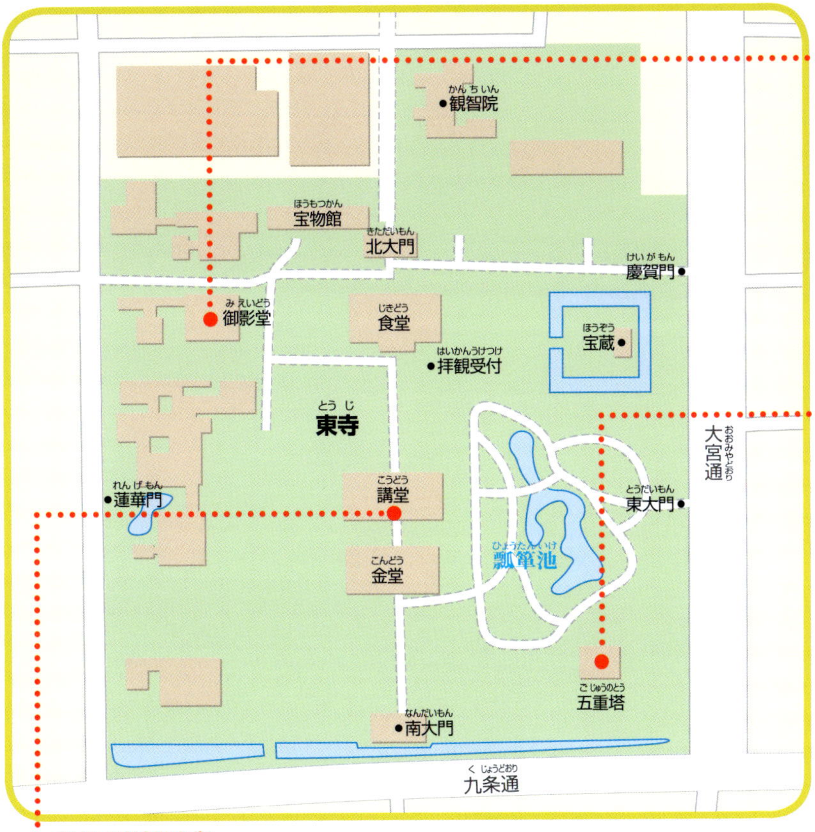

御影堂《みえいどう》【国宝《こくほう》】

かつて空海《くうかい》が住んでいた御影堂《みえいどう》は、人びとが空海を「お大師様《だいしさま》」と親しみをこめてよんでいたことにちなんで、「大師堂《だいしどう》」ともいわれます。1380年に再建《さいけん》された、寝殿造《しんでんづくり》のおもかげを伝《つた》える貴重《きちょう》な建物《たてもの》です。毎朝、弘法大師坐像《こうぼうだいしざぞう》（国宝《こくほう》）の前に朝食をそなえる儀式《ぎしき》がおこなわれています。

五重塔《ごじゅうのとう》【国宝《こくほう》】

1644年に徳川家《とくがわけ》によって再建《さいけん》された、5代目の五重塔《ごじゅうのとう》です。内部には両界曼荼羅《りょうかいまんだら》などの絵がえがかれています。54.8mという高さは、木造《もくぞう》の塔《とう》として日本一です。京都市南部では京都《きょうと》タワーとともに、まちのシンボルとなっています。

講堂《こうどう》【重要文化財《じゅうようぶんかざい》】

1491年に再建《さいけん》された入母屋造《いりもやづくり》(→7ページ)の、純和様《じゅんわよう》の建物《たてもの》です。内部には21体の仏像《ぶつぞう》が配置《はいち》されています。そのうち15体は、8世紀《せいき》の創建《そうけん》当時に、空海《くうかい》が直接指示《ちょくせつしじ》をしてつくらせたものだといわれています。

豆知識……五重塔《ごじゅうのとう》の内部には、心柱《しんばしら》（塔の中心にすえた太い柱）を取りかこむように仏像《ぶつぞう》が配置《はいち》されています。これは、心柱を大日如来《だいにちにょらい》にみたてて、守っているためです。

もっと知りたい！ 密教《みっきょう》の教えを立体的《りったいてき》に表現《ひょうげん》

講堂《こうどう》に並《なら》ぶ21体の仏像《ぶつぞう》は、空海《くうかい》が密教《みっきょう》(→152ページ)の世界観《せかいかん》を、仏像を用いて立体的《りったいてき》に表現《ひょうげん》したものだと考えられています。

中央に大日如来像《だいにちにょらいぞう》があり、左右には、人間を魔物《まもの》から守る明王《みょうおう》像《ぞう》と、苦悩《くのう》から救《すく》う菩薩像《ぼさつぞう》があり、壇《だん》の東西に梵天像《ぼんてんぞう》と帝釈天像《たいしゃくてんぞう》、四《よ》すみには聖域《せいいき》を守る四天王像《してんのうぞう》があります。

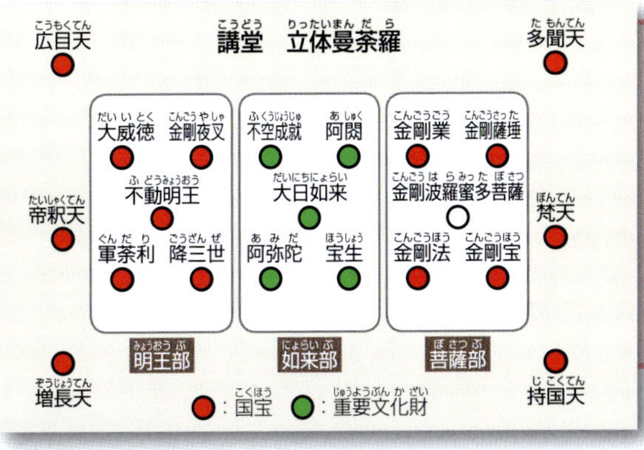

「お西《にし》さん」と親しまれる浄土真宗本願寺派《じょうどしんしゅうほんがんじは》の本山《ほんざん》

西本願寺《にしほんがんじ》

◆住所：〒600-8501 京都市下京区堀川通花屋町下ル
◆地図：13ページ H-9
★**世界遺産**

西本願寺《にしほんがんじ》の本堂《ほんどう》にあたる阿弥陀堂《あみだどう》。

親鸞聖人《しんらんしょうにん》と本願寺《ほんがんじ》

本願寺《ほんがんじ》のはじまりは、鎌倉《かまくら》時代中期の1272年です。「南《な》無阿弥陀仏《むあみだぶつ》」ととなえることで、だれでも極楽《ごくらく》にいけると説《と》いた親鸞《しんらん》（1173 ～1262年）が亡《な》くなったあと、小さなお堂《どう》が京都《きょうと》に建《た》てられました。

しかし、その教えが多くの庶民《しょみん》に信《しん》じられたことから、権力者《けんりょくしゃ》たちから弾圧《だんあつ》を受け、その場所は、山科《やましな》（いまの京都市南東部）、大坂《おおさか》(いまの大阪《おおさか》市)と、転てんとしました。現在《げんざい》の地に移《うつ》ったのは、豊臣秀吉《とよとみひでよし》から土地を提供《ていきょう》された1591年のことです。江戸《えど》時代には東本願寺《ひがしほんがんじ》が分かれ、以《い》後《ご》、西本願寺《にしほんがんじ》とよばれるようになりました。

日本じゅうからお参《まい》りに来る多くの門徒《もんと》(信者《しんじゃ》)のため、巨大《きょだい》でけんらん豪華《ごうか》なお堂《どう》が建《た》てられました。国宝《こくほう》や重要《じゅうよう》文化財《ぶんかざい》もたくさんあり、京都でも指おりの大寺院です。

お寺の中心となる御影堂《ごえいどう》の大広間《おおひろま》は734畳《じょう》あり、現在《げんざい》も大きな行事があると、日本全国から門徒衆《もんとしゅう》が集まります。

西本願寺《にしほんがんじ》の文化財《ぶんかざい》

西本願寺《にしほんがんじ》の門をくぐると、横にならんだ阿弥陀堂《あみだどう》と御影《ごえい》堂《どう》が目に入り、その大きさに圧倒《あっとう》されます。これらのほかにも、境内《けいだい》には、きらびやかなお堂がたくさんあります。

これは、自由でのびやかな桃山《ももやま》文化の特徴《とくちょう》です。長いあいだつづいた戦乱《せんらん》の世から解放《かいほう》されたこの時代、華麗《かれい》なふすま絵が多くえがかれ、茶の湯や能《のう》もさかんになりました。西本願寺の文化財《ぶんかざい》は、そのことを物語っています。

◆西本願寺《にしほんがんじ》のおもな文化財《ぶんかざい》

【国宝《こくほう》】
- 飛雲閣《ひうんかく》
- 唐門《からもん》
- 書院《しょいん》(白書院《しろしょいん》と対面所《たいめんじょ》)
- 北能舞台《きたのうぶたい》
- 黒書院《くろしょいん》および伝廊《でんろう》
- 紙本墨画親鸞聖人像《しほんぼくがしんらんしょうにんぞう》 3幅《ぷく》
- 熊野懐紙《くまのかいし》
- 三十六人家集《さんじゅうろくにんかしゅう》 37帖《じょう》
- 観無量寿経註《かんむりょうじゅきょうちゅう》
- 阿弥陀経註《あみだきょうちゅう》

【重要文化財《じゅうようぶんかざい》】
- 大玄関門《おおげんかんもん》
- 浪《なみ》の間《ま》
- 虎《とら》の間《ま》
- 太鼓《たいこ》の間《ま》
- 阿弥陀堂《あみだどう》
- 御影堂《ごえいどう》

その他多数

● 白書院《しろしょいん》【国宝《こくほう》】

虎渓《こけい》の庭《にわ》（特別史跡《とくべつしせき》）を中心とした書院の北側《きたがわ》にあたり、はなやかなふすま絵があります。白書院《しろしょいん》に対して黒書院《くろしょいん》（国宝《こくほう》）は、水墨画《すいぼくが》のふすま絵があることから、簡素《かんそ》な美しさで知られています。書院の南側《みなみがわ》は対面所《たいめんじょ》（国宝）とよばれる大広間《おおひろま》になっています。

● 北能舞台《きたのうぶたい》【国宝《こくほう》】

檜皮葺《ひわだぶき》の能舞台《のうぶたい》で、現存《げんそん》する最古《さいこ》の能舞台として知られています。舞台と見所《けんじょ》（観客席《かんきゃくせき》）が別棟《べつむね》になっています。北能舞台《きたのうぶたい》に対して南能舞台《みなみのうぶたい》（重要文化財《じゅうようぶんかざい》）は、日本一大きな能舞台として知られています。

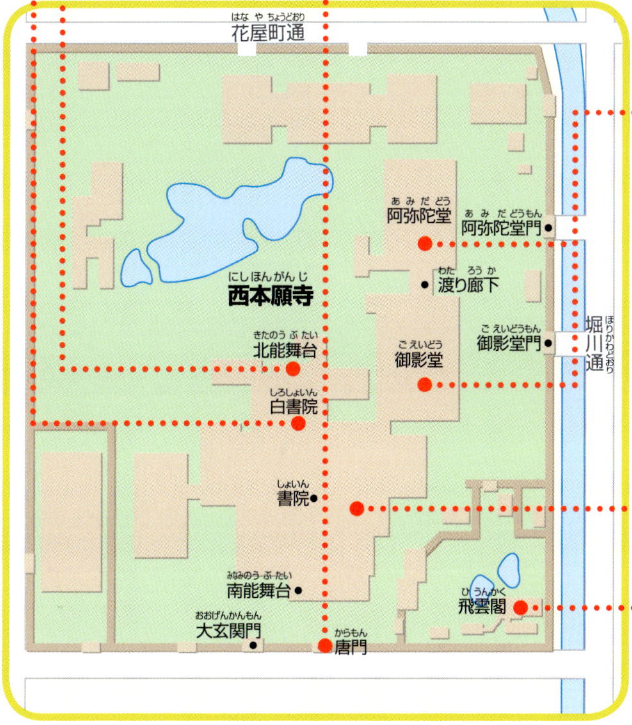

● 唐門《からもん》【国宝《こくほう》】

彫刻《ちょうこく》がほどこされた華麗《かれい》な門は、一日見ていてもあきないことから、「日暮門《ひぐらしもん》」という別名があります。

● 御影堂《ごえいどう》と阿弥陀堂《あみだどう》（ともに【重要文化財《じゅうようぶんかざい》】）（左ページ上写真）

寺の中心にある大きな建物《たてもの》です。親鸞聖人《しんらんしょうにん》の御真影《ごしんえい》（木造《もくぞう》）が安置《あんち》されている御影堂《ごえいどう》と、本堂《ほんどう》の阿弥陀堂《あみだどう》は渡《わた》り廊下《ろうか》でつながっています。このふたつのお堂にはそれぞれ門があります。これは浄土真宗《じょうどしんしゅう》の寺院建築《けんちく》の特徴《とくちょう》です。

● 対面所《たいめんじょ》【国宝《こくほう》】

書院《しょいん》の中にある200畳以上《じょういじょう》の大広間《おおひろま》です。門主《もんしゅ》（本願寺《ほんがんじ》の住職《じゅうしょく》）と門徒《もんと》（信者《しんじゃ》）が対面する場所です。

もっと知りたい！ 門前町《もんぜんまち》の不思議《ふしぎ》な動物像《ぞう》

西本願寺《にしほんがんじ》から堀川《ほりかわ》通りをはさんだ東側《ひがしがわ》には、仏具店《ぶつぐてん》やみやげもの店などがならぶ門前町《もんぜんまち》があります。その一角に、伝道院《でんどういん》とよばれる信徒《しんと》向けの保険《ほけん》会社の建物《たてもの》があります。伊東忠太《いとうちゅうた》の設計《せっけい》により、明治《めいじ》時代末期《まっき》に建《た》てられました。伊東は、平安神宮《へいあんじんぐう》の設計者として有名ですが、妖怪好《ようかいず》きの奇人《きじん》としても知られています。そのため、伝道院の前には、入口左右の「あうんの狛犬《こまいぬ》」をはじめ、象《ぞう》や架空《かくう》の動物などの石像彫刻《せきぞうちょうこく》がたくさんならんでいます。

● 飛雲閣《ひうんかく》【国宝《こくほう》】

滴翠園《てきすいえん》という庭にある池のほとりに建《た》ち、金閣《きんかく》・銀閣《ぎんかく》とならんで「京の三閣《さんかく》」として知られています。形が左右対称《たいしょう》ではないため、見る位置《いち》によってさまざまな表情《ひょうじょう》をもった建物《たてもの》です。

おもしろ情報

京町家《きょうまちや》と人《ひと》びとのくらし

京町家徹底解剖《きょうまちやてっていかいぼう》!

町家《まちや》には、京都《きょうと》の町衆《まちしゅう》（庶民《しょみん》）の知恵《ちえ》がぎっしりつまっています。現代《げんだい》の家屋《かおく》とくらべてみましょう。

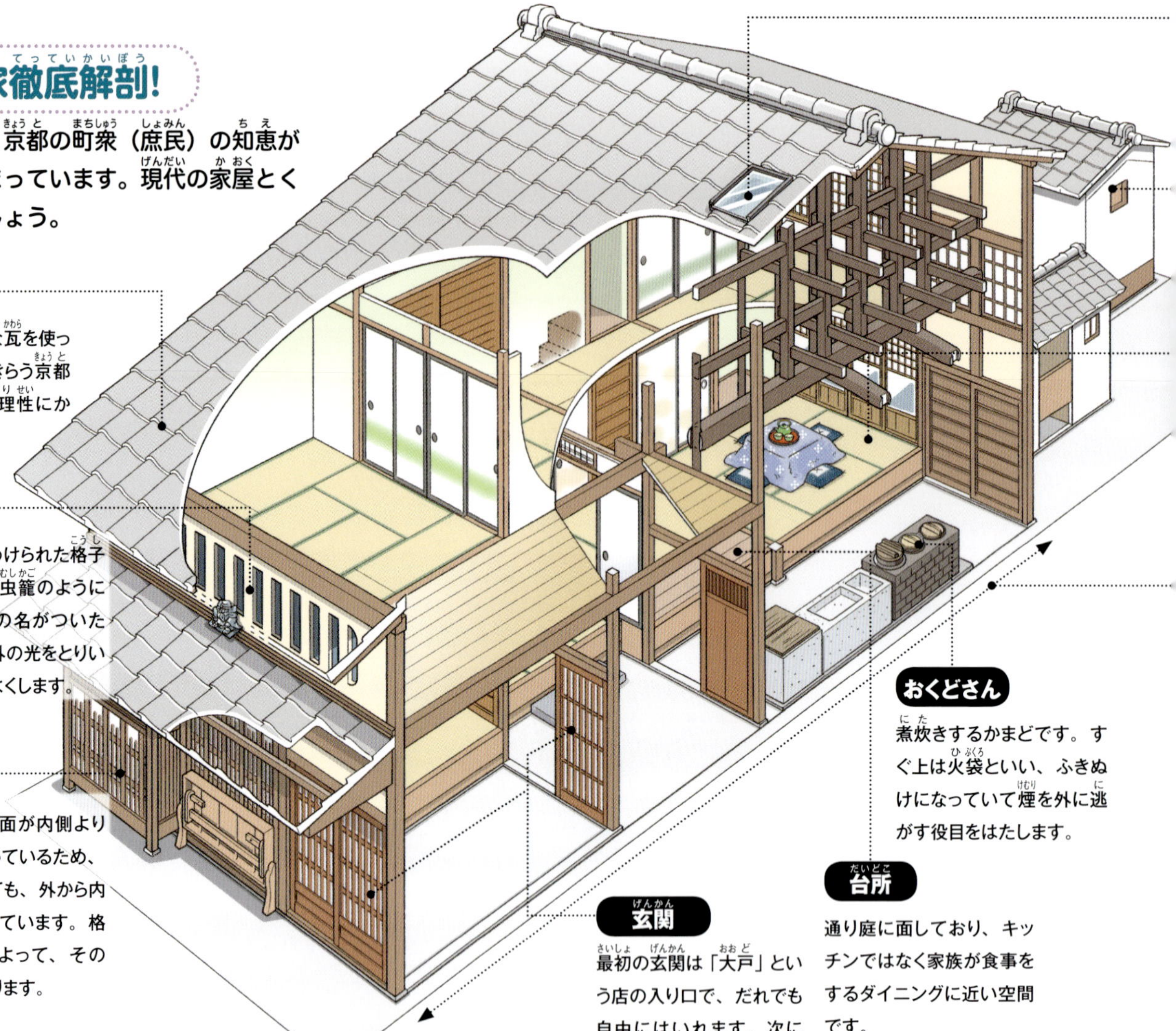

瓦《かわら》

桟瓦《さんがわら》という簡素《かんそ》な瓦《かわら》を使っていて、華美《かび》をきらう京都《きょうと》人の美意識《びいしき》や合理性《ごうりせい》にかなっています。

虫籠窓《むしこまど》

二階の外壁《がいへき》にもうけられた格子《こうし》状《じょう》の窓《まど》で、形が虫籠《むしかご》のように見えるため、この名がついたといわれます。外の光をとりいれ、風の通りをよくします。

表格子《おもてごうし》

格子《こうし》は道路側《どうろがわ》の面が内側よりも太い台形になっているため、内から外は見えても、外から内は見えにくくなっています。格子のデザインによって、その家の商売もわかります。

おくどさん

煮炊《にた》きするかまどです。すぐ上は火袋《ひぶくろ》といい、ふきぬけになっていて煙《けむり》を外に逃《に》がす役目をはたします。

台所《だいどこ》

通り庭に面しており、キッチンではなく家族が食事をするダイニングに近い空間です。

玄関《げんかん》

最初《さいしょ》の玄関《げんかん》は「大戸《おおど》」という店の入り口で、だれでも自由にはいれます。次にあるのが正式の玄関です。

京町家《きょうまちや》ってなに?

京町家《きょうまちや》とは京都《きょうと》の庶民《しょみん》の住宅《じゅうたく》のことで、間口《まぐち》がせまく奥行《おくゆ》きが深いため、「うなぎの寝床《ねどこ》」とよばれています。これは、昔《むかし》は間口の広さによって税金《ぜいきん》の額《がく》が決められていたためです。

江戸《えど》時代のなかごろには、いま見られるような町家の形になっていました。しかし、江戸時代末期《まっき》の「禁門《きんもん》の変《へん》」（1864年）で、京都の中心部はほとんど焼《や》けてしまい、現在残《げんざいのこ》っている京町家の多くは、明治《めいじ》時代から大正《たいしょう》時代にかけて建《た》てられたものです。

生活を便利《べんり》で快適《かいてき》にする合理性《ごうりせい》だけではなく、京都の人びとの洗《せん》練《れん》された美意識《びいしき》があらわれた美しさも町家の魅力《みりょく》のひとつです。いまでも6000軒《けん》ほどの町家が京都市内にあります。その数は年ねん減《げん》少《しょう》していますが、最近は町家を改修《かいしゅう》して住みたいという人や、レストランやブティックなどに活用する例《れい》もふえています。

写真:NPO法人四条京町家

おくどさん。「くど（かまど）」に「お」と「さん」をつけて、ていねいにしたいいかた。

●京都の風土と京町家

京都は三方を山に囲まれた盆地にあります。このため、夏は暑く、冬は「底冷え」といわれるほど寒さがきびしいことが特徴です。寒さについてはコタツなどの暖房でしのぐことができます。そのため、京町家は夏の暑さをいかに防ぐか、という「暑さ対策」が重視されています。

夏になるとふすまや障子はすだれに取りかえられ、畳の上には「あじろ」や「藤むしろ」をしいて足元をすずしくします。通り庭は風通しをよくする役割をはたし、坪庭や打ち水も風の道をつくります。

また、畳の大きさは「京間」とよばれる寸法が用いられています。京間によって、ふすまや障子、家具などのサイズも統一され、使いまわし、いまでいうリサイクルができるようになっている

写真：NPO法人四条京町家

虫籠窓（左）と、坪庭を望む奥の間（上）。

写真：NPO法人四条京町家

のも、大きな特徴のひとつです。

京町家につめこまれた知恵は、現代の環境対策にもいかすことができると、改めて見直されています。

天窓
台所からの煙出しと採光をかねており、縄を引っぱって開閉します。

蔵
火事が燃えひろがるのを防ぐ防火壁としての役目ももっています。

奥の間
座敷ともいいます。主人が大切なお客さまを接待する、最も格式のある空間です。

通り庭
表から奥まで土間が一直線につづいているため、荷物を運んだりするのに便利です。また、風の通り道でもあります。

夏のくらしのくふう

暑い夏を快適に過ごすための知恵の数かず。

風の流れ

夏座敷
風通しをよくするために、部屋のしきりや敷物を衣替えします。

風鈴
さわやかな音で、すずしさを感じさせます。

軒
日差しが入りにくく、雨もふりこまないよう、軒は深くつくられています。

坪庭
風を通す空間であり、緑があることで心もなごみます。

よしず
すだれと同じく、風をよく通します。

敷物
湿気を吸収する敷物に取りかえます。

すだれ
風は通しても日差しはさえぎるくふうです。

打ち水
朝夕水をまくことで、すずしくなります。

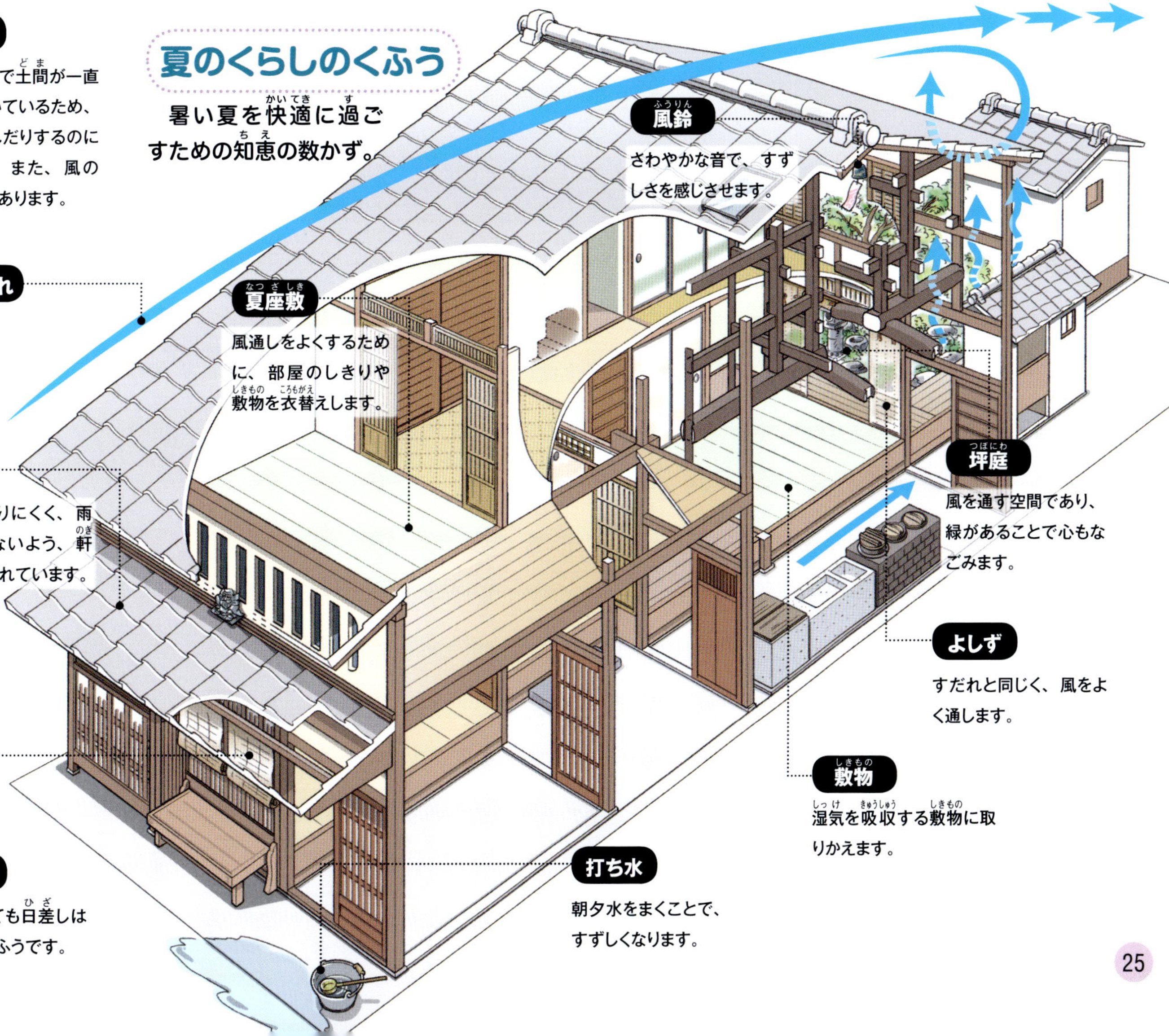

いつも参拝客《さんぱいきゃく》でにぎわう「清水《きよみず》の舞台《ぶたい》」

清水寺《きよみずでら》

- 住所：〒605-0862　京都市東山区清水1-294
- 地図：13ページ J-9

★**世界遺産**

朱塗《しゅぬ》りがあざやかな仁王門《におうもん》（左）と三重塔《さんじゅうのとう》・西門《さいもん》（右）。

音羽《おとわ》の滝《たき》からはじまった歴史《れきし》

清水寺《きよみずでら》に伝《つた》わる物語によると、８世紀《せいき》の後半、のちに征《せい》夷大将軍《いたいしょうぐん》となる坂上田村麻呂《さかのうえのたむらまろ》は、音羽山《おとわやま》へ鹿狩《しかが》りにきたとき、修行僧《しゅぎょうそう》の賢心《けんしん》と出あい、生き物の命をうばうことのおろかさをいさめられました。この話を聞いた田村麻呂の妻《つま》は感動し、自宅《じたく》を音羽《おとわ》に移《うつ》してお堂《どう》を建《た》てました。

これが清水寺のはじまりです。お堂には、賢心がもっていた観音像《かんのんぞう》をまつりました。清水寺は、すべての人を救《すく》う観音像をまつる寺として、信仰《しんこう》を集めています。

音羽《おとわ》の滝《たき》。「清《きよ》めの水」として尊《とうと》ばれている。

はなやかな建築群《けんちくぐん》

清水寺《きよみずでら》には、13万㎡の境内《けいだい》に、15の伽藍《がらん》が立ちならんでいます。そのすべてが、国宝《こくほう》または重要文化財《じゅうようぶんかざい》です。現《げん》在《ざい》の伽藍の大半は、江戸幕府《えどばくふ》第３代将軍《しょうぐん》の家光《いえみつ》が寄付《きふ》をして、寛永《かんえい》年間(1624～1644年)に再建《さいけん》されました。

屋根の優美《ゆうび》な曲線、あざやかな朱色《しゅいろ》、極彩色《ごくさいしき》（あざやかな色を多く用いた色づかい）の文様《もんよう》、豪華《ごうか》な彫刻《ちょうこく》などには、桃山《ももやま》時代の建築様式《けんちくようしき》の特徴《とくちょう》がうかがえます。

◆清水寺《きよみずでら》のおもな文化財《ぶんかざい》

【国宝《こくほう》】
- 本堂《ほんどう》

【重要文化財《じゅうようぶんかざい》】
- 仁王門《におうもん》
- 馬駐《うまとどめ》
- 鐘楼《しょうろう》
- 三重塔《さんじゅうのとう》
- 西門《さいもん》
- 経堂《きょうどう》
- 開山堂《かいさんどう》
- 朝倉堂《あさくらどう》
- 鎮守堂《ちんじゅどう》
- 本坊北総門《ほんぼうきたそうもん》
- 轟門《とどろきもん》
- 釈迦堂《しゃかどう》
- 阿弥陀堂《あみだどう》
- 奥の院《おくのいん》
- 子安塔《こやすのとう》
- 地主神社本殿《じしゅじんじゃほんでん》・拝殿《はいでん》・総門《そうもん》

その他多数

● 奥《おく》の院《いん》【重要文化財《じゅうようぶんかざい》】

音羽《おとわ》の滝《たき》の真上にある懸造《かけづくり》（「本堂《ほんどう》と舞台《ぶたい》」を参照《さんしょう》）の建《たて》物《もの》で、1633年に再建《さいけん》されました。賢心《けんしん》が修行《しゅぎょう》した小さな庵《いおり》は、ここにあったと伝《つた》えられています。美しくそった屋根、極彩色《ごくさいしき》の装飾《そうしょく》のあとなどに、桃山《ももやま》時代の美を見ることができます。

もっと知りたい!

征夷大将軍《せいいたいしょうぐん》ってどんな人？

征夷大将軍《せいいたいしょうぐん》とは平安《へいあん》時代初期《しょき》に、朝廷《ちょうてい》が日本の東方や北方を支配《しはい》するために派遣《はけん》した、遠征《えんせい》軍《ぐん》の総指揮官《そうしきかん》のことです。当時の東方や北方には強い指導者《しどうしゃ》がいて、朝廷の支配下に入ることを拒否《きょひ》していたのです。鎌倉《かまくら》時代以降《いこう》は、武家《ぶけ》政権《せいけん》のトップが征夷大将軍を名のるようになりました。

境内《けいだい》には、平安《へいあん》時代の征夷大将軍《せいいたいしょうぐん》・坂上田村麻《さかのうえのたむらま》呂《ろ》に処刑《しょけい》されたふたりの指導者《しどうしゃ》をまつる「阿弖流《アテル》為《イ》・母禮之碑《モレのひ》」がある。

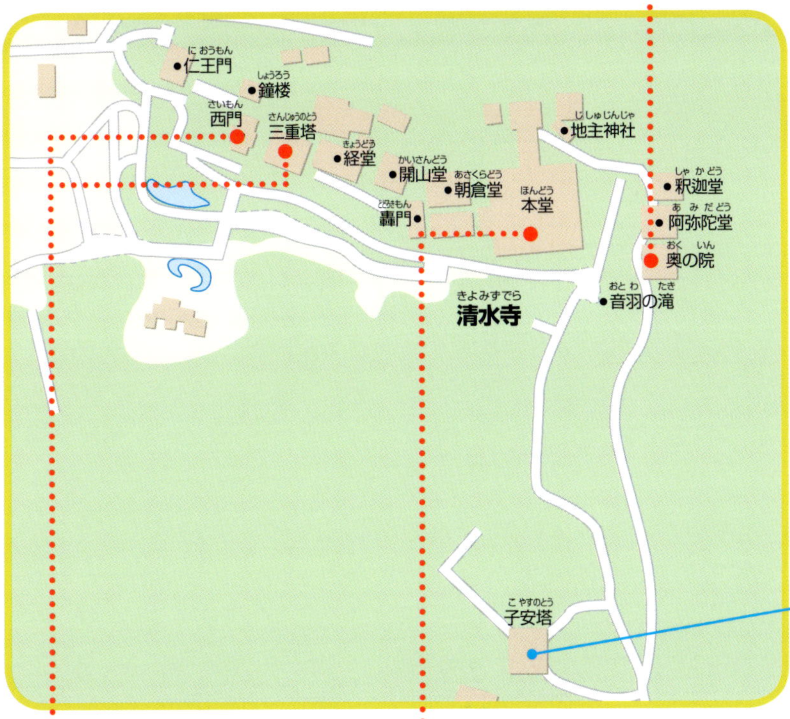

豆知識……1500年に再建《さいけん》された子安塔《こやすのとう》（重要文《じゅうようぶん》化財《かざい》）には、出産《しゅっさん》を守るとされる子安観音《かんのん》がまつられています。この塔《とう》へいたる「産寧坂《さんねいざか》」（三年坂）の名には、出産を安寧《あんねい》（安心）におこなえるようにという祈《いの》りがこめられています。

● 西門《さいもん》と三重塔《さんじゅうのとう》

（ともに【重要文化財《じゅうようぶんかざい》】）（左ページ上写真）

西門《さいもん》は1631年、高さ約《やく》31mの三重塔《さんじゅうのとう》は1632年に再建《さいけん》されました。いずれも桃山《ももやま》様式の建築《けんちく》で、あざやかな朱色《しゅいろ》の柱などがカラフルな文様《もんよう》や金《きん》箔《ぱく》でかざられています。三重塔の内部には、密教仏画《みっきょうぶつが》などが極彩色《ごくさいしき》でえがかれています。

● 本堂《ほんどう》と舞台《ぶたい》【国宝《こくほう》】

本堂《ほんどう》からは、「清水《きよみず》の舞台《ぶたい》から飛びおりる」ということばで有名な、懸造《かけづくり》（→150ページ）の舞台が張《は》りだしています。山の斜面《しゃめん》からせりでた部分を柱で支《ささ》えています。山を、観音《かんのん》のすむ世界にある山（補陀落山《ふだらくせん》）に見たてています。支柱《しちゅう》部分は、釘《くぎ》を一本も使わず、すべて木を組みあわせてつくっています。

透《とう》視《し》してみよう!

清水寺《きよみずでら》
本堂《ほんどう》（清水《きよみず》の舞台《ぶたい》）

内々陣《ないないじん》

本堂《ほんどう》の奥《おく》にある「内々陣《ないないじん》」には、厨子《ずし》（仏像《ぶつぞう》などを安置《あんち》するいれもの）に入った本尊《ほんぞん》の十一面千手観音像《じゅういちめんせんじゅかんのうぞう》と、その両脇《りょうわき》に内々陣二十八部衆《にじゅうはちぶしゅう》や風神《ふうじん》・雷神像《らいじんぞう》がならんでいます。イラストでは見えていますが、実際《じっさい》には特別《とくべつ》な行事以外は、内々陣に入ることはできません。

「清水《きよみず》の舞台《ぶたい》」

思いきって決断《けつだん》することを「清水《きよみず》の舞台《ぶたい》から飛《と》びおりる」といいます。江戸《えど》時代には、命をかけて飛びおりれば願《ねが》いがかなうという信仰《しんこう》がありました。200件以上《けんいじょう》の飛びおりの記録《きろく》が残《のこ》っていて、1872（明治《めいじ》5）年に禁止令《きんしれい》が出されました。

貫《ぬき》とおおい

水平の木材《もくざい》を貫《ぬき》といいます。貫が雨にぬれないように、傘《かさ》のようなおおいがつけられています。

ケヤキの柱

清水寺《きよみずでら》では、数百年後の大修理《だいしゅうり》にそなえて、京都《きょうと》市内などでケヤキやヒノキを何万本も植林しています。

懸造《かけづくり》

舞台《ぶたい》は、縦横《じゅうおう》の木材《もくざい》が格子状《こうしじょう》に、釘《くぎ》を一本も使わないで組まれています。これは、懸造《かけづくり》（→150ページ）という建築方法《けんちくほうほう》ですが、現代《げんだい》の建築《けんちく》では「ラーメン構造《こうぞう》」とよばれ、地震《じしん》にも強い構造です。「ラーメン」とはドイツ語で「枠《わく》」「額縁《がくぶち》」という意味です。

檜皮葺《ひわだぶき》の屋根

本堂《ほんどう》の屋根は、檜皮葺《ひわだぶき》(→151ページ)です。瓦《かわら》でふくと重くなりすぎるので、できるだけ軽くするためです。

弁慶《べんけい》の爪痕《つめあと》

本堂裏側《ほんどううらがわ》の貫《ぬき》の木目にそって、深さ1～2㎝のみぞがついています。これは「弁慶《べんけい》がつけた傷《きず》」ともいわれていますが、本堂は江《え》戸《ど》時代に再建《さいけん》されているので、平安《へいあん》時代末期《まっき》に生きた弁慶とは、実際《じっさい》には時代があいません。

「通《とお》し矢《や》」で知られる本堂《ほんどう》は仏像彫刻《ぶつぞうちょうこく》の宝庫《ほうこ》

三十三間堂《さんじゅうさんげんどう》（蓮華王院《れんげおういん》）

◆住所：〒605-0941　京都市東山区三十三間堂廻町657
◆地図：13ページI-10

千体仏《せんたいぶつ》と二十八部衆《にじゅうはちぶしゅう》がならぶ本堂《ほんどう》内部。

だれかに似《に》ている?!　千一体の観音像《かんのんぞう》

　平安《へいあん》時代後期の後白河上皇《ごしらかわじょうこう》が、1165年に自分の御所《ごしょ》に建《た》てた寺の本堂《ほんどう》が三十三間堂《さんじゅうさんげんどう》です。のちに伽藍《がらん》は火事で焼《や》けてしまい、この本堂のみが1266年に再建《さいけん》されました。
「三十三間堂」という通称《つうしょう》は、内部に立つ柱と柱のあいだが33あることに由来します。本堂には、本尊《ほんぞん》の左右に、千一体の仏像《ぶつぞう》が整然《せいぜん》と立ちならんでいます。あいたい人に似《に》た顔が、必《かなら》ず見つかるといわれます。

◆三十三間堂《さんじゅうさんげんどう》のおもな文化財《ぶんかざい》

【国宝《こくほう》】　●本堂《ほんどう》　●千手観音坐像《せんじゅかんのんざぞう》　●風神《ふうじん》・雷神像《らいじんぞう》　●二十八部衆立像《にじゅうはちぶしゅうりゅうぞう》

【重要文化財《じゅうようぶんかざい》】　●南大門《なんだいもん》　●太閤塀《たいこうべい》　●千手観音立像《せんじゅかんのんりゅうぞう》（千一体）

新しい時代の建築《けんちく》と仏像《ぶつぞう》

　鎌倉《かまくら》時代の大工たちは、平安《へいあん》時代に経験《けいけん》した地震《じしん》をもとに、さまざまなくふうをしました。
　三十三間堂《さんじゅうさんげんどう》にも、砂《すな》と粘土《ねんど》の層《そう》を重ねて地中のゆれを吸収《きゅうしゅう》する基盤《きばん》、ゆれに耐《た》えるための二重の梁《はり》、ゆれを予《よ》測《そく》した木材《もくざい》の組み方など、地震のゆれをへらす現代《げんだい》の免《めん》震工法《しんこうほう》に通じるくふうが見られます。
　堂内《どうない》に立つ仏像《ぶつぞう》の多くは、鎌倉《かまくら》時代の作です。武士《ぶし》が政権《せいけん》をにぎると、仏像はそれまでの温和で貴族的《きぞくてき》な表現《ひょうげん》から、リアルで力強い表現へと変化《へんか》しました。風神《ふうじん》・雷神《らいじん》像《ぞう》や二十八部衆立像《にじゅうはちぶしゅうりゅうぞう》に、それらの特徴《とくちょう》が見られます。

豆知識……千一体の千手観音立像《せんじゅかんのんりゅうぞう》の大半は身長167cm前後と、現代《げんだい》の標準的《ひょうじゅんてき》な日本人男性《だんせい》と同じくらいの高さです。

千手観音坐像《せんじゅかんのんざぞう》【国宝《こくほう》】

鎌倉《かまくら》時代の仏師《ぶっし》・湛慶《たんけい》の、晩《ばん》年《ねん》の代表作です。ヒノキ材をつぎあわせた「寄木造《よせぎづくり》」で、高さは3.35m。42本の手が「千《せん》手《じゅ》」をあらわします。

本堂《ほんどう》【国宝《こくほう》】

高さ16m、南北120m、東西22mという長大な建《たて》物《もの》です。創建《そうけん》当時は外側《そとがわ》が朱塗《しゅぬ》りで、内側には花や雲がさまざまなあざやかな色でえがかれていました。柱間の33という数は、人びとを救《すく》うために観音菩薩《かんのんぼさつ》がさまざまにすがたを変えるという、その化身《けしん》の数と同じです。

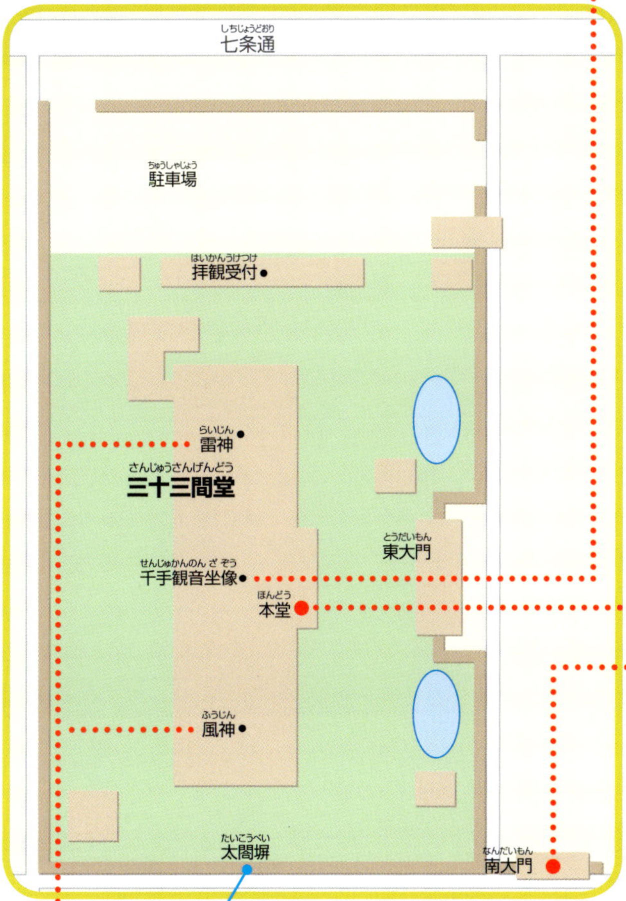

南大門《なんだいもん》【重要文化財《じゅうようぶんかざい》】

桃山《ももやま》時代、豊臣秀吉《とよとみひでよし》は自分の権力《けんりょく》を広く示《しめ》すため、三十三間堂《さんじゅうさんげんどう》の北に方広寺《ほうこうじ》を建て、大仏殿《だいぶつでん》を設《もう》けました。その南門は、子の秀頼《ひでより》によっていまの場所に移築《いちく》され、三十三間堂の南大門《なんだいもん》となっています。門柱《もんちゅう》のほかに８本の柱で支《ささ》えられた、りっぱな八脚門《やつあしもん》です。

豆知識……豊臣秀吉《とよとみひでよし》が建《た》てた方広寺《ほうこうじ》の外塀《そとべい》を移築《いちく》したのが、太閤《たいこう》塀《べい》です。高さ5.3m、長さは92mあります。

風神《ふうじん》・雷神像《らいじんぞう》【国宝《こくほう》】

千一体の観音像《かんのんぞう》を守るように、二十八部衆立像《にじゅうはちぶしゅうりゅうぞう》（国宝《こくほう》）と風《ふう》神《じん》・雷神像《らいじんぞう》が立っています。風神・雷神は仏教《ぶっきょう》を守り、悪をこらしめ、自然現象《しぜんげんしょう》をととのえると信《しん》じられています。風神像《ふうじんぞう》は風袋《ふうたい》、雷神像《らいじんぞう》は太鼓《たいこ》をもっています。

もっと知りたい！ 「通《とお》し矢《や》」のむかしといま

本堂《ほんどう》の西側《にしがわ》では、毎年１月中《ちゅう》旬《じゅん》に、新成人《せいじん》が参加《さんか》する弓道《きゅうどう》の試合「大的大会《おおまとたいかい》」が開かれます。これは、江戸《えど》時代に三十三間堂《さんじゅうさんげんどう》などでさかんになった「通《とお》し矢《や》」という競技《きょうぎ》にちなむものです。的《まと》までの距離《きょり》は、江戸時代は120m、いまは60mです。

大的大会《おおまとたいかい》は「通し矢」ともよばれる。着物すがたで弓を引く場面を、ニュースなどで見ることができる。

三門《さんもん》は、いまに残《のこ》る寺院の門のなかで最大《さいだい》

知恩院《ちおんいん》

◆住所：〒605-8686　京都市東山区林下町400
◆地図：13ページ J-8

入母屋造《いりもやづくり》(→7ページ)で、スケールの大きな三門《さんもん》(→150ページ)。楼《ろう》の上は仏堂《ぶつどう》になっている。

法然上人《ほうねんしょうにん》ゆかりの大寺院

世の中が乱《みだ》れていた平安《へいあん》時代末期《まっき》、法然《ほうねん》は「南無阿弥陀《なむあみだ》仏《ぶつ》」ととなえればだれでも救《すく》われると説《と》いて浄土宗《じょうどしゅう》をおこし、幅広《はばひろ》い層《そう》の人びとに受けいれられました。

知恩院《ちおんいん》は、法然が晩年《ばんねん》に住んだ地に、1234年に弟子《でし》たちが法然のお墓《はか》を移《うつ》し、そこに建《た》てた寺です。その後、戦乱《せんらん》や火事にあいましたが、皇室《こうしつ》や徳川家《とくがわけ》が、再建《さいけん》や拡大《かくだい》をおこないました。

江戸《えど》時代に整備《せいび》された大伽藍《だいがらん》

知恩院《ちおんいん》は広い境内《けいだい》に大小106もの建物《たてもの》があります。江戸《えど》時代に、壮大《そうだい》な伽藍《がらん》の大部分がつくられました。そのうち「方丈《ほうじょう》」(→151ページ)という建物は、書院造《しょいんづくり》(→150ページ)を代表する建築《けんちく》です。内部には金箔《きんぱく》やあざやかな色を用いたふすま絵があり、徳川家《とくがわけ》の力の大きさを感じさせます。

文化財《ぶんかざい》も多く、その一部が6世紀半《せいきなか》ばに書きうつされた「菩薩処胎経《ぼさつしょたいきょう》」(国宝《こくほう》)は、たいへん古い経典《きょうてん》として有名です。

◆知恩院《ちおんいん》のおもな文化財《ぶんかざい》

【国宝《こくほう》】
●本堂《ほんどう》(御影堂《みえいどう》) ●三門《さんもん》 ●紙本著色法然上人絵伝《しほんちゃくしょくほうねんしょうにんえでん》 48巻《かん》 ●絹本著色阿弥陀二十五菩薩来迎図《けんぽんちゃくしょくあみだにじゅうごぼさつらいごうず》
●菩薩処胎経《ぼさつしょたいきょう》 ●大楼炭経《だいろうたんきょう》 ●上宮聖徳法王帝説《じょうぐうしょうとくほうおうていせつ》

【重要文化財《じゅうようぶんかざい》】
●大方丈《おおほうじょう》 ●小方丈《こほうじょう》 ●大庫裏《おおぐり》 ●小庫裏《こぐり》 ●大鐘楼《だいしょうろう》 ●経蔵《きょうぞう》 ●勢至堂《せいしどう》 ●綾本著色毘沙門天像《りょうほんちゃくしょくびしゃもんてんぞう》
●絹本著色阿弥陀経曼荼羅図《けんぽんちゃくしょくあみだきょうまんだらず》 ●絹本著色観経曼荼羅図《けんぽんちゃくしょくかんぎょうまんだらず》　その他多数

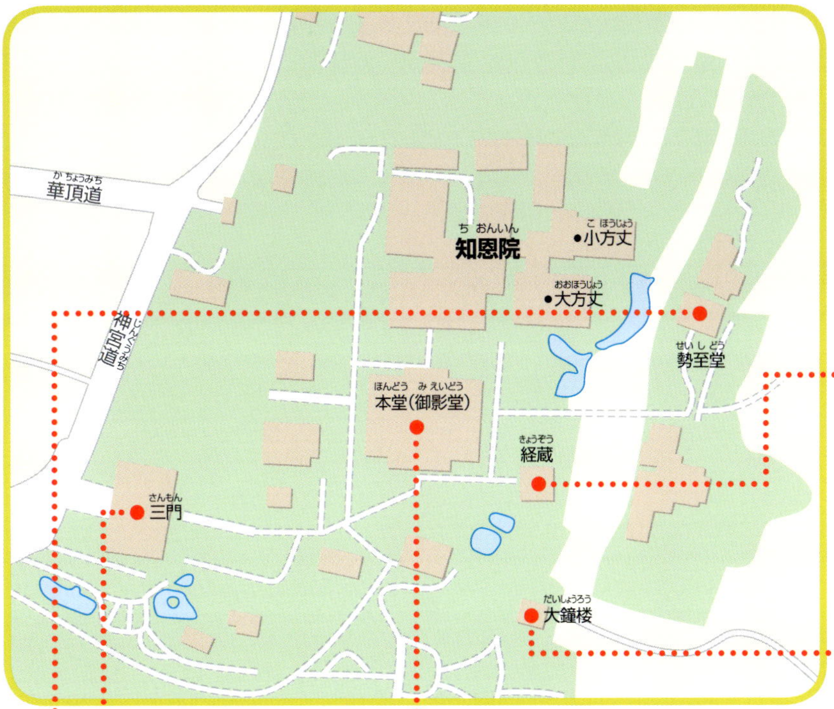

● **三門《さんもん》【国宝《こくほう》】**(左ページ上写真)

1621年に建《た》てられた、中国式の建築《けんちく》様式を取りいれた二重門《にじゅうもん》(2階建《だ》てで、1階と2階の両方の軒《のき》が張《は》りだした門)です。高さ約《やく》24m、横幅《よこはば》は約50m。使われている屋根《やね》瓦《がわら》は約7万枚《まい》、山号（寺の称号《しょうごう》）を書いた額《がく》の大きさは畳《たたみ》2枚分以上《いじょう》と、すべての面で、スケールの大きい門です。

● **御影堂《みえいどう》【国宝《こくほう》】**

知恩院《ちおんいん》の本堂《ほんどう》で、徳川《とくがわ》幕府《ばくふ》が手がけた大規模《だいきぼ》な仏教建築《ぶっきょうけんちく》の代表例《だいひょうれい》です。間口《まぐち》約《やく》44.8m、奥《おく》行《ゆ》き約34.5mの、知恩院で最大《さいだい》の建物です。

● **勢至堂《せいしどう》【重要文化財《じゅうようぶんかざい》】**

法然《ほうねん》が亡《な》くなった地に立つ、知恩院《ちおんいん》で最古《さいこ》の建物《たてもの》です。最初《さいしょ》は本堂《ほんどう》として建《た》てられ、1530年に再建《さいけん》されました。勢至菩薩《せいしぼさつ》という菩薩のうまれかわりとされる法然にちなみ、鎌倉《かまくら》時代につくられた勢至菩薩坐像《せいしぼさつざぞう》(重要文化財《じゅうようぶんかざい》)を安置《あんち》しています。

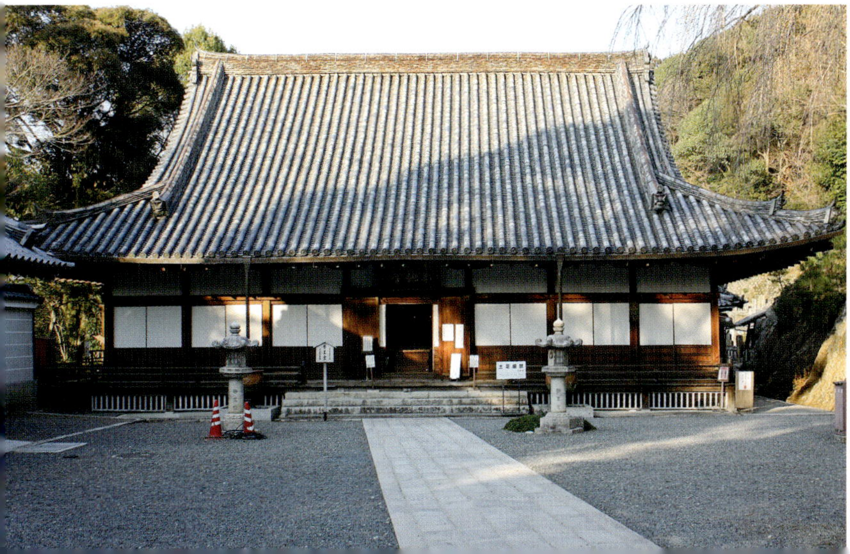

● **経蔵《きょうぞう》【重要文化財《じゅうようぶんかざい》】**

1621年の建築《けんちく》です。内部は狩野派《かのうは》による極彩色《ごくさいしき》の絵でいろどられているほか、約《やく》6000帖《じょう》のお経《きょう》をおさめる輪蔵《りんぞう》(→152ページ)がそなえられています。輪蔵とは回転式の本棚《ほんだな》で、これを回すと、お経を読んだのと同じご利益《りやく》があるとされています。

● **大鐘楼《だいしょうろう》【重要文化財《じゅうようぶんかざい》】**

日本三大梵鐘《ぼんしょう》のひとつで、高さ3.3m、直径《ちょっけい》2.8m、重さは約《やく》70tあります。1636年につくられました。

もっと知りたい! 知恩院七不思議《ちおんいんななふしぎ》

知恩院《ちおんいん》には、不思議《ふしぎ》な話がたくさんあります。たとえば大方丈《おおほうじょう》のふすま絵は、あまりにもじょうずな絵なので、雀《すずめ》が生を受けて飛《と》びさったとされ、「抜《ぬ》け雀《すずめ》」とよばれています。廊下《ろうか》にある猫《ねこ》の絵は、どの角度から見てもこちらをにらんでいるように見えるため、「三方正面真向《さんぽうしょうめんまむき》の猫《ねこ》」という別名《べつめい》があります。入口の廊下《ろうか》の梁《はり》には、長さ約《やく》2.5mの杓子《しゃくし》が置《お》いてあります。戦《いくさ》のとき、兵士《へいし》のためにこれでごはんをすくったなどの説《せつ》がありますが、なぜここに置いてあるかは、わかりません。このような話はほかにもあり、「七不思議」として伝《つた》わっています。

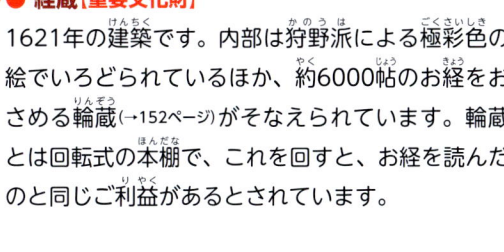

東山《ひがしやま》の緑の中にたたずむ落ちついた禅寺《ぜんでら》

南禅寺《なんぜんじ》

◆住所：〒606-8435　京都市左京区南禅寺福地町
◆地図：13ページ K-7

東山《ひがしやま》の緑に、レトロなふんいきが調和する水路閣《すいろかく》（水道橋）。境内《けいだい》を通る部分は、周辺《しゅうへん》の景色《けしき》との調和をとるため、レンガと花《か》こう岩《がん》を使ったアーチ状《じょう》の橋脚《きょうきゃく》で支《ささ》えられている。

もっとも位《くらい》の高い禅寺《ぜんでら》

南禅寺《なんぜんじ》は1291年、亀山法皇《かめやまほうおう》が離宮《りきゅう》（皇居以外《こうきょいがい》の皇族《こうぞく》の住まい）を寺に改《あらた》めたのがはじまりです。天皇《てんのう》や法皇《ほうおう》の命令《めいれい》で創建《そうけん》された禅寺《ぜんでら》としては、日本で最初《さいしょ》の寺院です。そのため、禅寺のなかでも高い位《くらい》をもつ京都五山《きょうとござん》(→150ページ)と鎌倉五山《かまくらござん》のさらに上に、別格《べっかく》として位置《いち》づけられています。火事や応仁《おうにん》の乱《らん》（1467〜1477年）で建《たて》物《もの》は焼《や》けてしまいましたが、桃山《ももやま》時代以降《いこう》に再建《さいけん》が進められました。

境内《けいだい》には、琵琶湖《びわこ》の水を京都市へ導《みちび》く琵琶湖疏《そ》水《すい》という運河《うんが》の分線が通っています。

水路閣《すいろかく》の上を流れる琵琶湖疏水《びわこそすい》。

見どころはふすま絵と庭園

南禅寺《なんぜんじ》のなかでもっとも有名なのは、国宝《こくほう》の方丈《ほうじょう》(→151ページ)に残《のこ》るふすま絵の数かずと、江戸《えど》時代のはじめにつくられた方丈庭園です。ふすま絵は、日本画壇《がだん》の中心で活《かつ》躍《やく》した狩野派《かのうは》の絵師《えし》たちによって、桃山《ももやま》時代から江戸時代にかけてえがかれました。そのうち約《やく》３分の２は別《べつ》の場所で保管《ほかん》されていて、そのあとには、復元《ふくげん》された新たなふすま絵が設置《せっち》されています。

方丈庭園は、造園《ぞうえん》の名手として知られた小堀遠州《こぼりえんしゅう》の作と伝《つた》えられる、江戸時代初期《しょき》を代表する枯山水《かれさんすい》(→9ページ)庭園です。南禅寺の境内《けいだい》にある金地院《こんちいん》の庭も、小堀遠州作の枯山水として有名です。

◆ 南禅寺《なんぜんじ》のおもな文化財《ぶんかざい》

【国宝《こくほう》】
● 方丈《ほうじょう》 ● 亀山天皇宸翰禅林寺御祈願文案《かめやまてんのうしんかんぜんりんじごきがんもんあん》

【重要文化財《じゅうようぶんかざい》】
● 三門《さんもん》 ● 勅使門《ちょくしもん》 ● 木造聖観音立像《もくぞうしょうかんのんりゅうぞう》 ● 大方丈障壁画《おおほうじょうしょうへきが》
● 紙本著色群虎図《しほんちゃくしょくぐんこず》（小方丈障壁画《こほうじょうしょうへきが》）
● 絹本著色釈迦十六善神像《けんぽんちゃくしょくしゃかじゅうろくぜんしんぞう》
その他多数

本坊《ほんぼう》（庫裏《くり》）。方丈《ほうじょう》にはこの玄関《げんかん》から入る。

豆知識……方丈《ほうじょう》庭園には、白砂《はくさ》の上に大きな石が６つ配《はい》置《ち》されています。親子の虎《とら》が川をわたっていくように見えるといわれるため、「虎《とら》の子《こ》渡《わた》し」とよばれています。

● 勅使門《ちょくしもん》【重要文化財《じゅうようぶんかざい》】

京都御所《きょうとごしょ》にあった「日《ひ》の御門《ごもん》」を移築《いちく》したものです。むかしは、天皇《てんのう》や天皇の使者が来るときにだけ開かれました。

● 方丈《ほうじょう》【国宝《こくほう》】

大方丈《おおほうじょう》と小方丈《こほうじょう》からなる建物《たてもの》です。大方丈は、桃山《ももやま》時代に建《た》てられた御所《ごしょ》の建物を、江戸《えど》時代初期《しょき》に南禅寺《なんぜんじ》に移《うつ》したものです。

● 三門《さんもん》【重要文化財《じゅうようぶんかざい》】

1628年、戦国武将《せんごくぶしょう》だった藤堂高虎《とうどうたかとら》が、大坂夏《おおさかなつ》の陣《じん》で戦死《せんし》した家来《けらい》を供養《くよう》するために再建《さいけん》した、日本三大門のひとつです。大きな屋根があり、太い柱が楼門《ろうもん》を支《ささ》えています。

豆知識……盗賊《とうぞく》として有名な石川五右衛門《いしかわごえもん》が、南禅寺三門《なんぜんじさんもん》の上で「絶《ぜっ》景《けい》かな」と言う名場面が、歌舞伎《かぶき》「楼門五三桐《さんもんごさんのきり》」にあります。しかし、実際《じっさい》に三門が建《た》てられたのは、五右衛門の死後でした。

もっと知りたい！ 琵琶湖疏水《びわこそすい》をつくった青年・田辺朔郎《たなべさくろう》

幕末《ばくまつ》の戦乱《せんらん》と東京《とうきょう》へ都が移《うつ》ったことで衰退《すいたい》した明治初期《めいじしょき》の京都《きょうと》市では、産業《さんぎょう》の近代化が急がれていました。そのひとつとして進められたのが、琵琶湖疏水《びわこそすい》の建設《けんせつ》です。1883（明治16）年、この大工事の設計監督《せっけいかんとく》に起用されたのが、大学を卒業《そつぎょう》したばかりの田辺朔郎《たなべさくろう》という23歳《さい》の技師《ぎし》でした。着工後も、田辺はアメリカへいって勉強し、1890（明治23）年に疏水は完成《かんせい》。翌《よく》年《ねん》には、田辺がアメリカで学んだ技術《ぎじゅつ》をいかして、日本初《はつ》の水力発電所が南禅寺《なんぜんじ》そばの蹴上《けあげ》に完成《かんせい》しました。

蹴上《けあげ》の疏水公園《そすいこうえん》には、田辺朔郎《たなべさくろう》の銅像《どうぞう》がある。コートに身をつつみ、まるめた図面を手にしている。

明治《めいじ》時代につくられた京都《きょうと》市の総社《そうしゃ》

平安神宮《へいあんじんぐう》

◆住所：〒606-8341　京都市左京区岡崎西天王町97
◆地図：13ページ J-7

高さ約《やく》24m、幅《はば》約18mの大鳥居《おおとりい》の向こうに応天門《おうてんもん》が見える。

博覧会《はくらんかい》のための建築物《けんちくぶつ》

平安神宮《へいあんじんぐう》は、平安遷都《せんと》1100年を記念《きねん》して、1895（明治《めいじ》28）年に京都《きょうと》で開かれた第４回内国勧業博覧会《ないこくかんぎょうはくらんかい》のために創《そう》建《けん》されました。この博覧会は、明治維新《いしん》のあと、皇居《こうきょ》が東《とう》京《きょう》に移《うつ》ったために衰退《すいたい》していた京都にとっては「町おこし」事業で、平安神宮は博覧会の最重要《さいじゅうよう》施設《しせつ》でした。

平安神宮は、平安京《へいあんきょう》をつくった桓武天皇《かんむてんのう》と平安京最後《さいご》の天皇となった孝明《こうめい》天皇をまつり、平安時代をまるごとまつる神社といわれています。京都三大祭りのひとつ「時代祭《じだいまつり》」（→79ページ）は、この神社の祭礼《さいれい》で、創建時からおこなわれています。

平安京《へいあんきょう》の建物《たてもの》がモデル

大極殿《だいごくでん》をはじめとする平安神宮《へいあんじんぐう》の建物《たてもの》は、平安時代後期、11世紀《せいき》から12世紀にあった平安京朝堂院《ちょうどういん》（政治《せいじ》や重要《じゅうよう》な儀《ぎ》式《しき》をおこなったところ）の建物を約《やく》８分の５に縮小《しゅくしょう》して再《さい》現《げん》したものです。それでも見上げるほどの大きさで、当時の都の壮大《そうだい》さがしのばれます。

◇ 平安神宮《へいあんじんぐう》のおもな文化財《ぶんかざい》

【重要文化財《じゅうようぶんかざい》】
●大極殿《だいごくでん》 ●応天門《おうてんもん》 ●東西歩廊《とうざいほろう》 ●蒼龍楼《そうりゅうろう》 ●白虎楼《びゃっころう》

【国の名勝】
●平安神宮神苑《へいあんじんぐうしんえん》　その他、登録《とうろく》有形文化財多数

大極殿《だいごくでん》【重要文化財《じゅうようぶんかざい》】

大極殿《だいごくでん》は、平安《へいあん》時代の貴《き》族《ぞく》がくらした寝殿造《しんでんづくり》という構造《こうぞう》の建物《たてもの》で、正面の幅《はば》は約《やく》30mあります。京《きょう》都御所《とごしょ》(→18ページ)の紫宸殿《ししんでん》と同じように、前庭には、大極殿から見て左側《ひだりがわ》に桜《さくら》、右側に橘《たちばな》の木が植えられ、「左近桜《さこんのさくら》、右近橘《うこんのたちばな》」として知られています。

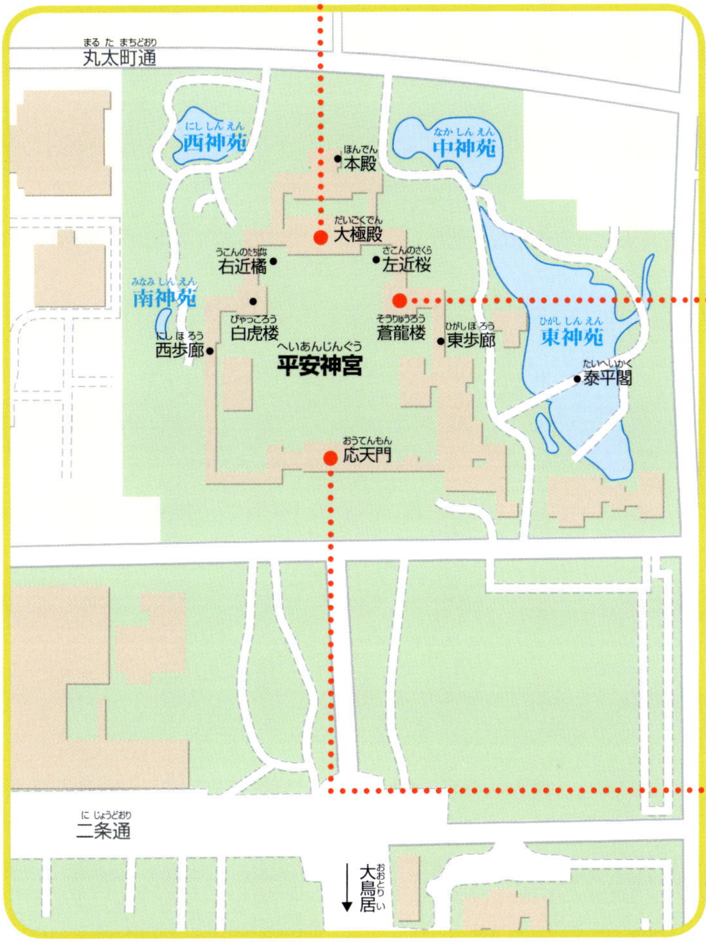

蒼龍楼《そうりゅうろう》【重要文化財《じゅうようぶんかざい》】

大極殿《だいごくでん》を正面に、左右からのびた回廊《かいろう》の端《はし》に、向かって右に蒼龍楼《そうりゅうろう》(下の写真)、左に白虎楼《びゃっころう》があります。それぞれ屋根の中央と四隅《よすみ》に望楼《ぼうろう》を設《もう》けた、華麗《かれい》な建物《たてもの》です。

応天門《おうてんもん》【重要文化財《じゅうようぶんかざい》】

神社の入口にある、2層建《そうだ》ての大きな門です。高さは19.3mで、2階には欄干《らんかん》のついた回廊《かいろう》をそなえ、屋根には大きな金色の鴟尾《しび》(→150ページ)をのせています。

もっと知りたい! 神苑《しんえん》の池に琵琶湖《びわこ》の生物がいる?

神苑《しんえん》は、平安神宮《へいあんじんぐう》の境内《けいだい》にひろがる、約《やく》3万3000㎡の庭園です。ここにある池には、イチモンジタナゴというめずらしい魚がすんでいます。この魚は、もとは琵琶湖《びわこ》にすんでいましたが、近年は外来種《がいらいしゅ》の魚が増《ふ》えたことなどが原因《げんいん》で、琵琶湖では見かけなくなりました。神苑の池には、琵琶湖疏水《そすい》から水が引かれているため、琵琶湖の魚がやってきて、すみついたものと考えられています。

東神苑《ひがししんえん》の泰平閣《たいへいかく》。

東山《ひがしやま》文化を代表する建築《けんちく》と庭園

銀閣寺《ぎんかくじ》(慈照寺《じしょうじ》)

◆住所：〒606-8402　京都市左京区銀閣寺町2
◆地図：13ページ K-6
★**世界遺産**

銀沙灘《ぎんしゃだん》と向月台《こうげつだい》、銀閣《ぎんかく》。

足利義政《あしかがよしまさ》の別荘《べっそう》からうまれた寺

銀閣寺《ぎんかくじ》は、もとは東山殿《ひがしやまどの》とよばれ、室町幕府《むろまちばくふ》第８代将軍《しょうぐん》の足利義政《あしかがよしまさ》が、祖父《そふ》で第３代将軍の義満《よしみつ》が建《た》てた北山殿《きたやまどの》(金《きん》閣寺《かくじ》→54ページ)にならって、15世紀末《せいきまつ》に建てたものです。

銀閣という建物《たてもの》があることから銀閣寺《ぎんかくじ》とよばれていますが、正式には東山慈照寺《とうざんじしょうじ》という臨済宗《りんざいしゅう》の寺です。銀閣寺という通称《つうしょう》は、江戸《えど》時代からつかわれているといわれます。

参道《さんどう》の竹垣《たけがき》は銀閣寺垣《ぎんかくじがき》といわれ、その上に生《い》け垣《がき》がつくられています。

銀閣寺垣《ぎんかくじがき》。下から石垣《いしがき》、竹垣《たけがき》、椿《つばき》の生《い》け垣《がき》になっている。

禅宗《ぜんしゅう》の影響《えいきょう》を受けた独特《どくとく》の美意識《びいしき》

銀閣寺《ぎんかくじ》は、東山《ひがしやま》文化(→151ページ)の象徴《しょうちょう》といわれています。足利義満《あしかがよしみつ》の時代にさかんになった北山《きたやま》文化は、伝統的《でんとうてき》な貴《き》族《ぞく》文化と武家《ぶけ》文化が融合《ゆうごう》し、さらに中国から伝《つた》わった禅宗《ぜんしゅう》の影響《えいきょう》を受けました。

東山文化は、この北山文化をもとに、より禅宗の考え方が色濃《いろこ》くなり、新しくうまれた庶民《しょみん》文化とも融合《ゆうごう》して、質素《しっそ》で静《しず》かなふんいきをつくりだしました。

◇ 銀閣寺《ぎんかくじ》のおもな文化財《ぶんかざい》

【国宝《こくほう》】

●銀閣《ぎんかく》　●東求堂《とうぐどう》

【重要文化財《じゅうようぶんかざい》】

●絹本著色春屋妙葩像《けんぽんちゃくしょくしゅんおくみょうはぞう》

豆知識……東求堂《とうぐどう》には、義政《よしまさ》の書斎《しょさい》「同仁斎《どうじんさい》」があります。付書院《つけしょいん》（つくりつけの机《つくえ》）や違棚《ちがいだな》（２枚《まい》の棚板《たないた》を左右から段《だん》ちがいにつけたもの）をそなえ、畳《たたみ》をしきつめた４畳半《じょうはん》の部屋です。この構造《こうぞう》は、茶室や現代《げんだい》の和室の原型《げんけい》とされています。

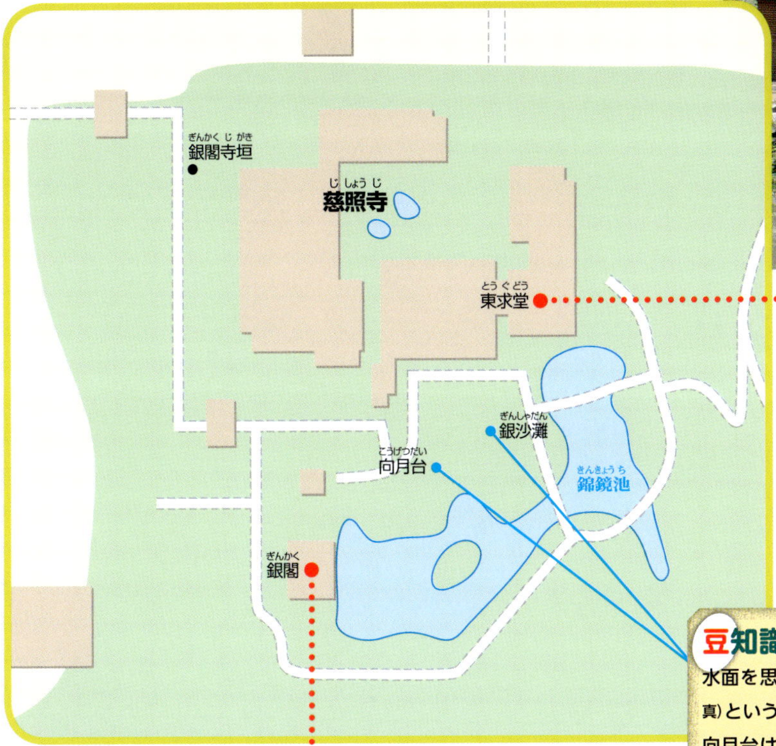

● 東求堂《とうぐどう》【国宝《こくほう》】と庭園

東求堂《とうぐどう》は、足利義政《あしかがよしまさ》の信仰《しんこう》する阿弥陀如来像《あみだにょらいぞう》を安置《あんち》するお堂《どう》として建《た》てられました。東求堂の前には、錦鏡《きんきょう》池《ち》を中心とする庭園があります。これは、義政みずからが京都《きょうと》の西芳寺《さいほうじ》(苔寺《こけでら》→68ページ)を手本にして研究し、造園《ぞうえん》の名手《めいしゅ》らに指示《しじ》をしてつくらせたものと伝《つた》わっていますが、大半は江戸《えど》時代に改修《かいしゅう》されています。

豆知識……庭園には、銀沙灘《ぎんしゃだん》という水面を思わせる砂《すな》の壇《だん》と、向月台《こうげつだい》(右写真)という頂上《ちょうじょう》が平らな砂山があります。向月台は、その上にすわって東山《ひがしやま》にのぼる月をながめるところだったといわれ、銀沙灘は、月の光を反射《はんしゃ》させて銀《ぎん》閣《かく》を照《て》らす役目をしていたといわれています。

● 銀閣《ぎんかく》【国宝《こくほう》】

楼閣《ろうかく》の形をした観音殿《かんのんでん》が銀閣《ぎんかく》です。１階の心空殿《しんくうでん》は住宅風《じゅうたくふう》につくられ、のちの書院造《しょいんづくり》(→150ページ)の原型《げんけい》となりました。２階の潮音閣《ちょうおんかく》は仏殿風《ぶつでんふう》です。銀閣寺のなかで東求堂《とうぐどう》と銀閣だけが、創建《そうけん》当時のままの建物《たてもの》です。

豆知識……金箔《きんぱく》が貼《は》られた「金閣《きんかく》」（→54ページ）に対して「銀閣《ぎんかく》」とよばれていますが、銀箔《ぎんぱく》は貼られていません。外壁《がいへき》には黒いうるしが塗《ぬ》られていました。

もっと知りたい! 足利義政《あしかがよしまさ》と東山《ひがしやま》文化

幕府内《ばくふない》の争《あらそ》いなどによって、足利義政《あしかがよしまさ》は、しだいに政治《せいじ》への関心《かんしん》を失《うしな》っていきました。かわりに情熱《じょうねつ》を注いだのが東山殿《ひがしやまどの》の建設《けんせつ》でした。ふすま絵を狩野正信《かのうまさのぶ》にえがかせるなど、東山殿の建設には、当時の一流の芸術家《げいじゅつか》の力が結集《けっしゅう》されています。こうして東山文化が花開いていったのです。

平安京《へいあんきょう》の鬼門《きもん》につくられた仏教《ぶっきょう》の修行《しゅぎょう》道場

比叡山延暦寺《ひえいざんえんりゃくじ》

◆住所：〒520-0116　滋賀県大津市坂本本町4220
◆地図：13ページ N-2
★**世界遺産**

杉木立《すぎこだち》の中におごそかなすがたを見せる根本中堂《こんぽんちゅうどう》。

宗教界《しゅうきょうかい》の一大勢力《せいりょく》に発展《はってん》

古くから信仰《しんこう》の対象《たいしょう》だった比叡山《ひえいざん》に、788年、最澄《さいちょう》が寺を建《た》てたのが延暦寺《えんりゃくじ》のはじまりです。平安《へいあん》時代には朝廷《ちょうてい》から重んじられ、天台宗《てんだいしゅう》の中心として栄《さか》え、仏教《ぶっきょう》の総合《そうごう》大学として多くの僧《そう》を育てました。いっぽうで、一部の武装《ぶそう》した僧たちの存在《そんざい》は、ときの権力者《けんりょくしゃ》たちを悩《なや》ませました。

1571年には、織田信長《おだのぶなが》によって境内《けいだい》のすべてが焼《や》かれましたが、豊臣家《とよとみけ》や徳川家《とくがわけ》の力を借《か》りて再建《さいけん》されました。

杉木立《すぎこだち》の中にお堂《どう》が立ちならぶ

延暦寺《えんりゃくじ》は、ひとつの寺の名ではなく、比叡山《ひえいざん》の広い範囲《はんい》に立つ、多くの寺を総合《そうごう》した名です。東塔《とうどう》・西塔《さいとう》・横川《よかわ》の3つの区域《くいき》に分かれています。

中心は、最澄《さいちょう》が最初《さいしょ》に寺を建《た》てた東塔で、国宝《こくほう》や重要文化財《じゅうようぶんかざい》に指定されたお堂《どう》が立ちならんでいます。仏像《ぶつぞう》や書画など、数多くの文化財の存在《そんざい》も、むかしの繁栄《はんえい》ぶりを物語っています。

◆比叡山延暦寺《ひえいざんえんりゃくじ》のおもな文化財《ぶんかざい》

【国宝《こくほう》】

●根本中堂《こんぽんちゅうどう》 ●金銅経箱《こんどうきょうばこ》 ●宝相華蒔絵経箱《ほうそうげまきえきょうばこ》 ●七条刺納袈裟《しちじょうしのうけさ》、刺納衣《しのうえ》 ●伝教大師将来目録《でんぎょうだいししょうらいもくろく》
●羯磨金剛目録《かつまこんごうもくろく》 ●天台法華宗年分縁起《てんだいほっけしゅうねんぶんえんぎ》 ●六祖恵能伝《ろくそえのうでん》 ●伝教大師入唐牒《でんぎょうだいしにっとうちょう》 ●嵯峨天皇宸翰光定戒牒《さがてんのうしんかんこうじょうかいちょう》

【重要文化財《じゅうようぶんかざい》】

●根本中堂回廊《こんぽんちゅうどうかいろう》 ●大講堂《だいこうどう》 ●転法輪堂《てんぼうりんどう》(釈迦堂《しゃかどう》) ●大乗戒壇院堂《だいじょうかいだんいんどう》 ●瑠璃堂《るりどう》
●千手観音菩薩立像《せんじゅかんのんぼさつりゅうぞう》 ●多聞天立像《たもんてんりゅうぞう》・広目天立像《こうもくてんりゅうぞう》 ●慈恵大師坐像《じえだいしざぞう》 ●五大明王像《ごだいみょうおうぞう》
●薬師如来坐像《やくしにょらいざぞう》　その他多数

京都《きょうと》市と大津《おおつ》市にまたがる比叡山《ひえいざん》。標高《ひょうこう》848mの大比叡《だいひえい》と、838mの四明《しめい》ヶ岳《たけ》の二峰《ほう》からなる。

転法輪堂《てんぼうりんどう》(釈迦堂《しゃかどう》)

【重要文化財《じゅうようぶんかざい》】

西塔《さいとう》の本堂《ほんどう》にあたります。もとは三井寺《みいでら》（園城寺《おんじょうじ》／滋賀県大津市《しがけんおおつ》）にあった金堂《こんどう》で、16世紀《せいき》の終わりに豊臣秀吉《とよとみひでよし》がここへ移築《いちく》しました。延暦寺《えんりゃくじ》にあるお堂《どう》のなかでは、もっとも古い建物《たてもの》です。

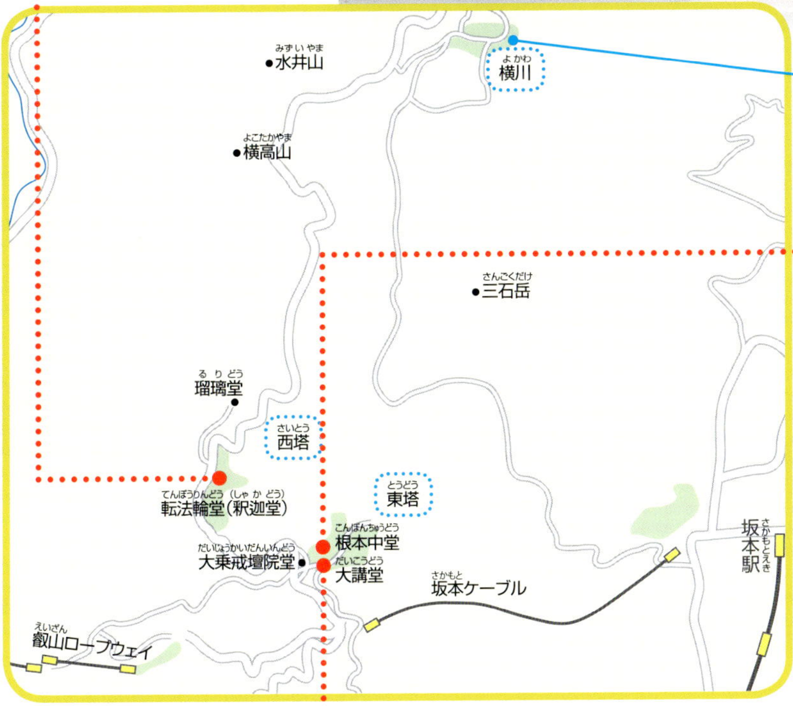

豆知識……延暦寺《えんりゃくじ》でもっとも北に位置《いち》するのが、横川《よかわ》です。本堂《ほんどう》の横川中堂《ちゅうどう》は、再建《さいけん》されたものですが、遣唐使船《けんとうしせん》をモデルにしたといわれています。その形は、緑の海にうかぶ船のようです。

根本中堂《こんぽんちゅうどう》【国宝《こくほう》】(左ページ上写真)

延暦寺《えんりゃくじ》の総本堂《そうほんどう》で、もとは最澄《さいちょう》が788年に建《た》てた一乗止観院《いちじょうしかんいん》です。何度も焼《や》けましたが、再建《さいけん》されるたびに大きくなり、いまの建物《たてもの》は、江戸《えど》時代のはじめに再建されたものです。

豆知識……根本中堂《こんぽんちゅうどう》に入ると、本尊《ほんぞん》(→152ページ)をおさめる厨子《ずし》（戸棚《とだな》のついた仏具《ぶつぐ》）の前に釣灯籠《つりどうろう》があります。この中にともされた火が「不滅《ふめつ》の法灯《ほうとう》」です。織田信長《おだのぶなが》の焼《や》き討《う》ちにより、火はいったんとだえましたが、山形《やまがた》県の寺に延暦寺《えんりゃくじ》から分けられていた火をもらい、今日《こんにち》では、その火が本尊を照《て》らしています。

大講堂《だいこうどう》【重要文化財《じゅうようぶんかざい》】

講堂《こうどう》は、僧《そう》が学問をおさめる場所です。この大講堂《だいこうどう》は、比叡山《ひえいざん》の東のふもと、坂本《さかもと》にあった東照宮《とうしょうぐう》（徳川家康《とくがわいえやす》をまつる神社）の建物《たてもの》を、1963(昭和《しょうわ》38)年に解体《かいたい》して移築《いちく》したものです。大日如来像《だいにちにょらいぞう》と、その左右に比叡山ゆかりの僧たちの木像《もくぞう》がまつられています。

もっと知りたい!

最澄《さいちょう》が考えた「国宝《こくほう》」とは？

最澄《さいちょう》は「一隅《いちぐう》を照《て》らす。これ則《すなわ》ち国宝《こくほう》なり」ということばを残《のこ》しました。一隅、すなわちそれぞれの人が生きている場所で、努力《どりょく》して光り輝《かがや》くことができる人こそ、国の宝《たから》であるというのが、最澄の考え方です。延暦寺《えんりゃくじ》の宝物館《ほうもつかん》は「国宝殿《こくほうでん》」と名づけられていますが、その名には、仏像《ぶつぞう》を静《しず》かに見つめることで、自分の心も見つめ、「一隅を照らす」生き方について考えてほしいという願《ねが》いがこめられています。

門跡寺院《もんぜきじいん》らしい風格《ふうかく》のあるお寺

三千院《さんぜんいん》

◆住所：〒601-1242　京都市左京区大原来迎院町540

◆地図：13ページ 図Ⅰ

緑の木立《こだち》の中にたたずむ往生極楽院《おうじょうごくらくいん》。仏教《ぶっきょう》の修行者《しゅぎょうしゃ》が住んだ大原《おおはら》の里にある。

天台宗《てんだいしゅう》ゆかりの大原《おおはら》の里

延暦寺《えんりゃくじ》(→40ページ)を開いた最澄《さいちょう》が、延暦年間（782～806年）に比叡山《ひえいざん》に建《た》てた寺が三千院《さんぜんいん》のはじまりです。平安《へいあん》時代の終わりからは、法親王《ほっしんのう》(僧《そう》になった皇族《こうぞく》)が寺を守るようになりました。

寺は何度も移転《いてん》したあと、明治《めいじ》時代初期《しょき》に大原《おおはら》の地に移《うつ》り、名を「三千院」に改《あらた》めました。大原では、平安時代から天台宗《てんだいしゅう》の声明《しょうみょう》(→43ページ)の修行《しゅぎょう》がおこなわれていたため、三千院も天台宗ゆかりの地に落ちついたのです。

緑に囲《かこ》まれ、極楽浄土《ごくらくじょうど》を見つめる仏像《ぶつぞう》

三千院《さんぜんいん》の境内《けいだい》には、こんもりとしげる緑の中に、いくつかの小さなお堂《どう》や庭園などがあります。春はシャクナゲ、秋は紅葉《こうよう》、冬は雪につつまれることもあり、四季《しき》の風景《ふうけい》と美しくとけあうようすは、まるで1枚《まい》の絵のようだといわれます。

寺の本堂《ほんどう》にあたる往生極楽院《おうじょうごくらくいん》には、国宝《こくほう》の阿弥陀三尊坐《あみださんぞんざ》像《ぞう》が安置《あんち》されています。ほかにも、仏像《ぶつぞう》や絵、皇室《こうしつ》ゆかりの文書《もんじょ》など、多くの重要文化財《じゅうようぶんかざい》を所蔵《しょぞう》し、一部は収蔵施設《しゅうぞうしせつ》である円融蔵《えんにゅうぞう》という建物《たてもの》に展示《てんじ》されています。

◆ 三千院《さんぜんいん》のおもな文化財《ぶんかざい》

【国宝《こくほう》】

- 阿弥陀三尊坐像《あみださんぞんざぞう》

【重要文化財《じゅうようぶんかざい》】

- 往生極楽院阿弥陀堂《おうじょうごくらくいんあみだどう》
- 木造救世観音半跏像《もくぞうくせかんのんはんかぞう》
- 木造不動明王立像《もくぞうふどうみょうおうりゅうぞう》
- 四天王寺縁起残巻《してんのうじえんぎざんかん》
- 古文孝経《こぶんこうきょう》
- 性空上人伝記遺続集《しょうくうしょうにんでんきいぞくしゅう》
- 慈覚大師伝《じかくだいしでん》
- 帝王系図《ていおうけいず》

その他多数

往生極楽院《おうじょうごくらくいん》【重要文化財《じゅうようぶんかざい》】(左ページ上下写真)

本堂《ほんどう》の往生極楽院《おうじょうごくらくいん》は、1148年ごろに建《た》てられました。17世紀《せいき》のはじめに大修理《だいしゅうり》がおこなわれ、明治《めいじ》時代に三千院《さんぜんいん》のお堂になりました。ひっくり返った舟《ふね》の底《そこ》のように、両端《りょうはし》より真ん中を高くした「舟底天井《ふなぞこてんじょう》」が特徴《とくちょう》です。内部には、天井《てんじょう》にえがかれた天女《てんにょ》など、平安《へいあん》時代の絵が残《のこ》ります。

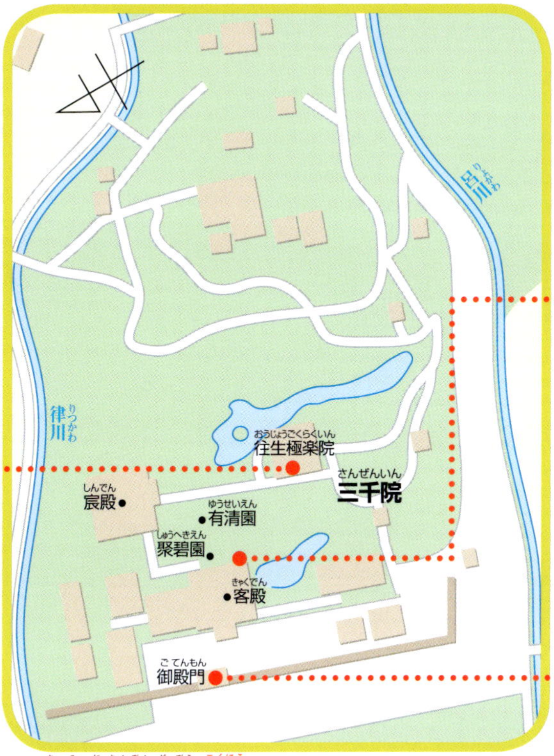

客殿《きゃくでん》と庭園

江戸《えど》時代のはじめに建《た》てられた客殿《きゃくでん》には、京都御所《きょうとごしょ》の建物《たてもの》に用いられていた木材《もくざい》が使われています。境内《けいだい》には、一面に苔《こけ》のひろがる有清園《ゆうせいえん》や、江戸時代の茶人《ちゃじん》・金森宗和《かなもりそうわ》がつくったといわれる聚碧園《しゅうへきえん》などの庭園があります。

阿弥陀三尊坐像《あみださんぞんざぞう》【国宝《こくほう》】

往生極楽院《おうじょうごくらくいん》が建《た》てられたころにつくられた三体の仏像《ぶつぞう》です。それぞれの手の形は、死者の魂《たましい》をむかえるために極楽浄土《ごくらくじょうど》から来たことを意味する、来迎印《らいごういん》を示《しめ》しています。脇侍《きょうじ》の勢至菩薩坐像《せいしぼさつざぞう》と観音菩薩坐像《かんのんぼさつざぞう》は、正座《せいざ》に近い「大和座《やまとすわ》り」というすわりかたをしています。

もっと知りたい! 独特《どくとく》の節《ふし》でお経《きょう》を「歌う」

大原《おおはら》の里には、インドでうまれて中国にわたった仏教《ぶっきょう》音楽の「声明《しょうみょう》」が伝《つた》えられてきました。もとは学問のひとつで、仏教の教えのことばに、ゆるやかなメロディをつけたものです。僧《そう》たちのおごそかな声が重なりあうハーモニーは、とても幻想的《げんそうてき》です。三千院《さんぜんいん》では、特別《とくべつ》な行事のときなどに、いまも声明を聴《き》くことができます。

御殿門《ごてんもん》と穴太積《あのうづ》み

りっぱな御殿門《ごてんもん》の両側《りょうがわ》には、まるでお城《しろ》のようにどっしりとした石垣《いしがき》がつづいています。比叡山《ひえいざん》のふもとにいた石工集団《せっこうしゅうだん》の穴太衆《あのうしゅう》がつくったもので、穴太積《あのうづ》みの石垣といわれています。

豊《ゆた》かな実りをもたらす神をまつる、京都《きょうと》でもっとも古い神社

下鴨神社《しもがもじんじゃ》（賀茂御祖神社《かもみおやじんじゃ》）

◆住所：〒606-0807　京都市左京区下鴨泉川町59
◆地図：13ページ I-5
★**世界遺産**

参道《さんどう》の糺《ただす》の森《もり》をぬけると、正面の鳥居《とりい》の向こうに朱塗《しゅぬ》りの楼門《ろうもん》が見える。

古い歴史《れきし》と高い格式《かくしき》

下鴨神社《しもがもじんじゃ》は、京都盆地《きょうとぼんち》北部に住んでいた豪族《ごうぞく》の賀茂氏《かもし》が氏神《うじがみ》をまつっていた神社で、かつては上賀茂神社《かみがもじんじゃ》とあわせて、賀茂社《かもしゃ》とよばれました。『続日本後紀《しょくにほんこうき》』という歴史書《れきししょ》には、750年にはすでに下鴨神社があったことが書かれています。平安《へいあん》時代には、都を守る神社として朝廷《ちょうてい》との関《かん》係《けい》が深まり、伊勢神宮《いせじんぐう》（三重《みえ》県）に次ぐ高い位《くらい》をあたえられました。

楼門《ろうもん》（重要文化財《じゅうようぶんかざい》）。あざやかな朱色《しゅいろ》が目をひく二階《にかい》建《だ》ての門。左右に回廊《かいろう》がのびている。現在《げんざい》のものは、1628年に建《た》てかえられたもの。

社殿《しゃでん》も森も世界遺産《いさん》

下鴨神社《しもがもじんじゃ》の社殿《しゃでん》は、平安《へいあん》時代の中ごろから、定期的《ていきてき》に建《た》てかえられてきました。神様のいる場所をいつも清《きよ》らかにしておくためで、これを式年遷宮《しきねんせんぐう》といいます。いまは建物《たてもの》が国宝《こくほう》や重要文化財《じゅうようぶんかざい》に指定されたため、建てかえられるのではなく、修理《しゅうり》されるようになりました。

境内《けいだい》に茂《しげ》る原生林は糺《ただす》の森《もり》（史跡《しせき》）とよばれ、森をふくめた神社の区域《くいき》すべてが、世界文化遺産《いさん》に登録《とうろく》されています。

◆ 下鴨神社《しもがもじんじゃ》のおもな文化財《ぶんかざい》

【国宝《こくほう》】
●東本殿《ひがしほんでん》 ●西本殿《にしほんでん》

【重要文化財《じゅうようぶんかざい》】
●楼門《ろうもん》 ●楼門東西回廊《ろうもんとうざいかいろう》 ●舞殿《まいどの》 ●神服殿《しんぷくでん》 ●橋殿《はしどの》 ●細殿《ほそどの》
●供御所《くごしょ》 ●大炊殿《おおいどの》 ●四脚中門《しきゃくちゅうもん》 ●中門東西回廊《ちゅうもんとうざいかいろう》 ●祝詞舎《のりとや》 ●幣殿《へいでん》
その他多数

西本殿《にしほんでん》【国宝《こくほう》】

五穀豊穣《ごこくほうじょう》（穀物《こくもつ》の豊《ゆた》かな実り）などをつかさどる神とされる賀《か》茂建角身命《もたけつぬみのみこと》がまつられています。正面側《しょうめんがわ》の屋根が流れるように長くのびた「流造《ながれづくり》」という、平安《へいあん》時代の代表的《だいひょうてき》な神社建築《けんちく》様式を伝《つた》えています。

豆知識……本殿前《ほんでんまえ》にある７つの小さな神社を末社《まっしゃ》といい、それぞれ、大国主命《おおくにぬしのみこと》がまつられています。まとめて言社《ことしゃ》（重要文化財《じゅうようぶんかざい》）とよばれ、それぞれが干支《えと》の守り神とされています。

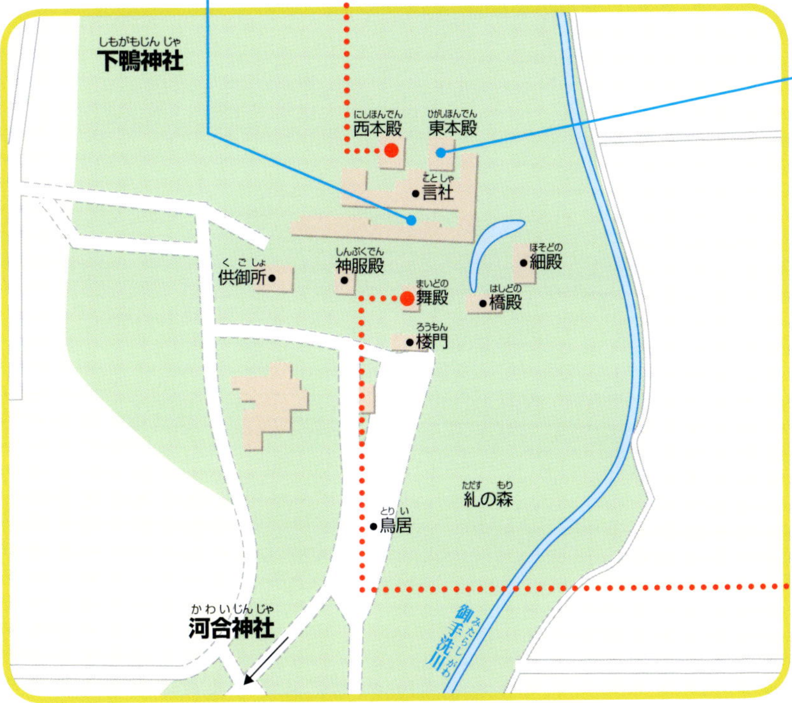

豆知識……東本殿《ひがしほんでん》（国宝《こくほう》）には、賀茂建角身命《かもたけつぬみのみこと》を父とし、上賀茂神社《かみがもじんじゃ》の祭神・賀茂別雷大神《かもわけいかづちのおおかみ》の母である、玉依媛命《たまよりひめのみこと》がまつられています。西本殿《にしほんでん》と形も大きさも同じで、２棟《とう》がならんで立っています。２棟とも、1863年に建てかえられたものです。

舞殿《まいどの》【重要文化財《じゅうようぶんかざい》】

舞殿《まいどの》では、毎年５月15日におこなわれる葵祭《あおいまつり》で、賀茂社《かもしゃ》の歴史《れきし》などを物語る、あずまあそびの舞《まい》が奉《ほう》納《のう》されます。いまの建物《たてもの》は、1628年に建《た》てかえられたものです。

もっと知りたい！『方丈記《ほうじょうき》』ゆかりの地

下鴨神社境内《しもがもじんじゃけいだい》の南に、下鴨神社と縁《えん》が深い河合神社《かわいじんじゃ》があります。鎌倉《かまくら》時代の随筆《ずいひつ》『方丈記《ほうじょうき》』を書いた鴨長明《かものちょうめい》は、下鴨神社の神官《しんかん》の家にうまれましたが、河合神社の禰宜《ねぎ》（神職《しんしょく》のひとつ）になれなかったことをなげいて、『方丈記』を書いたといわれます。長明が住んでいた3m四方くらいの庵《いおり》を「方丈《ほうじょう》」（→151ページ）といい、復元《ふくげん》された建物《たてもの》が河合神社の境内にあります（右写真）。

雷神《らいじん》をまつり、厄《やく》よけの信仰《しんこう》を集める古社《こしゃ》

上賀茂神社《かみがもじんじゃ》（賀茂別雷神社《かもわけいかづちじんじゃ》）

◆住所：〒603-8047　京都市北区上賀茂本山339
◆地図：13ページ H-13
★世界遺産

楼門《ろうもん》の手前、玉橋《たまばし》の下には、御物忌川《おものいがわ》が流れる。

平安京《へいあんきょう》より古い歴史《れきし》

上賀茂神社《かみがもじんじゃ》ができたのは、神社に伝《つた》わる話では678年とされ、これは794年に平安京《へいあんきょう》ができるよりも前の、飛鳥《あすか》時代のことです。下鴨神社《しもがもじんじゃ》と同じように、807年には、伊勢《いせ》神宮《じんぐう》(三重《みえ》県)の次に高い位《くらい》を朝廷《ちょうてい》からあたえられました。

祭神は、下鴨神社にまつられている玉依媛命《たまよりひめのみこと》の子、賀茂《かも》別雷大神《わけいかづちのおおかみ》です。雷《かみなり》の力による厄《やく》よけや、鬼門《きもん》(→151ページ)の方角の守り神などとして信仰《しんこう》されています。

◆ 上賀茂神社《かみがもじんじゃ》のおもな文化財《ぶんかざい》

【国宝《こくほう》】	●本殿《ほんでん》 ●権殿《ごんでん》
【重要文化財《じゅうようぶんかざい》】	●拝殿《はいでん》 ●舞殿《まいどの》 ●土屋《つちのや》 ●楽屋《がくのや》 ●外幣殿《げへいでん》 ●幣殿《へいでん》 ●高倉殿《たかくらでん》 ●楼門《ろうもん》 ●四脚中門《しきゃくちゅうもん》 ●唐門《からもん》 ●塀中門《へいちゅうもん》 ●賀茂神主経久記《かもかんぬしつねひさき》 ●賀茂別雷神社文書《かもわけいかづちじんじゃもんじょ》 その他多数
【国の史跡《しせき》】	●賀茂別雷神社境内《かもわけいかづちじんじゃけいだい》
【国の天然記念物《てんねんきねんぶつ》】	●大田《おおた》ノ沢《さわ》かきつばた群落《ぐんらく》

流造《ながれづくり》で国宝の本殿《ほんでん》と権殿《ごんでん》

上賀茂神社《かみがもじんじゃ》の本殿《ほんでん》と権殿《ごんでん》は、下鴨神社《しもがもじんじゃ》の東西の本殿と同じく、平安《へいあん》時代の様式を伝《つた》える代表的《だいひょうてき》な「流造《ながれづくり》」という建物《たてもの》です。どちらも檜皮葺《ひわだぶき》(→151ページ)の屋根をもち、国宝《こくほう》に指定されています。下鴨神社と同じように、定期的《ていきてき》に建《た》てかえられ、本殿と権殿、舞殿《まいどの》は1863年に、ほかの大部分の社殿《しゃでん》は1628年に、それぞれ建《た》てかえられました。

葵祭《あおいまつり》(→78ページ)の行列は、京都御所《きょうとごしょ》を出発し、下鴨神社《しもがもじんじゃ》をへて上賀茂神社《かみがもじんじゃ》に到着《とうちゃく》する。

本殿《ほんでん》と権殿《ごんでん》【国宝《こくほう》】

形も大きさも同じ建物《たてもの》が２棟《とう》ならんでいます。神がまつられているのは本殿《ほんでん》だけで、権殿《ごんでん》は、本殿が使えなくなった場合に祭神を移《うつ》すための建物です。２棟とも、正面の扉《とびら》の板に、獅子《しし》と狛犬《こまいぬ》（どちらも神社の守り役となる想像上《そうぞうじょう》の動物）がえがかれています。

楼門《ろうもん》【重要文化財《じゅうようぶんかざい》】(左ページ上写真)

境内《けいだい》を流れる御物忌川《おものいがわ》にかかる玉橋《たまばし》をわたると、あざやかな朱色《しゅいろ》に塗《ぬ》られた楼門《ろうもん》がそびえています。楼門は、1628年に建《た》てかえられたもので、左右に回《かい》廊《ろう》がつくられています。楼門も回廊も、重要文化財《じゅうようぶんかざい》に指定されています。

拝殿《はいでん》【重要文化財《じゅうようぶんかざい》】と立砂《たてずな》

拝殿《はいでん》は細殿《ほそどの》ともよばれます。拝殿の前に円錐形《えんすいけい》の白い盛砂《もりずな》が一対《いっつい》つくられています。これは立砂《たてずな》といわれ、上賀茂神社《かみがもじんじゃ》の祭神が舞《ま》いおりた、神社の背後《はいご》にある神山《こうやま》をかたどったものといわれています。

舞殿《まいどの》と土屋《つちのや》(ともに【重要文化財《じゅうようぶんかざい》】)

舞殿《まいどの》は橋殿《はしどの》ともよばれます。本殿《ほんでん》の東西を流れる御物忌川《おものいがわ》と御手洗川《みたらしがわ》は、ここで合流して、「ならの小川《おがわ》」となります。土屋《つちのや》は別名《べつめい》を到着殿《とうちゃくでん》といい、1628年に建《た》てかえられたものです。

もっと知りたい! 神官《しんかん》の屋敷《やしき》が連《つら》なる社家町《しゃけまち》

境内《けいだい》から流れでる明神《みょうじん》川《がわ》にそって、土塀《どべい》に囲《かこ》まれた屋敷《やしき》がならんでいます。これらは上賀茂神社《かみがもじんじゃ》の神官《しんかん》の住まいだった「社家《しゃけ》」で、一帯《いったい》には社家町《しゃけまち》とよばれる古い町並《まちな》みが残《のこ》っています。

洛北《らくほく》でいちばん大規模《だいきぼ》な、禅宗《ぜんしゅう》の大寺院

大徳寺《だいとくじ》

- 住所：〒603-8231　京都市北区紫野大徳寺町53
- 地図：13ページ G-4

三門《さんもん》（金毛閣《きんもうかく》）の2階には千利休《せんのりきゅう》の木像《もくぞう》がある。

茶道《ちゃどう》と縁《えん》の深い禅寺《ぜんでら》

大徳寺《だいとくじ》は、鎌倉《かまくら》時代末期《まっき》の1315年に大燈国師《だいとうこくし》が創設《そうせつ》しました。室町《むろまち》時代から坐禅《ざぜん》中心の道場として歩みましたが、応仁《おうにん》の乱《らん》（1467〜1477年）で焼《や》け、一休《いっきゅう》が復興《ふっこう》しました。

桃山《ももやま》時代に豊臣秀吉《とよとみひでよし》が織田信長《おだのぶなが》の葬儀《そうぎ》をおこなったことから、戦国武将《せんごくぶしょう》が多くの塔頭《たっちゅう》(→151ページ)を建《た》てました。千《せんの》利休《りきゅう》らの茶人《ちゃじん》と深い交流があった、茶道《ちゃどう》のさかんな寺です。

枯山水《かれさんすい》の庭園の数かず

大徳寺《だいとくじ》では、勅使門《ちょくしもん》から三門《さんもん》(→150ページ)、仏殿《ぶつでん》、法堂《はっとう》、方丈《ほうじょう》(→151ページ)が、南北にほぼ一直線にならんでいます。これは、禅宗《ぜんしゅう》寺院の特徴《とくちょう》です。室町《むろまち》時代には、庭も禅宗の影響《えいきょう》を受けてつくられるようになりました。白砂《はくさ》や石のみで水の流れなどの自然《しぜん》と、禅の思想を表現《ひょうげん》するようになったのです。これを枯山水《かれさんすい》(→9ページ)といい、大徳寺には、方丈や塔頭《たっちゅう》の大仙院《だいせんいん》などに、枯山水庭園がたくさんあります。

大徳寺《だいとくじ》のおもな文化財《ぶんかざい》

【国宝《こくほう》】

- 唐門《からもん》
- 方丈《ほうじょう》および玄関《げんかん》
- 絹本墨画淡彩観音猿鶴図《けんぽんぼくがたんさいかんのんえんかくず》
- 絹本著色大燈国師像《けんぽんちゃくしょくだいとうこくしぞう》
- 虚堂智愚墨蹟《きどうちぐぼくせき》
- 後醍醐天皇宸翰御置文《ごだいごてんのうしんかんおんおきぶみ》

【重要文化財《じゅうようぶんかざい》】

- 勅使門《ちょくしもん》
- 仏殿《ぶつでん》
- 法堂《はっとう》
- 三門《さんもん》
- 浴室《よくしつ》
- 経蔵《きょうぞう》
- 廊下《ろうか》
- 寝堂《しんどう》
- 庫裏《くり》
- 侍真寮《じしんりょう》
- 鐘楼《しょうろう》
- 絹本著色運庵和尚像《けんぽんちゃくしょくうんあんおしょうぞう》
- 絹本著色虚堂和尚像《けんぽんちゃくしょくきどうおしょうぞう》

その他多数

御所《ごしょ》から移築《いちく》されたと伝《つた》えられる勅使門《ちょくしもん》。

● 方丈《ほうじょう》【国宝《こくほう》】

江戸《えど》初期に建《た》てられた日本様式の建物《たてもの》です。80面以上《いじょう》あるふすま絵（重要文化財《じゅうようぶんかざい》）は、すべて江戸時代の有名な絵師《えし》・狩野探幽《かのうたんゆう》の作品です。ふだんは非公開《ひこうかい》です。

● 唐門《からもん》【国宝《こくほう》】

唐門《からもん》は、豊臣秀吉《とよとみひでよし》が建《た》てた聚楽第《じゅらくだい》から移《うつ》された、檜皮葺《ひわだぶき》(→151ページ)の四脚門《よつあしもん》(→152ページ)です。くじゃく、松《まつ》、唐獅子《からじし》などの彫刻《ちょうこく》がみごとです。けんらん豪華《ごうか》な桃山《ももやま》建築《けんちく》の唐門は、一日見ていてもあきないところから、「日ぐらしの門」ともよばれます。定期的《ていきてき》に公開されますが、ふだんは非公開《ひこうかい》です。

豆知識……大徳寺《だいとくじ》の唐門《からもん》は、西本願寺《にしほんがんじ》や豊国神社《とよくにじんじゃ》の唐門とともに、「桃山《ももやま》の三唐門」とよばれています。

● 三門《さんもん》【重要文化財《じゅうようぶんかざい》】(左ページ上写真)

三門《さんもん》は、1529年に1階部分がつくられ、1589年に千《せんの》利休《りきゅう》が２階部分を増築《ぞうちく》し、「金毛閣《きんもうかく》」と名づけて自分の木像《もくぞう》を置《お》きました。利休は、のちに秀吉《ひでよし》から切腹《せっぷく》を命じられますが、三門を通るとき、利休像の下を通ることに秀吉が腹《はら》を立てたためだという説《せつ》があります。

● 仏殿《ぶつでん》【重要文化財《じゅうようぶんかざい》】

大徳寺《だいとくじ》を開いた大燈国師《だいとうこくし》によって建《た》てられましたが、応仁《おうにん》の乱《らん》で焼失《しょうしつ》し、のちに一休《いっきゅう》らによって再建《さいけん》されました。いまの建物《たてもの》は、1665年に建てられたものです。内部の天井画《てんじょうが》は、狩野元信《かのうもとのぶ》がえがいたといわれています。

豆知識……方丈《ほうじょう》庭園（特別名勝《とくべつめいしょう》・史跡《しせき》）は、江戸《えど》初期の代表《だいひょう》的《てき》な枯山水《かれさんすい》庭園です。南庭は、滝《たき》に見立てた大きな石の下に平石を置《お》いて渓流《けいりゅう》をあらわしています。東庭は、かつては比《ひ》叡山《えいざん》を借景《しゃっけい》(→9ページ)としていましたが、周辺《しゅうへん》に住宅《じゅうたく》がふえたため、大刈込《おおかりこみ》をつくって外が見えないようにしています。

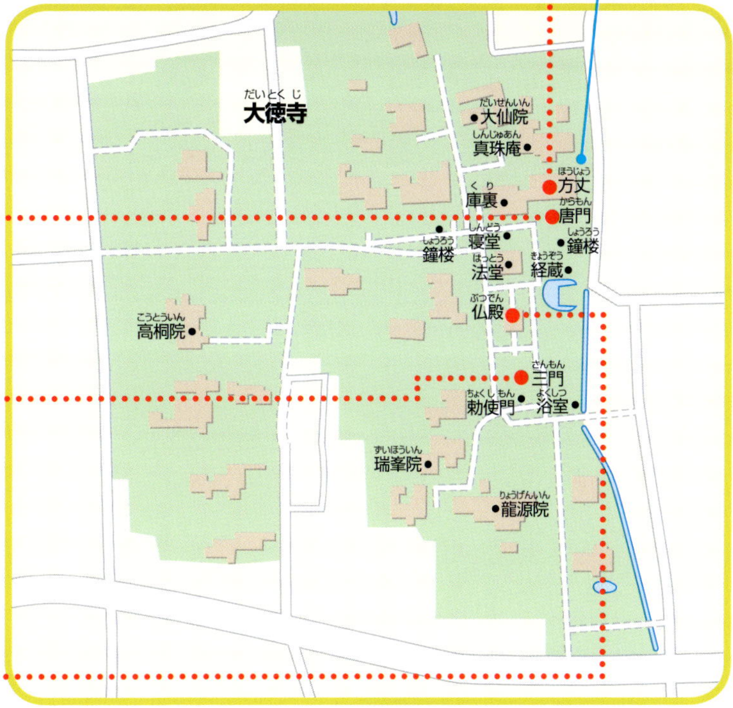

もっと知りたい！ 塔頭《たっちゅう》と庭園

大徳寺《だいとくじ》の敷地《しきち》には22の塔頭《たっちゅう》があり、それぞれ庭園やふすま絵などの文化財《ぶんかざい》があります。塔頭のなかでもっとも古い龍源院《りょうげんいん》には、枯山水《かれさんすい》の「龍吟庭《りょうぎんてい》」など、４つの庭園があります。ほかにも、大《だい》仙院《せんいん》の書院《しょいん》庭園は、室町《むろまち》時代の代表的《だいひょうてき》な枯山水庭園として知られ、真珠庵《しんじゅあん》の方丈《ほうじょう》庭園は、室町《むろまち》時代中期の茶人《ちゃじん》・村田《むらた》珠光《じゅこう》の作として知られます。めずらしいものとしては、キリシタン大名の大《おお》友宗麟《ともそうりん》が建《た》てた瑞峯院《ずいほういん》に、十字架《じゅうじか》の形に石を組んだ枯山水庭園があります。

学問の神様として親しまれる「北野《きたの》の天神《てんじん》さん」

北野天満宮《きたのてんまんぐう》

◆住所：〒602-8386　京都市上京区馬喰町
◆地図：13ページ G-5

北野天満宮本殿《きたのてんまんぐうほんでん》（拝殿《はいでん》）。本殿と拝殿が石《いし》の間《ま》（石敷《いしじき》の土間）で結《むす》ばれて一体となっている。

全国の「天神《てんじん》さん」の発祥《はっしょう》の地

北野天満宮《きたのてんまんぐう》は、平安《へいあん》時代中期の947年に、学問の神様・菅原道真《すがわらのみちざね》をまつったのがはじまりで、全国におよそ1万2000社ある天満宮・天神社《てんじんしゃ》の総《そう》本社です。古くより「北野の天神さま」と親しまれてきました。北野天満宮を発祥《はっしょう》とした天神信仰《しんこう》は全国に広まり、学問・至誠《しせい》・芸能《げいのう》・厄除《やくよけ》などの神として信仰されてきました。毎年、学業成就《じょうじゅ》・入試合《にゅうしごう》格《かく》を祈願《きがん》し、受験生《じゅけんせい》をはじめ多くの参拝者《さんぱいしゃ》が訪《おとず》れます。

◆ 北野天満宮《きたのてんまんぐう》のおもな文化財《ぶんかざい》

【国宝《こくほう》】
● 本殿《ほんでん》、石《いし》の間《ま》、拝殿《はいでん》、楽《がく》の間《ま》（合わせて１棟《とう》）● 北野天神縁起絵巻《きたのてんじんえんぎえまき》

【重要文化財《じゅうようぶんかざい》】
● 中門《ちゅうもん》（三光門《さんこうもん》）● 回廊《かいろう》 ● 後門《うしろもん》 ● 透塀《すきべい》 ● 東門《ひがしもん》
● 昌俊弁慶相騎図絵馬《しょうしゅんべんけいそうきずえま》（長谷川等伯筆《はせがわとうはくひつ》）
● 日本書紀《にほんしょき》（兼永本《けんえいぼん》）紙本墨書《しほんぼくしょ》　その他多数

【国の史跡《しせき》】 ● 御土居《おどい》

歴史《れきし》あふれる社殿《しゃでん》と梅《うめ》に包《つつ》まれる神社

現在《げんざい》の本殿《ほんでん》は、1607年に豊臣秀頼《とよとみひでより》によって造営《ぞうえい》されました。豪華《ごうか》けんらんで気品ある装飾《そうしょく》をほどこし、桃山建築《ももやまけんちく》文化を現在に伝《つた》えています。また皇室《こうしつ》をはじめ、公家《くげ》や武家《ぶけ》、商人など庶民《しょみん》にも広く信仰《しんこう》され、多くの貴重《きちょう》な宝物《ほうもつ》が収蔵《しゅうぞう》されています。境内《けいだい》には、道真《みちざね》ゆかりの梅《うめ》やもみじがたくさん植えられ、なかでも梅は道真公の愛木《あいぼく》として有名で、約《やく》1500本の梅が花を咲《さ》かせます。

楼門《ろうもん》と梅《うめ》の花。

● 石《いし》の間《ま》【国宝《こくほう》】

本殿《ほんでん》と拝殿《はいでん》(→151ページ)は、床《ゆか》が石敷《いしじき》の石《いし》の間《ま》という建物《たてもの》でむすばれています。これは日光東照宮《にっこうとうしょうぐう》にも見られる八棟造《やつむねづくり》(→152ページ)という様式です。

● 本殿《ほんでん》【国宝《こくほう》】

拝殿《はいでん》と平行に立つ檜皮葺《ひわだぶき》(→151ページ)の本殿《ほんでん》は、西側《にしがわ》に脇殿《わきでん》が設《もう》けられ、三方は重要文化財《じゅうようぶんかざい》の透塀《すきべい》(→151ページ)で囲《かこ》まれています。拝殿と同じように、きらびやかな装飾《そうしょく》がほどこされています。

● 楽《がく》の間《ま》【国宝《こくほう》】

拝殿《はいでん》の左右に楽《がく》の間《ま》が接続《せつぞく》されているため、社殿《しゃでん》全体の屋根は複雑《ふくざつ》な形をしており、八棟造《やつむねづくり》(→152ページ)とよばれます。

● 拝殿《はいでん》【国宝《こくほう》】

檜皮葺《ひわだぶき》の屋根と、波うつような曲線をえがく屋根かざりなど、桃山《ももやま》時代の建築《けんちく》の特徴《とくちょう》が見られます。

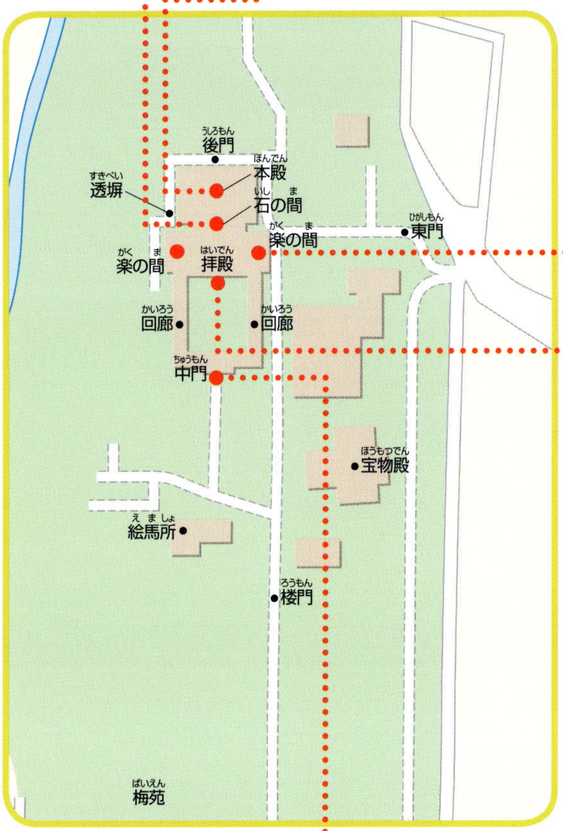

● 中門《ちゅうもん》【重要文化財《じゅうようぶんかざい》】

中門《ちゅうもん》は、日・月・三日月の彫刻《ちょうこく》があるために「三光門《さんこうもん》」とよばれています。桃山《ももやま》時代を代表する建築《けんちく》です。

もっと知りたい! 菅原道真《すがわらのみちざね》の伝説《でんせつ》

菅原道真《すがわらのみちざね》は学者出身の政治家《せいじか》として活躍《かつやく》しましたが、無実《むじつ》の罪《つみ》をきせられ、九州《きゅうしゅう》の大宰府《だざいふ》に流されました。その後、都では災難《さいなん》が相次《あいつ》いだため、北野《きたの》の地に、道真の神霊《しんれい》を手あつくまつりました。

清涼殿《せいりょうでん》をおそう雷神《らいじん》(北野天神縁起絵巻《きたのてんじんえんぎえまき》【国宝《こくほう》】)。

おもしろ情報

自然《しぜん》や社会にはぐくまれた京都《きょうと》の食文化

食文化は、その土地の自然《しぜん》や社会と深いかかわりがあります。京都《きょうと》の食文化は、次のようなことが要因《よういん》となり、長い歴史《れきし》のなかで形づくられてきました。

- 海からはなれた内陸《ないりく》の盆地《ぼんち》にあった。
- 豊《ゆた》かな水と、肥《こ》えた土にめぐまれた。
- 国内各地《かくち》や外国との物資《ぶっし》の交流がさかんだった。
- 貴族《きぞく》や社寺の注文にこたえてきた。

京野菜《きょうやさい》

水はけのよい肥《こ》えた土地、鴨川《かもがわ》や桂川《かつらがわ》という大きな川、豊《ゆた》かな地下水など、京都《きょうと》には野菜《やさい》を栽培《さいばい》するためのよい条件《じょうけん》がそろっていました。また、貴族《きぞく》や社寺の注文にこたえ、さまざまな野菜を改良《かいりょう》していきました。こうしてうまれたのが、京都でつくられる「京野菜《きょうやさい》」で、京都市内の地名がついたものが多くあります。

「聖護院《しょうごいん》かぶ」は、日本最大《さいだい》のかぶで、京都の代表的《だいひょうてき》な漬《つ》け物《もの》である千枚漬《せんまいづ》けの材料《ざいりょう》です。「賀茂《かも》なす」は、ボールのような丸い形が特徴《とくちょう》で、直径《ちょっけい》10cmほどになる大きななすびです。

ほかにも、里芋《さといも》の一種《いっしゅ》でえびのような形をした「えびいも」のほか、「万願寺《まんがんじ》とうがらし」や「鹿ヶ谷《ししがたに》かぼちゃ」「堀川《ほりかわ》ごぼう」「九条《くじょう》ねぎ」「聖護院だいこん」などがよく知られています。

左から賀茂《かも》なす、
聖護院《しょうごいん》かぶ、
鹿ヶ谷《ししがたに》かぼちゃ。

おばんざい

「お番菜」とも書かれる、家庭で食べるふだんのおかずのことです。

むかし、福井県《ふくいけん》の若狭湾《わかさわん》や北海道《ほっかいどう》から京都《きょうと》に運ばれてくる魚は、途中《とちゅう》でくさらないよう、干物《ひもの》にされたり塩《しお》をふられたりしていました。

これらの食材《しょくざい》や旬《しゅん》の京野菜《きょうやさい》を、くふうしてむだなく使いきり、余《あま》っても使いまわすのが、京都人の知恵《ちえ》の見せどころといわれます。

京料理《きょうりょうり》

おばんざいが庶民《しょみん》のものであるのに対し、京料理《きょうりょうり》は、公家《くげ》、神官《しんかん》、僧侶《そうりょ》、武家《ぶけ》など、身分の高い人びとにより発達《はったつ》してきたものです。素材《そざい》をいかした薄味《うすあじ》で、いろどりも美しく、栄養《えいよう》のバランスにすぐれ、美しい器《うつわ》にもりつけられます。五感で味わう芸術品《げいじゅつひん》のようです。

寺院の精進《しょうじん》料理、茶会のときの懐石《かいせき》料理、江戸《えど》時代の町人のための会席《かいせき》料理などが、現在《げんざい》の京料理の基本《きほん》となっています。

京菓子《きょうがし》

京菓子《きょうがし》は味だけではなく、季節感《きせつかん》をたいせつにし、四《し》季《き》を感じさせる形や色にこだわった美しい菓子《かし》です。繊《せん》細《さい》なつくりから、「食べる工芸品《こうげいひん》」ともいわれます。

奈良《なら》時代に唐《とう》(中国)から伝《つた》わった菓子は、京都《きょうと》では社寺や宮中の行事のために、見た目が美しくなるよう改良《かいりょう》されていきました。そして、京都で茶道《ちゃどう》がさかんになると、菓子をつくる職人《しょくにん》は、さらに競《きそ》って味や形状《けいじょう》にくふうをこらしていったのです。

もっと知りたい! 質素《しっそ》だった奈良《なら》の食文化

京都《きょうと》よりも古い歴史《れきし》がありながら、奈良《なら》の食文化は、質素《しっそ》で素朴《そぼく》なことが特徴《とくちょう》です。

「大和《やまと》(奈良のこと)の朝は茶がゆで明ける」といわれるほど親しまれている茶がゆは、米を茶でたいたかゆで、ねばりがなくさらっとしています。もともとは、東大寺《とうだいじ》二月堂《にがつどう》でおこなわれる修二会《しゅにえ》(→87ページ)のときに僧《そう》の食事として出されたものです。同じく修二会で出された「茶飯《ちゃめし》」は、米と大豆《だいず》などを茶でたいたもので、江戸《えど》時代に庶民《しょみん》にひろまりました。白うりやすいかなどを酒粕《さけかす》に漬《つ》けた「奈良漬《ならづ》け」も、奈良時代からあったといわれます。

奈良《なら》で親しまれている茶がゆ。

衣笠山《きぬがさ》を背景《はいけい》に花開いた、北山《きたやま》文化の美の結晶《けっしょう》

金閣寺《きんかくじ》（鹿苑寺《ろくおんじ》）

◆住所：〒603-8361　京都市北区金閣寺町1
◆地図：13ページ F-5
★**世界遺産**

鏡湖池《きょうこち》の水面に、金閣《きんかく》と木ぎの緑が美しくうつる。

足利義満《あしかがよしみつ》の別荘《べっそう》がはじまり

室町幕府《むろまちばくふ》第３代将軍《しょうぐん》・足利義満《あしかがよしみつ》は、鎌倉《かまくら》時代の公家《くげ》・西園寺公経《さいおんじきんつね》の山荘《さんそう》をゆずりうけ、自分の別荘《べっそう》として北山殿《きたやまどの》をつくりました。将軍をやめたあとも権力《けんりょく》をにぎっていた義満は、ここで政治《せいじ》をおこないました。

義満の死後、遺言《ゆいごん》によって北山殿は臨済宗《りんざいしゅう》の寺院になり、義満の法名《ほうみょう》（仏教徒《ぶっきょうと》としての名前）である「鹿苑院殿《ろくおんいんどの》」にちなんで「鹿苑寺《ろくおんじ》」と名づけられました。

もとの金閣《きんかく》は放火で焼失《しょうしつ》

金閣《きんかく》の正式な名前は、仏舎利《ぶっしゃり》（釈迦《しゃか》の骨《ほね》）をおさめる建物《たてもの》を意味する「舎利殿《しゃりでん》」といいます。建物の内外に金箔《きんぱく》を貼《は》っていたため、「金閣」とよばれるようになりました。

1950（昭和《しょうわ》25）年、放火によって、当時の国宝《こくほう》だった金閣は燃《も》えてしまいました。この事件《じけん》は、三島由紀夫《みしまゆきお》の『金閣寺』など、小説《しょうせつ》の題材《だいざい》になっています。金閣は、日本各《かく》地《ち》からの支援《しえん》によって、５年後に再建《さいけん》されました。

◆ 金閣寺《きんかくじ》のおもな文化財《ぶんかざい》

【重要文化財《じゅうようぶんかざい》】
- 絹本著色足利義満像《けんぽんちゃくしょくあしかがよしみつぞう》
- 絹本著色洞窟達磨図《けんぽんちゃくしょくどうくつだるまず》
- 大書院障壁画《おおじょいんしょうへきが》（伊藤若冲筆《いとうじゃくちゅうひつ》）
- 紙本墨画葡萄図《しほんぼくがぶどうず》 15面
- 紙本墨画松鶴図《しほんぼくがしょうかくず》 8面
- 紙本墨画芭蕉図《しほんぼくがばしょうず》 12面
- 紙本墨画鶏及秋海棠図《しほんぼくがにわとりおよびしゅうかいどうず》 11面
- 紙本墨画竹図《しほんぼくがたけず》 4面
- 木造不動明王立像《もくぞうふどうみょうおうりゅうぞう》
- 子元祖元高峰顕日問答語《しげんそげんこうほうけんにちもんどうご》
- 慈聖院并寿寧院遺誡《じしょういんならびにじゅねいいんゆいかい》

【特別史跡《とくべつしせき》・特別名勝《とくべつめいしょう》】
- 鹿苑寺庭園《ろくおんじていえん》

金閣《きんかく》の裏手《うらて》には、船付《ふなつ》き場がある。

● 安民沢《あんみんたく》と白蛇《はくじゃ》の塚《つか》

境内《けいだい》の北にある池を安民沢《あんみんたく》といい、池の中の小島に立つ石塔《せきとう》「白蛇《はくじゃ》の塚《つか》」は、西園寺家《さいおんじけ》の守り神といわれています。ここに、北山殿《きたやまどの》のもととなった西園寺家の山荘《さんそう》のなごりを見ることができます。

● 金閣《きんかく》(左ページ上写真)

金閣《きんかく》は、1階が貴族《きぞく》の屋敷風《やしきふう》の寝殿造《しんでんづくり》、2階が武家《ぶけ》屋敷風の書院造《しょいんづくり》(→150ページ)、3階は禅宗様《ぜんしゅうよう》(→7ページ)という、めずらしい建物《たてもの》です。

豆知識……金閣《きんかく》の屋根の上には、金箔《きんぱく》を貼《は》った鳳凰《ほうおう》がかざられています。鳳凰は、いろいろな生き物が合体《がったい》したからだをもち、古代中国で不《ふ》死身《じみ》の象徴《しょうちょう》とされた、伝説《でんせつ》上の鳥です。

豆知識……鏡湖池《きょうこち》には、小島やめずらしい石などが配置《はいち》されています。この池を中心とする鹿苑寺《ろくおんじ》庭園《ていえん》(特別史跡《とくべつしせき》・特別名勝《とくべつめいしょう》)は、室町《むろまち》時代を代表する池泉回遊式《ちせんかいゆうしき》庭園(→9ページ)です。

● 夕佳亭《せっかてい》

江戸《えど》時代初期の茶人《ちゃじん》・金森宗和《かなもりそうわ》がつくった茶室《ちゃしつ》で、夕日を受けたすがたが美しいことから、こう名づけられました。いまの建物《たてもの》は、1874(明《めい》治《じ》7)年に再建《さいけん》されたものです。

もっと知りたい! 足利義満《あしかがよしみつ》と北山《きたやま》文化

3代将軍《しょうぐん》・足利義満《あしかがよしみつ》のころには室町幕府《むろまちばくふ》も安定し、禅宗《ぜんしゅう》の影響《えいきょう》を受けた武家《ぶけ》文化と、平安《へいあん》時代からの公家《くげ》(貴族《きぞく》)文化、そして明《みん》(中国)の文化がとけあった、北《きた》山《やま》文化が花開きました。さまざまな建築《けんちく》様式で建《た》てられた金閣《きんかく》は、その代表です。

透《とう》視《し》してみよう！

金閣寺《きんかくじ》
舎利殿《しゃりでん》（金閣）

金箔《きんぱく》

2層《そう》目と3層目の外壁《がいへき》に貼《は》られた金箔《きんぱく》は約《やく》20万枚《まい》。通常《つうじょう》金箔の厚《あつ》さは1万分の1㎜ですが、1986（昭和《しょうわ》61）年からの「昭和の大修復《だいしゅうふく》」のとき、金閣寺《きんかくじ》に貼られた金箔はその約5倍の厚さで、しかも二重に貼られています。

潮音洞《ちょうおんどう》（2層《そう》）

2層《そう》は「潮音洞《ちょうおんどう》」とよばれ、内部には岩《いわ》屋《や》観音《かんのん》坐《ざ》像《ぞう》と四天王像《してんのうぞう》があります。

釣殿《つりどの》

西側《にしがわ》には、船《ふな》着《つ》き場《ば》と釣《つ》りをする場所（釣殿《つりどの》）があります。

舎利殿《しゃりでん》

初層《しょそう》（1階）だけは、金箔《きんぱく》が貼《は》られていません。舎利殿《しゃりでん》は初層が貴族《きぞく》の住まいである寝殿造《しんでんづくり》、2層が武士《ぶし》の住まいである書院造《しょいんづくり》、最上階《さいじょうかい》の3層が禅宗《ぜんしゅう》様式の仏殿造《ぶつでんづくり》となっています。このつくりは、僧《そう》となった足利義満《あしかがよしみつ》が、貴族と武士の上に位《くらい》することをあらわしたといわれています。

法水院《ほっすいいん》（初層《しょそう》）

初層《しょそう》は、「法水院《ほっすいいん》」とよばれる寝殿造《しんでんづくり》で、内部には宝冠釈迦如来像《ほうかんしゃかにょらいぞう》と足利義《あしかがよし》満《みつ》坐像《ざぞう》を安置《あんち》しています。

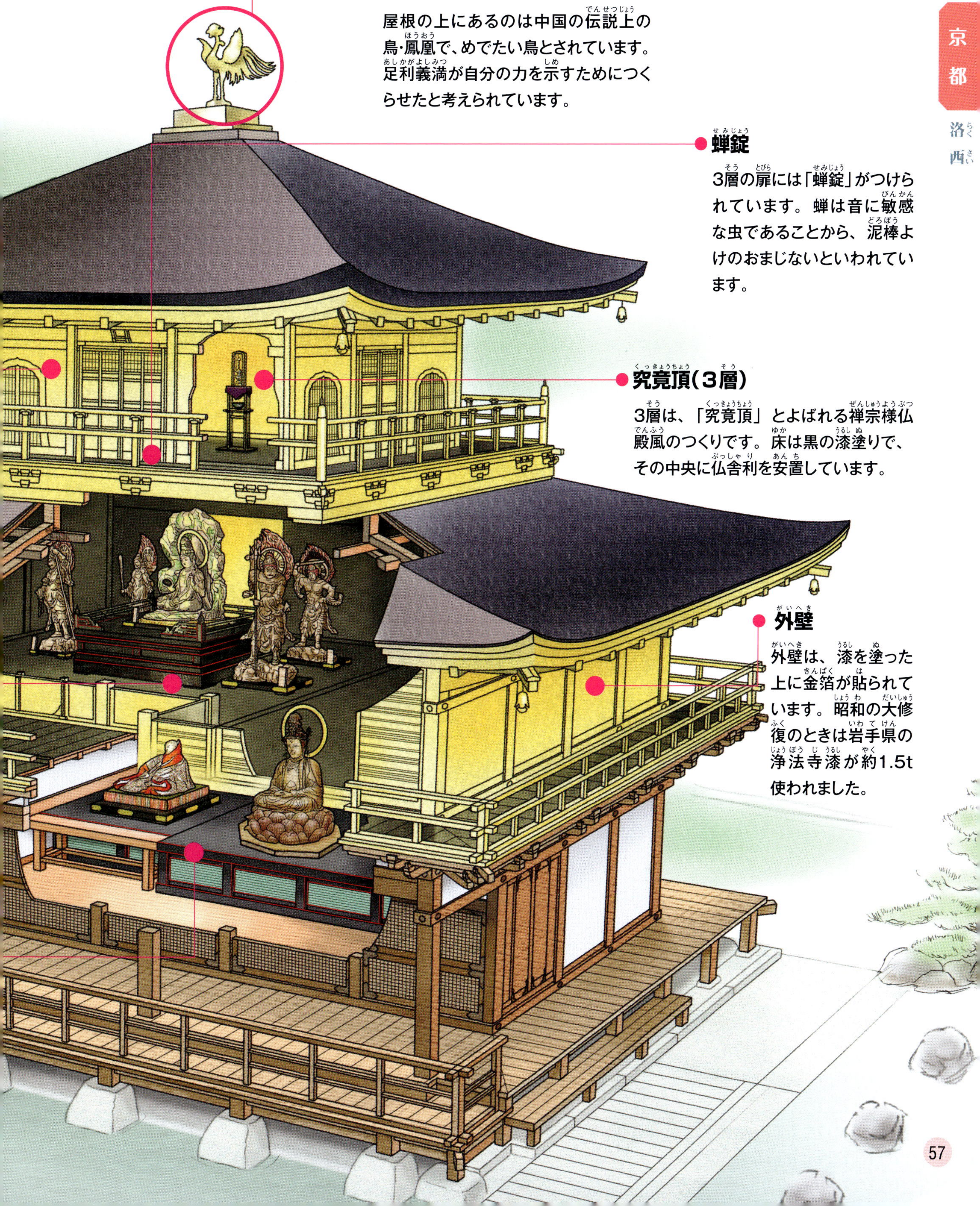

鳳凰《ほうおう》

屋根の上にあるのは中国の伝説上《でんせつじょう》の鳥・鳳凰《ほうおう》で、めでたい鳥とされています。足利義満《あしかがよしみつ》が自分の力を示《しめ》すためにつくらせたと考えられています。

蝉錠《せみじょう》

3層《そう》の扉《とびら》には「蝉錠《せみじょう》」がつけられています。蝉は音に敏感《びんかん》な虫であることから、泥棒《どろぼう》よけのおまじないといわれています。

究竟頂《くっきょうちょう》(3層《そう》)

3層《そう》は、「究竟頂《くっきょうちょう》」とよばれる禅宗様仏《ぜんしゅうようぶつ》殿風《でんふう》のつくりです。床《ゆか》は黒の漆《うるし》塗《ぬ》りで、その中央に仏舎利《ぶっしゃり》を安置《あんち》しています。

外壁《がいへき》

外壁《がいへき》は、漆《うるし》を塗《ぬ》った上に金箔《きんぱく》が貼《は》られています。昭和《しょうわ》の大修《だいしゅう》復《ふく》のときは岩手県《いわてけん》の浄法寺《じょうぼうじ》漆《うるし》が約《やく》1.5t使われました。

砂《すな》と石だけで自然《しぜん》を表現《ひょうげん》した石庭《せきてい》で、世界に知られる禅宗寺院《ぜんしゅうじいん》

龍安寺《りょうあんじ》

◆住所：〒616-8001　京都市右京区龍安寺御陵下町13
◆地図：12ページ E-5
★**世界遺産**

方丈《ほうじょう》前にある枯山水《かれさんすい》の石庭《せきてい》。

室町《むろまち》時代の有力武将《ぶしょう》が創建《そうけん》

龍安寺《りょうあんじ》は、1450年に、室町幕府《むろまちばくふ》で将軍《しょうぐん》に次いで高い地《ち》位《い》にあった細川勝元《ほそかわかつもと》が、公家《くげ》の山荘《さんそう》の土地をゆずりうけて建《た》てました。応仁《おうにん》の乱《らん》(1467〜1477年)で焼《や》けましたが、子の政元《まさもと》が再建《さいけん》しました。方丈《ほうじょう》（本堂《ほんどう》）が完成《かんせい》したのは1499年で、石庭《せきてい》も同じころにできたといわれています。

その後は、豊臣秀吉《とよとみひでよし》と徳川《とくがわ》幕府が土地を寄付《きふ》して保護《ほご》したために栄《さか》えましたが、18世紀末《せいきまつ》にも火事で焼け、現在《げんざい》の建物《たてもの》の多くは、このあとにできたものです。

想像力《そうぞうりょく》をかきたてる枯山水《かれさんすい》の石庭《せきてい》

龍安寺《りょうあんじ》は方丈《ほうじょう》の前にある庭園で有名です。枯山水《かれさんすい》の石庭《せきてい》(→9ページ)は白砂《はくさ》をしいた上に15個《こ》の石を配置《はいち》したもので、その意味については、「虎《とら》の子渡《わた》し」という中国のむかし話にちなんだもの、石の配列で「心」の字をあらわしているなど、いろいろな説《せつ》があります。

いずれにしても、単純《たんじゅん》な構成《こうせい》が豊《ゆた》かな想像《そうぞう》をうむ、東山文化(→151ページ)を代表する庭園です。

◆ 龍安寺《りょうあんじ》のおもな文化財《ぶんかざい》

【重要文化財《じゅうようぶんかざい》】
●方丈《ほうじょう》 ●『太平記《たいへいき》』の古写本《こしゃほん》 12冊《さつ》

【国の名勝《めいしょう》】　●龍安寺庭園《りょうあんじていえん》

【国の史跡《しせき》および特別名勝《とくべつめいしょう》】　●龍安寺方丈庭園《りょうあんじほうじょうていえん》

龍安寺《りょうあんじ》の庫裏《くり》。

豆知識……石庭《せきてい》の石は、方丈《ほうじょう》の一部の場所をのぞき、どの角度からも一度にすべてを見ることはできないといわれます。また、方丈から見て右側《みぎがわ》の土塀《どべい》は、手前から奥《おく》にむかって低《ひく》くなっているため、実際《じっさい》よりも庭の奥行《おくゆ》きがあるように見えます。

方丈庭園《ほうじょうていえん》(石庭《せきてい》)

【史跡《しせき》・特別名勝《とくべつめいしょう》】(左ページ上写真)

方丈《ほうじょう》の前の石庭《せきてい》は、幅約《はばやく》22m、奥行《おくゆ》き約10mです。長方形の庭に白砂《はくさ》をしきつめ、特殊《とくしゅ》な熊手《くまで》を使って砂《すな》に水の流れをあらわす模様《もよう》をえがき、大小15個《こ》の石を配置《はいち》した枯山水《かれさんすい》です。

方丈《ほうじょう》【重要文化財《じゅうようぶんかざい》】

方丈《ほうじょう》は、いま龍安寺《りょうあんじ》にある建物《たてもの》のなかではもっとも古く、1606年の建築《けんちく》です。もとは、西源院《せいげんいん》という龍安寺の塔頭《たっちゅう》(→151ページ)にあった建物です。1797年の火事で焼《や》けた方丈のあとに移《うつ》され、現在《げんざい》にいたります。

豆知識……方丈《ほうじょう》にあるふすま絵のうち6面は、明治《めいじ》時代はじめの廃仏毀釈《はいぶつきしゃく》運動(→151ページ)で売られ、アメリカにあったものを買いもどしたものです。安土桃山《あづちももやま》時代の絵師《えし》、狩野孝信《かのうたかのぶ》の作といわれています。

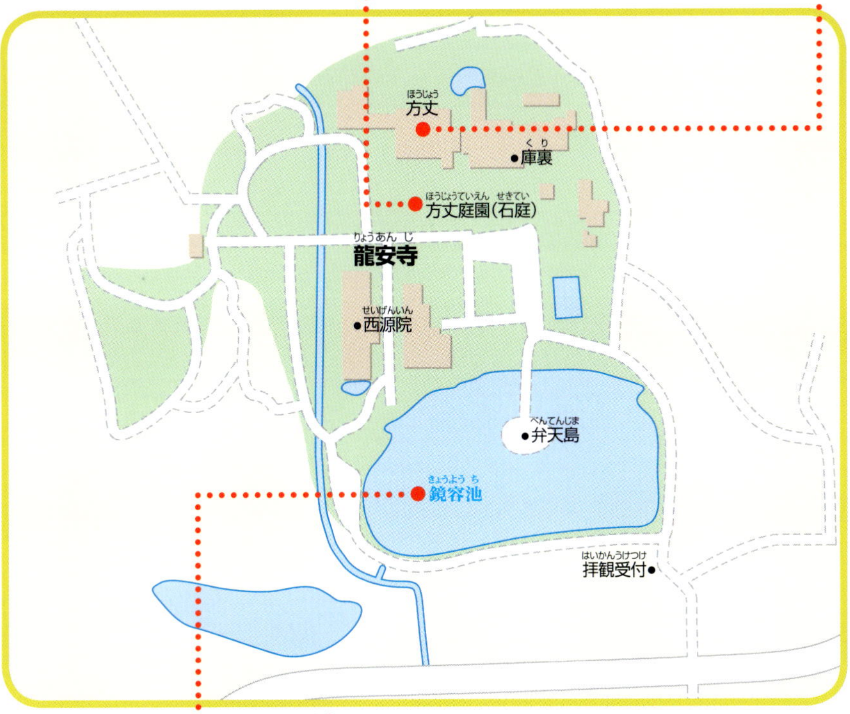

鏡容池《きょうようち》【名勝《めいしょう》】

方丈《ほうじょう》の南には広い鏡容池《きょうようち》があり、周囲《しゅうい》を歩きながら風景《ふうけい》を楽しむ池泉回遊式《ちせんかいゆうしき》庭園(→9ページ)として、国の名勝《めいしょう》に指定されています。池のなかの弁天島《べんてんじま》には、橋でわたることができます。

もっと知りたい!

知足《ちそく》のつくばい

境内《けいだい》には、江戸《えど》時代の初《はじ》めごろに徳《とく》川光圀《がわみつくに》が寄付《きふ》したと伝《つた》えられる、「知足《ちそく》のつくばい」とよばれる手洗《てあら》いの石鉢《いしばち》があります。これには、中央にある「口」という文字の形をした穴《あな》を「へん」や「つくり」にして、「吾唯知足」という4文字がきざまれています。「われ、ただ足《た》るを知る」と読みます。このことばには、「満足《まんぞく》することを知っている者は貧《まず》しくても豊《ゆた》かである」という禅《ぜん》の教えがこめられているといわれています。

皇族《こうぞく》や貴族《きぞく》が住職《じゅうしょく》をつとめた、文化財《ぶんかざい》の豊富《ほうふ》な大寺院《だいじいん》

仁和寺《にんなじ》

◆住所：〒616-8092　京都市右京区御室大内33
◆地図：12ページ E-6
★**世界遺産**

遅咲《おそざ》きの「御室桜《おむろざくら》」の向こうにそびえる五重塔《ごじゅうのとう》。

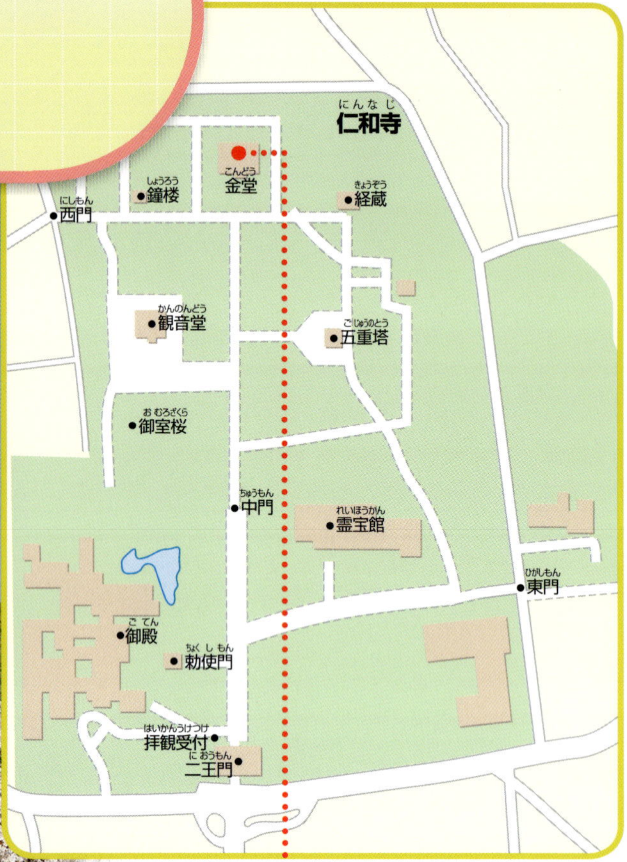

皇室《こうしつ》との深い関係《かんけい》

仁和寺《にんなじ》は、888年に宇多天皇《うだてんのう》によって創建《そうけん》されました。宇多天皇は、のちに天皇の位《くらい》をゆずって僧《そう》となり、ここに「御室《おむろ》」とよばれる住まいを建《た》てたため、仁和寺は「御室御所《おむろごしょ》」ともよばれました。

その後は幕末《ばくまつ》まで皇室《こうしつ》出身者が住職《じゅうしょく》をつとめ、門跡《もんぜき》寺院(→152ページ)として高い格式《かくしき》をほこりました。

二王門《におうもん》や五重塔《ごじゅうのとう》（ともに重要文化財《じゅうようぶんかざい》）などの建造物《けんぞうぶつ》のほか、仏像《ぶつぞう》や絵画《かいが》、経典《きょうてん》など、文化財の多い寺としても有名です。

◇ 仁和寺《にんなじ》のおもな文化財《ぶんかざい》

【国宝《こくほう》】
●金堂《こんどう》 ●阿弥陀三尊像《あみださんぞんぞう》 ●木造《もくぞう》薬師《やくし》如来《にょらい》坐像《ざぞう》 ●孔雀明王像《くじゃくみょうおうぞう》
●宝相《ほうそう》華《げ》蒔《まき》絵《え》宝珠箱《ほうじゅばこ》 ●御室相承記《おむろそうじょうき》 ●医心方《いしんほう》 5帖《じょう》

【重要文化財《じゅうようぶんかざい》】
●五重塔《ごじゅうのとう》 ●観音堂《かんのんどう》 ●中門《ちゅうもん》 ●二王門《におうもん》 ●鐘楼《しょうろう》 ●経蔵《きょうぞう》 ●御影堂《みえいどう》
その他多数

● 金堂《こんどう》【国宝《こくほう》】

京都御所《きょうとごしょ》の紫宸殿《ししんでん》が移《うつ》されたもので、屋根は、そのときに檜皮葺《ひわだぶき》(→151ページ)から瓦葺《かわらぶき》にかわりました。かつて金堂《こんどう》にあった本尊《ほんぞん》(→152ページ)の阿弥陀三尊像《あみださんぞんぞう》（国宝《こくほう》）は、現在《げんざい》は霊宝館《れいほうかん》にあります。

● 孔雀明王像《くじゃくみょうおうぞう》【国宝《こくほう》】

11世紀《せいき》の北宋《ほくそう》（中国）の仏画《ぶつが》です。日本では、孔雀明王《くじゃくみょうおう》はひとつの顔と４本の腕《うで》でえがかれますが、中国から来たこの絵には、３つの顔と６本の腕があります。孔雀は毒虫《どくむし》や毒蛇《どくへび》を食べることから、孔雀明王は人の悪い心を取りのぞいてくれると信《しん》じられています。

境内《けいだい》に多くの塔頭《たっちゅう》がある、日本最大級《さいだいきゅう》の禅寺《ぜんでら》

妙心寺《みょうしんじ》

◆住所：〒616-8035　京都市右京区花園妙心寺町64

◆地図：12ページ E-6

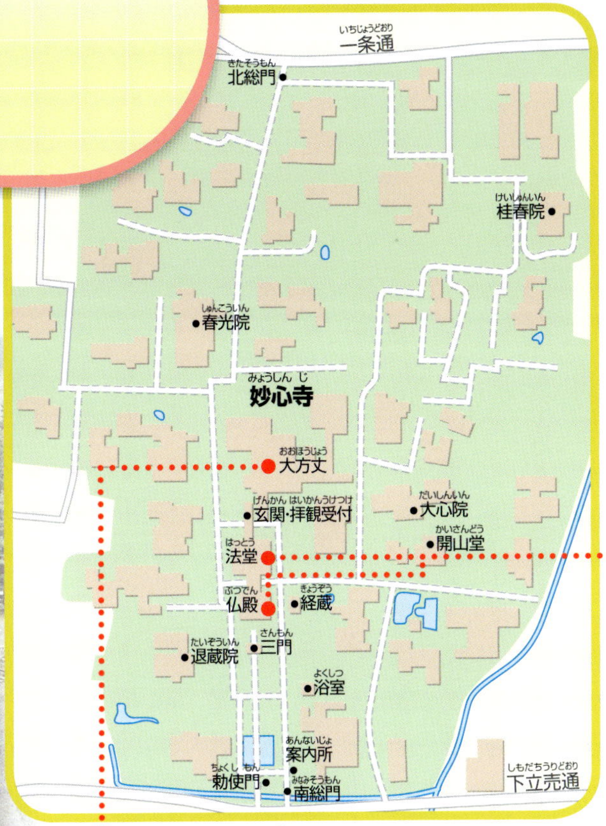

三門《さんもん》（左）・仏殿《ぶつでん》・法堂《はっとう》などの建物《たてもの》が一直線にならぶ、禅寺特有《ぜんでらとくゆう》の配置《はいち》。

禅《ぜん》の修行《しゅぎょう》をたいせつにして発展《はってん》

花園法皇《はなぞのほうおう》が、自分の離宮《りきゅう》を1337年に臨済宗《りんざいしゅう》の寺に改《あらた》め、関山慧玄《かんざんえげん》を住職《じゅうしょく》としてむかえたのが、妙心寺《みょうしんじ》のおこりです。大徳寺《だいとくじ》(→48ページ)と同じように、禅《ぜん》の修行《しゅぎょう》を重んじて発展《はってん》しました。

現在《げんざい》、妙心寺には46の塔頭《たっちゅう》(→151ページ)があり、そのなかには、水墨画《すいぼくが》の代表的《だいひょうてき》な名作「瓢鮎図《ひょうねんず》」（国宝《こくほう》）を所蔵《しょぞう》する退蔵院《たいぞういん》のほか、枯山水《かれさんすい》(→9ページ)の庭園をもつ塔頭がいくつもあります。

● 大方丈《おおほうじょう》【重要文化財《じゅうようぶんかざい》】

1654年に建《た》てられました。６つの部屋をそなえた大きな建物《たてもの》に、檜皮葺《ひわだぶき》(→151ページ)の重厚《じゅうこう》な屋根がのっています。ふすまには江戸《えど》時代を代表する絵師《えし》・狩野探幽《かのうたんゆう》らの水墨画《すいぼくが》がえがかれています。

◇ 妙心寺《みょうしんじ》のおもな文化財《ぶんかざい》

【国宝《こくほう》】
- 黄鐘調鐘《おうじきちょうのかね》
- 大燈国師墨蹟関山字号《だいとうこくしぼくせきかんざんじごう》
- 瓢鮎図《ひょうねんず》（退蔵院蔵《たいぞういんぞう》）

【重要文化財《じゅうようぶんかざい》】
- 仏殿《ぶつでん》
- 法堂《はっとう》
- 大方丈《おおほうじょう》
- 三門《さんもん》
- 浴室《よくしつ》
- 経蔵《きょうぞう》
- 勅使門《ちょくしもん》
- 開山堂《かいさんどう》
- 玄関《げんかん》

その他多数

● 仏殿《ぶつでん》／法堂《はっとう》

【ともに重要文化財《じゅうようぶんかざい》】

仏殿《ぶつでん》は妙心寺《みょうしんじ》の本堂《ほんどう》で、1827年に再建《さいけん》された禅宗様《ぜんしゅうよう》(→7ページ)の建築《けんちく》です。法堂《はっとう》の天井《てんじょう》の「雲龍図《うんりゅうず》」（重要文化財《じゅうようぶんかざい》）は狩野探幽《かのうたんゆう》がえがいたものです。

聖徳太子《しょうとくたいし》と大陸《たいりく》ゆかりの名刹《めいさつ》

広隆寺《こうりゅうじ》

◆住所：〒616-8162　京都市右京区太秦蜂岡町32

◆地図：12ページ D-7

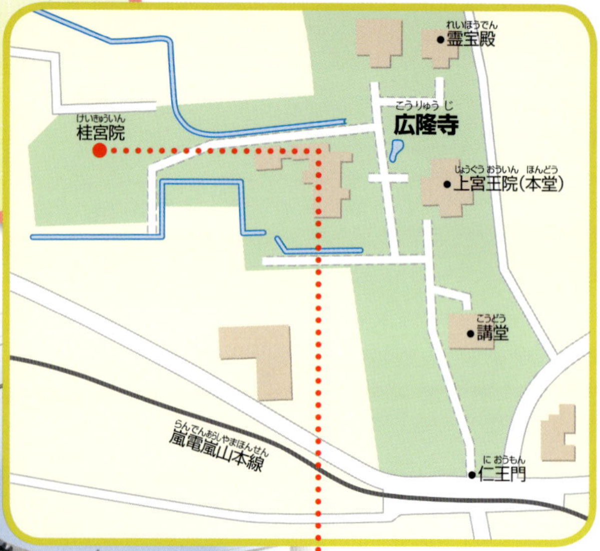

1702年の建立《こんりゅう》といわれる仁王門《におうもん》。

● 桂宮院本堂《けいきゅういんほんどう》【国宝《こくほう》】

桂宮院本堂《けいきゅういんほんどう》は、13世紀《せいき》中ごろに再建《さいけん》されたといわれる八角円堂《はっかくえんどう》です。これは、聖徳太子《しょうとくたいし》が建《た》てた奈良《なら》の法隆寺夢殿《ほうりゅうじゆめどの》(→107ページ)と同じような形です。

国宝《こくほう》・重要文化財《じゅうようぶんかざい》の仏像《ぶつぞう》が多数伝《つた》わる

広隆寺《こうりゅうじ》は、中国大陸から来た豪族《ごうぞく》・秦氏《はたうじ》の長の秦河勝《はたのかわかつ》が、聖徳太子《しょうとくたいし》からあたえられた仏像《ぶつぞう》を本尊《ほんぞん》(→152ページ)として、603年に建《た》てた蜂岡寺《はちおかでら》がはじまりとされます。秦氏は、養《よう》蚕《さん》や機織《はたお》り、農耕《のうこう》や治水《ちすい》などですぐれた技術《ぎじゅつ》をもち、平安《へいあん》京《きょう》の造営《ぞうえい》にも力をつくしました。

もっとも古い建物《たてもの》は、平安時代末期《まっき》の1165年に再建《さいけん》された講堂《こうどう》(重要文化財《じゅうようぶんかざい》)で、ほかの建物の多くは、江戸《えど》時代につくられました。国宝《こくほう》や重要文化財の仏像が多くあります。第二次世界大戦《だいにじせかいたいせん》後、国宝の第一号に指定された弥勒菩《みろくぼ》薩半跏思惟像《さつはんかしいぞう》(宝冠弥勒《ほうかんみろく》)がとくに有名です。

● 木造弥勒菩薩半跏思惟像《もくぞうみろくぼさつはんかしいぞう》(通称《つうしょう》「宝冠弥勒《ほうかんみろく》」)【国宝《こくほう》】

● 木造弥勒菩薩半跏思惟像《もくぞうみろくぼさつはんかしいぞう》(通称「泣き弥勒《みろく》」)【国宝】

「宝冠弥勒《ほうかんみろく》」は広隆寺《こうりゅうじ》の創建《そうけん》当時の本尊《ほんぞん》といわれ、ほほえみながらもの思いにふける美しいすがたが、よく知られています。泣《な》いているような表情《ひょうじょう》の「泣《な》き弥勒《みろく》」とともに、7世紀《せいき》ごろの作といわれます。

◆ 広隆寺《こうりゅうじ》のおもな文化財《ぶんかざい》

【国宝《こくほう》】

- 木造弥勒菩薩半跏思惟像《もくぞうみろくぼさつはんかしいぞう》(宝冠弥勒像《ほうかんみろくぞう》)
- 木造弥勒菩薩半跏思惟像《もくぞうみろくぼさつはんかしいぞう》(泣《な》き弥勒像《みろくぞう》)
- 木造阿弥陀如来坐像《もくぞうあみだにょらいざぞう》
- 木造不空羂索観音立像《もくぞうふくうけんじゃくかんのんりゅうぞう》
- 桂宮院本堂《けいきゅういんほんどう》

【重要文化財《じゅうようぶんかざい》】

- 木造虚空蔵菩薩坐像《もくぞうこくうぞうぼさつざぞう》
- 木造地蔵菩薩坐像《もくぞうじぞうぼさつざぞう》
- 木造薬師如来立像《もくぞうやくしにょらいりゅうぞう》　その他多数

平安《へいあん》時代のふんいきがただよう、気品《きひん》のある寺

大覚寺《だいかくじ》

◆住所：〒616-8411　京都市右京区嵯峨大沢町4
◆地図：12ページ B-6

唐《とう》（中国）の洞庭湖《どうていこ》に似《に》せてつくられた大沢池《おおさわのいけ》は、日本でもっとも古い人工の池。

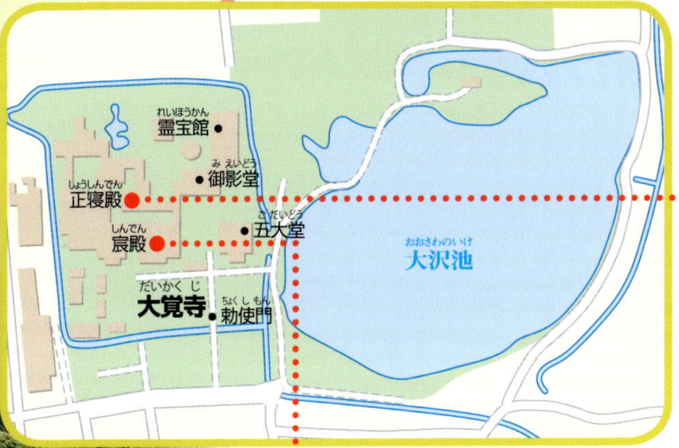

●宸殿《しんでん》【重要文化財《じゅうようぶんかざい》】

徳川幕府《とくがわばくふ》第２代将軍《しょうぐん》・秀忠《ひでただ》の娘《むすめ》で、後《ご》水尾天皇《みずのおてんのう》の妻《つま》だった東福門院《とうふくもんいん》の御殿《ごてん》を移《うつ》したといわれる建物《たてもの》です。

●後宇多天皇宸翰御手印遺告《ごうだてんのうしんかんおていんゆいごう》【国宝《こくほう》】

後宇多法皇《ごうだほうおう》が、大覚寺《だいかくじ》と真言宗《しんごんしゅう》が栄《さか》えることを願《ねが》い、1321年に書いた遺言《ゆいごん》の原稿《げんこう》です。８か所に法皇の手《て》形《がた》がおされています。

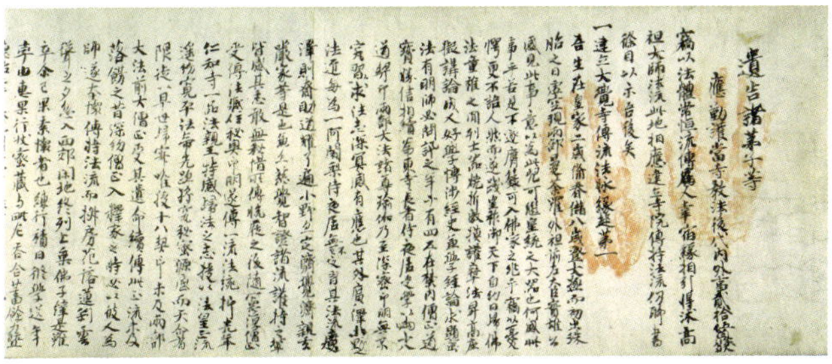

皇室《こうしつ》との関係《かんけい》が深い寺

大覚寺《だいかくじ》は876年に、嵯峨天皇《さがてんのう》の離宮跡《りきゅうあと》を寺に改《あらた》めたことにはじまる、真言宗《しんごんしゅう》の寺です。鎌倉《かまくら》時代には法皇《ほうおう》がここで政治《せいじ》をおこなったため、「嵯峨御所《さがごしょ》」ともよばれました。天皇や皇族《こうぞく》が住職《じゅうしょく》となった門跡寺院《もんぜきじいん》(→152ページ)だったことから、皇室《こうしつ》ゆかりの建物《たてもの》が多く立ちならんでいます。

狩野山楽《かのうさんらく》によってえがかれた多数の豪華《ごうか》なふすま絵は、重要文化財《じゅうようぶんかざい》に指定されています。

境内《けいだい》の東にひろがる大沢池《おおさわのいけ》では、舟遊《ふなあそ》びを好《この》んだ嵯峨天皇にちなみ、中秋《ちゅうしゅう》の名月《めいげつ》の夜に舟《ふね》をうかべて月をながめる行事が毎年おこなわれています。また、いけばなの嵯峨御《さがご》流《りゅう》がはじまった寺としても知られます。

●正寝殿《しょうしんでん》【重要文化財《じゅうようぶんかざい》】

桃山《ももやま》時代につくられた、書院造《しょいんづくり》(→150ページ)の建物《たてもの》です。後宇多《ごうだ》法皇《ほうおう》が院政《いんせい》をおこなった部屋を再現《さいげん》した「上段《じょうだん》の間《ま》」など、12の部屋があります。桃山時代から江戸《えど》時代初《はじ》めに活躍《かつやく》した絵《え》師《し》・狩野山楽《かのうさんらく》らによるふすま絵があります。

◆大覚寺《だいかくじ》のおもな文化財《ぶんかざい》

【国宝《こくほう》】
●後宇多天皇宸翰御手印遺告《ごうだてんのうしんかんおていんゆいごう》 ●後宇多天皇宸翰弘法大師伝《ごうだてんのうしんかんこうぼうだいしでん》

【重要文化財《じゅうようぶんかざい》】
●宸殿《しんでん》 ●正寝殿《しょうしんでん》 ●大覚寺障壁画《だいかくじしょうへきが》 116面《めん》 ●紙本著色後宇多天皇像《しほんちゃくしょくごうだてんのうぞう》
その他多数

嵐山《あらしやま》の景勝地《けいしょうち》に立つ、庭の美しい禅寺《ぜんでら》

天龍寺《てんりゅうじ》

◆住所：〒616-8385　京都市右京区嵯峨天龍寺芒ノ馬場町68
◆地図：12ページ B-7
★**世界遺産**

かつては台所などとして使われた庫裏《くり》。

後醍醐天皇《ごだいごてんのう》の霊《れい》をとむらう寺

天龍寺《てんりゅうじ》は、室町幕府《むろまちばくふ》をおこした足利尊氏《あしかがたかうじ》と政権《せいけん》を争《あらそ》って吉野《よしの》（奈良《なら》県）にのがれ、そこで亡《な》くなった後醍醐天皇《ごだいごてんのう》をとむらうため、尊氏が1345年に建《た》てました。

建設費用《けんせつひよう》の一部は、天龍寺船《てんりゅうじぶね》という元《げん》（中国）との貿易船《ぼうえきせん》で得《え》たお金があてられました。室町時代は京都五《きょうとご》山《ざん》（→150ページ）の第一位《い》の寺として栄《さか》えましたが、その後は８回火事で焼《や》け、現在《げんざい》の建物《たてもの》のほとんどは、明治《めいじ》時代以後《いご》に建てられました。

庫裏《くり》に入ると、中国で禅宗《ぜんしゅう》を開いた僧《そう》の達磨《だるま》をえがいた「ついたて」がある。

日本の庭園文化に影響《えいきょう》をあたえた庭

尊氏《たかうじ》に天龍寺《てんりゅうじ》の建立《こんりゅう》をすすめたのは、禅僧《ぜんそう》の夢窓疎石《むそうそせき》でした。曹源池庭園《そうげんちていえん》（特別名勝《とくべつめいしょう》・史跡《しせき》）は、鎌倉《かまくら》時代にここに建《た》てられた離宮《りきゅう》の庭を、疎石がつくりなおしたといわれ、天龍寺の創建《そうけん》当時のすがたを残《のこ》しています。仏教《ぶっきょう》や中国の物語になぞらえた石を自然《しぜん》のなかに置《お》いて、禅《ぜん》の世界をあらわしているといわれます。

◆ 天龍寺《てんりゅうじ》のおもな文化財《ぶんかざい》

【重要文化財《じゅうようぶんかざい》】
- 絹本著色夢窓国師像《けんぽんちゃくしょくむそうこくしぞう》（３点）
- 絹本著色観世音菩薩像《けんぽんちゃくしょくかんぜおんぼさつぞう》
- 絹本著色清涼法眼禅師像《けんぽんちゃくしょくせいりょうほうげんぜんじぞう》・雲門大師像《うんもんだいしぞう》
- 木造釈迦如来坐像《もくぞうしゃかにょらいざぞう》
- 遮那院御領絵図《しゃないんごりょうえず》
- 往古諸郷館地之絵図《おうこしょごうかんちのえず》
- 応永鈞命絵図《おうえいきんめいえず》
- 東陵永璵墨蹟《とうりょうえいよぼくせき》
- 北畠親房消息《きたばたけちかふさしょうそく》
- 足利義持像《あしかがよしもちぞう》

【史跡《しせき》・特別名勝《とくべつめいしょう》】
- 曹源池庭園《そうげんちていえん》

大方丈《おおほうじょう》と曹源池庭園《そうげんちていえん》

【史跡《しせき》・特別名勝《とくべつめいしょう》】

大方丈《おおほうじょう》の西側《にしがわ》に曹源池庭園《そうげんちていえん》がひろがっています。池の奥《おく》にある石組みの「龍門瀑《りゅうもんばく》」は、急流をのぼりきった鯉《こい》は龍《りゅう》になるという伝説《でんせつ》からうまれた中国の物語「登龍門《とうりゅうもん》」にもとづき、つくられたものです。

豆知識……曹源池庭園《そうげんちていえん》は、後ろに見える嵐山《あらしやま》、亀山《かめやま》、小倉山《おぐらやま》、愛宕山《あたごやま》の景色《けしき》を取りいれた、借景庭園《しゃっけいていえん》(→9ページ)として知られています。

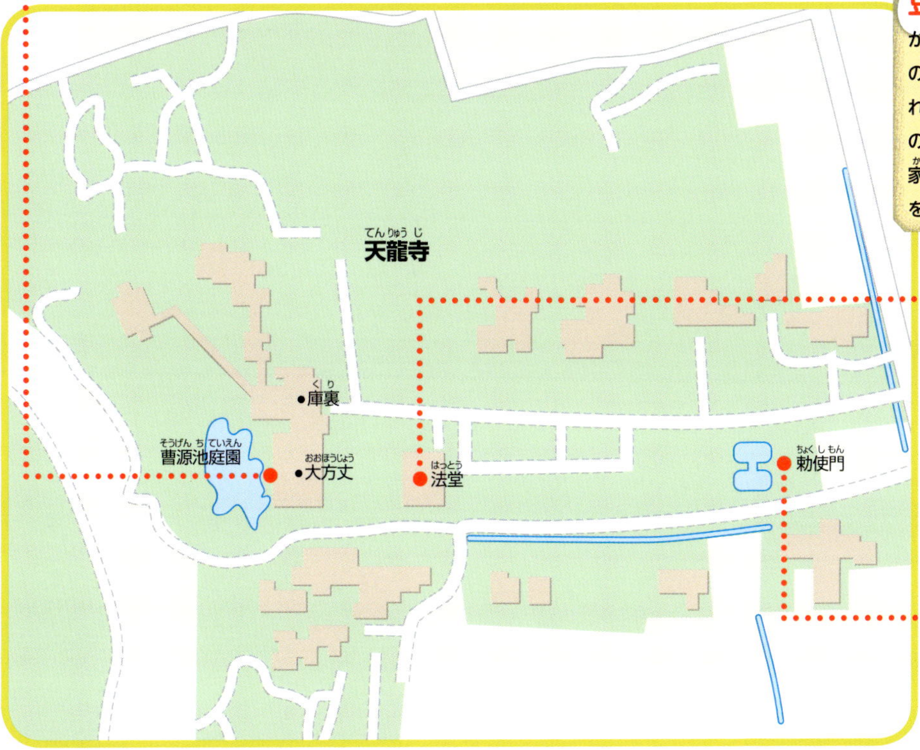

豆知識……夢窓疎石《むそうそせき》は、鎌倉《かまくら》時代の終わりから室町《むろまち》時代の初期《しょき》にかけて活動した臨済宗《りんざいしゅう》の僧《そう》です。天皇《てんのう》に教えを授《さず》けた僧にあたえられる「国師《こくし》」の称号《しょうごう》を生前・死後あわせて７人の天皇からあたえられました。すぐれた造園家《ぞうえんか》でもあり、天龍寺《てんりゅうじ》や西芳寺《さいほうじ》などの多くの庭をつくり、禅《ぜん》の思想を庭園で表現《ひょうげん》しました。

法堂《はっとう》

江戸《えど》時代の後期に建《た》てられた修行場《しゅぎょうば》を、明治《めいじ》時代にこの場所へ移《うつ》したものです。1997（平成《へいせい》９）年、日本画家の加山又造《かやままたぞう》によって新しい龍《りゅう》の絵が天井《てんじょう》にえがかれました。

勅使門《ちょくしもん》

桃山《ももやま》時代の1624～1644年につくられたとされています。天龍寺《てんりゅうじ》ではもっとも古い建物《たてもの》です。

もっと知りたい！ 嵯峨野《さがの》文学散歩《さんぽ》

天龍寺《てんりゅうじ》のある嵯峨野《さがの》は、平安《へいあん》時代から天皇《てんのう》や貴族《きぞく》が訪《おとず》れる、景色《けしき》の美しい場所でした。紫式部《むらさきしきぶ》の書いた『源氏物語《げんじものがたり》』の「賢木《さかき》」という話には、主人公の光源氏《ひかるげんじ》が、嵯峨野にある野宮神社《ののみやじんじゃ》をたずねる場面が書かれています。鎌倉《かまくら》時代の歌人《かじん》・藤原定家《ふじわらのさだいえ》は、嵯峨野に建《た》てた小倉山荘《おぐらさんそう》で『小倉《おぐら》百人一首《いっしゅ》』を選《えら》びました。江戸《えど》時代には、俳人《はいじん》・松尾芭蕉《まつおばしょう》の弟子《でし》である向井去来《むかいきょらい》が嵯峨野に住み、芭蕉《ばしょう》は、ここに泊《と》まったときのことを『嵯峨日記《さがにっき》』に書いています。

多くの文化財《ぶんかざい》を伝《つた》えてきた山中の寺

高山寺《こうざんじ》

◆住所：〒616-8295　京都市右京区梅ヶ畑栂尾町８
◆地図：12ページ B-3
★世界遺産

スギやカエデなどの木に囲《かこ》まれ、栂尾《とがのお》の山中にたたずむ高山寺《こうざんじ》の開山堂《かいさんどう》。

◆高山寺《こうざんじ》のおもな文化財《ぶんかざい》

【国宝《こくほう》】
- 石水院《せきすいいん》
- 紙本墨画鳥獣人物戯画《しほんぼくがちょうじゅうじんぶつぎが》 ４巻《かん》
- 紙本著色華厳宗祖師絵伝《しほんちゃくしょくけごんしゅうそしえでん》 ７巻《かん》
- 紙本著色明恵上人像《しほんちゃくしょくみょうえしょうにんぞう》
- 絹本著色仏眼仏母像《けんぽんちゃくしょくぶつげんぶつもぞう》
- 玉篇巻第二十七前半《ぎょくへんかんだいにじゅうしちぜんはん》
- 冥報記《めいほうき》 ３巻《かん》
- 篆隷万象名義《てんれいばんしょうめいぎ》 ６帖《じょう》

【重要文化財《じゅうようぶんかざい》】
- 開山堂《かいさんどう》
- 宝篋印塔《ほうきょういんとう》
- 如法経塔《にょほうきょうとう》
- 木造明恵上人坐像《もくぞうみょうえしょうにんざぞう》
- 乾漆薬師如来坐像《かんしつやくしにょらいざぞう》
- 木造善妙神立像《もくぞうぜんみょうしんりゅうぞう》
- 木造白光神立像《もくぞうびゃっこうしんりゅうぞう》
- 木造神鹿《もくぞうしんろく》 １対《つい》
- 木造狛犬《もくぞうこまいぬ》 １対《つい》
- 絹本著色菩薩像《けんぽんちゃくしょくぼさつぞう》
- 絹本著色文殊菩薩像《けんぽんちゃくしょくもんじゅぼさつぞう》
- 絹本著色華厳海会諸聖衆曼荼羅図《けんぽんちゃくしょくけごんかいえしょしょうじゅうまんだらず》
- 絹本著色明恵上人像《けんぽんちゃくしょくみょうえしょうにんぞう》
- 紙本墨画将軍塚縁起絵巻《しほんぼくがしょうぐんつかえんぎえまき》
- 大唐天竺里程書明恵上人筆《だいとうてんじくりていしょみょうえしょうにんひつ》

その他多数

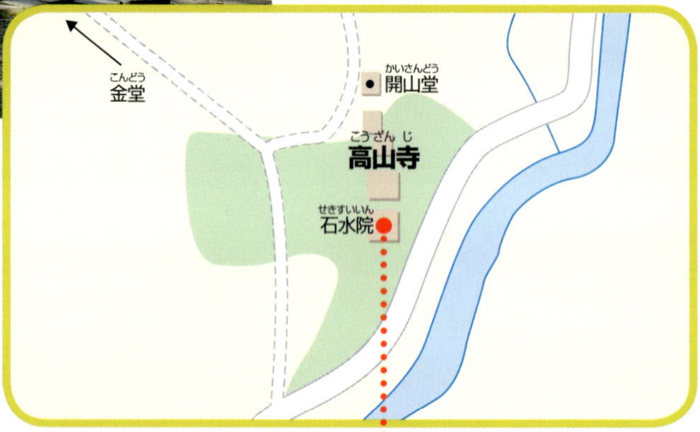

「鳥獣人物戯画《ちょうじゅうじんぶつぎが》」で知られる寺

高山寺《こうざんじ》は、774年にできたといわれますが、1206年、後鳥羽上皇《ごとばじょうこう》が神護寺《じんごじ》の復興《ふっこう》にあたっていた明恵上人《みょうえしょうにん》にこの寺をあたえ、「高山寺」という名になりました。

絵や仏像《ぶつぞう》、経典《きょうてん》、古文書《こもんじょ》など、多くの国宝《こくほう》や重要文化財《じゅうようぶんかざい》が伝《つた》わる寺として知られ、『鳥獣人物戯画《ちょうじゅうじんぶつぎが》』（国宝《こくほう》）がとくに有名です。平安《へいあん》時代から鎌倉《かまくら》時代にかけて制作《せいさく》されたこの絵は、甲《こう》・乙《おつ》・丙《へい》・丁《てい》の４巻《かん》からなり、甲巻では擬人化《ぎじんか》された動物たちが遊ぶようすがえがかれ、まんがの原点といわれます。

● 石水院《せきすいいん》【国宝《こくほう》】（写真は廂《ひさし》の間《ま》）

鎌倉《かまくら》時代初期《しょき》に経堂《きょうどう》（経典《きょうてん》をおさめる建物《たてもの》）として建《た》てられました。のちに一部が神社《じんじゃ》の拝殿《はいでん》につくりかえられましたが、明治《めいじ》時代に住宅風《じゅうたくふう》に改造《かいぞう》されました。壁《かべ》の少ない開放的《かいほうてき》な建物です。

空海《くうかい》が仏教《ぶっきょう》の研究を深めた、高雄山《たかおさん》中腹《ちゅうふく》にある山寺

神護寺《じんごじ》

- 住所：〒616-8292　京都市右京区梅ヶ畑高雄町５
- 地図：12ページ B-3

五大堂《ごだいどう》（手前）と毘沙門堂《びしゃもんどう》。いずれも1623年に建《た》てられた。

◆ 神護寺《じんごじ》のおもな文化財《ぶんかざい》

【国宝《こくほう》】

- 木造薬師如来立像《もくぞうやくしにょらいりゅうぞう》
- 木造五大虚空蔵菩薩坐像《もくぞうごだいこくうぞうぼさつざぞう》
- 梵鐘《ぼんしょう》
- 灌頂歴名《かんじょうれきめい》
- 紫綾金銀泥両界曼荼羅図《しりょうきんぎんでいりょうかいまんだらず》
- 絹本著色釈迦如来像《けんぽんちゃくしょくしゃかにょらいぞう》
- 絹本著色伝《けんぽんちゃくしょくでん》 源《みなもとの》 頼朝像《よりともぞう》・伝平重盛像《でんたいらのしげもりぞう》
- 文覚四十五箇条起請文《もんがくしじゅうごかじょうきしょうもん》
- 絹本著色山水屛風《けんぽんちゃくしょくせんずいびょうぶ》
- 絹本著色伝藤原光能像《けんぽんちゃくしょくでんふじわらのみつよしぞう》

【重要文化財《じゅうようぶんかざい》】

- 大師堂《だいしどう》
- 板彫弘法大師像《いたぼりこうぼうだいしぞう》
- 木造毘沙門天立像《もくぞうびしゃもんてんりゅうぞう》
- 木造日光菩薩立像《もくぞうにっこうぼさつりゅうぞう》・月光菩薩立像《がっこうぼさつりゅうぞう》
- 後宇多天皇宸翰寄進状《ごうだてんのうしんかんきしんじょう》

その他多数

平安《へいあん》時代からの文化財《ぶんかざい》が多数伝《つた》わる

神護寺《じんごじ》は、のちに平安京《へいあんきょう》の造営《ぞうえい》につくした貴族《きぞく》・和気清麻呂《わけのきよまろ》が河内国《かわちのくに》(現在《げんざい》の大阪《おおさか》府)に建《た》てたとされる神願寺《じんがんじ》と、和気氏《わけし》が一族の繁栄《はんえい》などを願《ねが》って建てた高雄山寺《たかおさんじ》が、824年に合併《がっぺい》してうまれました。

合併する前の高雄山寺には、唐《とう》(中国)への留学《りゅうがく》から帰った空海《くうかい》が14年間住み、貴族や各地《かくち》から来る僧《そう》に密教《みっきょう》(→152ページ)を教えるなど、さかんに活動しました。

寺には 源《みなもとの》 頼朝《よりとも》のものと考えられる肖像画《しょうぞうが》が伝《つた》えられるほか、平安《へいあん》時代の初期《しょき》につくられたとされる「薬師如来立像《やくしにょらいりゅうぞう》」(国宝《こくほう》)など、貴重《きちょう》な文化財《ぶんかざい》が多数あります。

● 大師堂《だいしどう》【重要文化財《じゅうようぶんかざい》】

空海《くうかい》が住んでいた地に、1168年に建《た》てられました。応仁《おうにん》の乱《らん》(1467〜1477年)で神護寺《じんごじ》が焼《や》けたときは大師堂《だいしどう》だけが残《のこ》り、桃山《ももやま》時代に改築《かいちく》されました。神護寺のほかの建物《たてもの》は、江戸《えど》時代以後《いご》に再建《さいけん》されたものです。

緑の苔《こけ》におおわれた庭園で知られる

西芳寺《さいほうじ》(苔寺《こけでら》)

◆住所:〒615-8286　京都市西京区松尾神ヶ谷町56

◆地図:12ページ C-9

★**世界遺産**

一面の苔《こけ》の緑のなかに、スギの木などが立ちならぶ。

夢窓疎石《むそうそせき》のつくった庭

西芳寺《さいほうじ》は、奈良《なら》時代の僧《そう》・行基《ぎょうき》が開いた西方寺《さいほうじ》を、室町《むろまち》時代の1339年に夢窓疎石《むそうそせき》(→65ページ)が禅寺《ぜんでら》に改《あらた》め、西芳寺としたのがおこりです。夢窓疎石は、前身の西方寺のときからあった庭をもとにして、枯山水《かれさんすい》と池泉回遊式《ちせんかいゆうしき》のふたつの庭をつくりました。背後《はいご》の山の地形をいかした枯山水の庭は、日本最古《さいこ》といわれています。室町幕府《ばくふ》8代将軍《しょうぐん》・足利義政《あしかがよしまさ》は、何度もここを訪《おとず》れ、銀閣寺《ぎんかくじ》(→38ページ)の建物《たてもの》や庭をつくるときの手本にしたといわれています。

西芳寺が別名《べつめい》「苔寺《こけでら》」とよばれるのは、黄金池《おうごんち》を中心とした回遊式の庭園(特別名勝《とくべつめいしょう》・史跡《しせき》)が、緑のじゅうたんをしきつめたように、一面苔でおおわれているからです。

◆ 西芳寺《さいほうじ》のおもな文化財《ぶんかざい》

【重要文化財《じゅうようぶんかざい》】

●湘南亭《しょうなんてい》 2棟《とう》(本家、待合および廊下《ろうか》) ●絹本著色夢窓疎石像《けんぽんちゃくしょくむそうそせきぞう》

【特別名勝《とくべつめいしょう》・史跡《しせき》】　●西芳寺庭園《さいほうじていえん》

豆知識……庭園をおおう苔《こけ》は、120種類以上《しゅるいいじょう》あるといわれています。苔は夢窓疎石《むそうそせき》がつくった庭にもともとあったものではなく、江戸《えど》時代に2度洪水《こうずい》におそわれたあとに、自然《しぜん》にはえてきたものといわれています。

● 湘南亭《しょうなんてい》【重要文化財《じゅうようぶんかざい》】

湘南亭《しょうなんてい》は、夢窓疎石《むそうそせき》が建《た》てた茶室を、江戸《えど》時代の茶人・千利休《せんのりきゅう》の次男少庵《しょうあん》が再建《さいけん》したものです。幕末《ばくまつ》には、対立していた尊王攘夷派《そんのうじょういは》からのがれるため、岩倉具視《いわくらともみ》がここにかくれ住んだことで知られます。

本殿《ほんでん》は、日本最古《さいこ》の神社建築《けんちく》

宇治上神社《うじがみじんじゃ》

◆住所：〒611-0021　宇治市宇治山田59
◆地図：13ページ 図Ⅱ
★世界遺産

翼《つばさ》をひろげたような形の屋根をもつ拝殿《はいでん》（国宝《こくほう》）。

平等院《びょうどういん》や藤原氏《ふじわらし》との深いつながり

宇治上神社《うじがみじんじゃ》は、901年に醍醐天皇《だいごてんのう》が、神のお告《つ》げによって建《た》てたという説《せつ》があります。平等院《びょうどういん》(→70ページ)とは宇治川《うじがわ》をはさんで向かいあう位置《いち》にあり、平等院や藤原氏《ふじわらし》とも深いつながりのある神社です。

境内《けいだい》の中央に、拝礼《はいれい》をおこなう拝殿《はいでん》(→151ページ)を構《かま》え、その奥《おく》に本殿《ほんでん》が建てられています。いずれも11世紀《せいき》から12世紀につくられたもので、檜皮葺《ひわだぶき》(→151ページ)の屋根が、周囲《しゅうい》の木ぎと調和しています。拝殿は、翼《つばさ》をひろげたような形の屋根が特徴《とくちょう》です。戸をすべて開くと、奥にある本殿がすがたをあらわします。

◆ 宇治上神社《うじがみじんじゃ》のおもな文化財《ぶんかざい》

【国宝《こくほう》】
●本殿《ほんでん》 ●拝殿《はいでん》

【重要文化財《じゅうようぶんかざい》】
●摂社《せっしゃ》 春日神社本殿《かすがじんじゃほんでん》 ●本殿扉絵《ほんでんとびらえ》 4枚《まい》

● 本殿《ほんでん》【国宝】

本殿《ほんでん》は、平安《へいあん》時代後期につくられたといわれ、いまに残《のこ》る最古《さいこ》の神社建築《けんちく》として有名です。外から見えるのは本殿を保護《ほご》するための覆《おおい》屋《や》で、中に本殿が３棟《むね》あり、左殿《さでん》と右殿《うでん》の扉《とびら》には、崇神天皇《すじんてんのう》とその皇子《おうじ》の莵道稚郎子《うじのわきいらつこ》がえがかれています。

● 摂社《せっしゃ》 春日神社本殿《かすがじんじゃほんでん》【重要文化財】

摂社《せっしゃ》とは、その神社にゆかりのある神をまつった社《やしろ》のことです。宇《う》治上神社《じがみじんじゃ》には摂社がいくつかありますが、春日神社《かすがじんじゃ》は鎌倉《かまくら》時代につくられたもので、藤原氏《ふじわらし》ゆかりの神（氏神《うじがみ》）がまつられています。

10円玉の絵柄《えがら》で有名な鳳凰堂《ほうおうどう》がある

平等院《びょうどういん》

◆住所：〒611-0021　宇治市宇治蓮華116
◆地図：13ページ 図Ⅱ
★**世界遺産**

池の水面にうつるすがたも美しい鳳凰堂《ほうおうどう》。中央が中堂《ちゅうどう》。

この世に極楽浄土《ごくらくじょうど》を再現《さいげん》

平等院《びょうどういん》は、平安《へいあん》時代の貴族《きぞく》・藤原道長《ふじわらのみちなが》の別荘《べっそう》が寺院となったものです。道長の死後、息子の頼通《よりみち》が、1052年に本堂《ほんどう》を、翌年《よくねん》に阿弥陀堂《あみだどう》（鳳凰堂《ほうおうどう》）を建《た》て、本尊《ほんぞん》(→152ページ)の阿弥陀《あみだ》如来像《にょらいぞう》をまつりました。当時、藤原氏《ふじわらし》は大きな権力《けんりょく》や財力《ざいりょく》をもち、世に栄《さか》えていました。頼通は、平等院に極楽《ごくらく》世界を再現《さいげん》することで、死後も阿弥陀如来がむかえる苦しみのない極楽浄土《ごくらくじょうど》へいきたいと願《ねが》ったのです。

その後、ほかの建物《たてもの》も次つぎと建てられましたが、1336年に南北朝の動《どう》乱《らん》で多くの建物が焼《や》け、焼けのこった鳳凰堂が、寺の中心となりました。

鳳凰堂《ほうおうどう》は10円玉の絵柄《えがら》になっている。

平安《へいあん》文化の美をいまに伝《つた》える

鳳凰堂《ほうおうどう》は、鳳凰(尾《お》の長い空想上の鳥)が翼《つばさ》をひろげたような全体のすがたと、屋根の上の鳳凰のかざりから、その名でよばれるようになりました。阿弥陀如来像《あみだにょらいぞう》がまつられている中堂《ちゅうどう》を中心に、左右と後方の３つの建物が、翼廊《よくろう》とよばれる廊下《ろうか》でつながって、前後左右に広がっています。これらの建物は、屋根の優美《ゆうび》な曲線と調和して、みごとな美しさをつくっています。

中堂の内部には、柱から天井《てんじょう》までほどこされた装飾《そうしょく》、扉《とびら》や壁《かべ》の絵画、頭上にある豪華《ごうか》けんらんな天蓋《てんがい》など、平安《へいあん》文化をいまに伝《つた》える貴重《きちょう》な美術品《びじゅつひん》がたくさんあります。

◆ 平等院《びょうどういん》のおもな文化財《ぶんかざい》

【国宝《こくほう》】
- 鳳凰堂《ほうおうどう》(中堂《ちゅうどう》・両翼廊《りょうよくろう》・尾廊《びろう》) ４棟《とう》
- 阿弥陀如来坐像《あみだにょらいざぞう》
- 雲中供養菩薩像《うんちゅうくようぼさつぞう》
- 木造天蓋《もくぞうてんがい》
- 鳳凰《ほうおう》１対《つい》
- 梵鐘《ぼんしょう》
- 壁扉画《へきひが》 14面

【重要文化財《じゅうようぶんかざい》】
- 観音堂《かんのんどう》
- 十一面観音菩薩立像《じゅういちめんかんのんぼさつりゅうぞう》
- 養林庵書院《ようりんあんしょいん》

● 浄土式庭園《じょうどしきていえん》【史跡《しせき》・名勝《めいしょう》】

浄土式庭園《じょうどしきていえん》は、寺の建物《たてもの》と池によって極楽浄土《ごくらくじょうど》をあらわした庭園です。平等院《びょうどういん》の庭園は、いまに残《のこ》る最古《さいこ》の浄土式庭園で、鳳凰堂《ほうおうどう》の優美《ゆうび》なすがたが池にうつり、幻想的《げんそうてき》な景色《けしき》をつくっています。

豆知識……境内《けいだい》にある平等院《びょうどういん》ミュージアム鳳翔館《ほうしょうかん》では、平等院に伝《つた》わるさまざまな宝物《ほうもつ》などが一堂《いちどう》に展示《てんじ》されています。

平等院《びょうどういん》は藤《ふじ》の花の名所としても知られている。

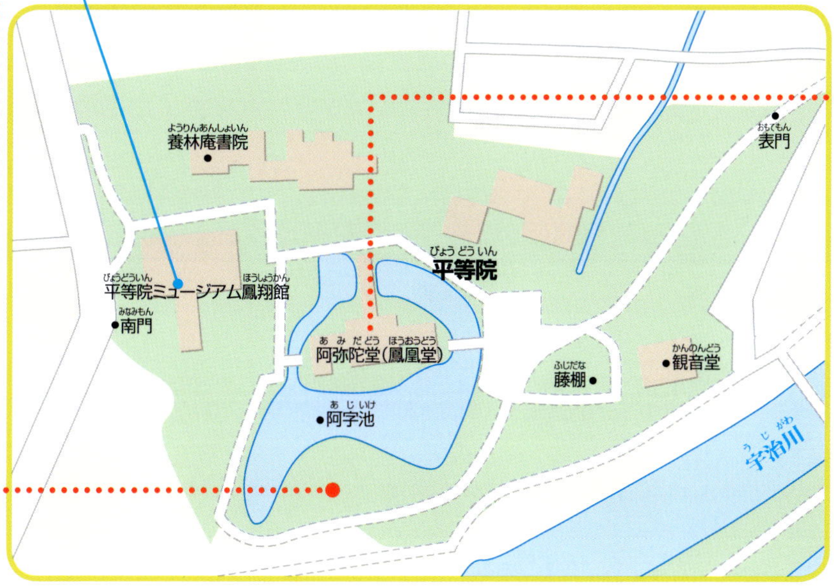

● 中堂《ちゅうどう》と阿弥陀如来坐像《あみだにょらいざぞう》【国宝《こくほう》】

中堂《ちゅうどう》におさめられている阿弥陀如来坐像《あみだにょらいざぞう》は、平安《へいあん》時代のすぐれた仏師《ぶっし》・定朝《じょうちょう》の最高傑作《さいこうけっさく》といわれ、満月《まんげつ》のように完全《かんぜん》な仏像《ぶつぞう》とたたえられる作品です。高さは3m近くあり、中堂の扉《とびら》を開けると、池の対岸からでも顔をおがむことができます。

● 雲中供養菩薩像《うんちゅうくようぼさつぞう》【国宝《こくほう》】

雲中供養菩薩像《うんちゅうくようぼさつぞう》は、阿弥陀如来《あみだにょらい》の周囲《しゅうい》を舞《ま》うように中堂《ちゅうどう》の壁《かべ》にかけられた52体の菩薩《ぼさつ》です。さまざまなすがたで極楽浄土《ごくらくじょうど》をあらわしています。

＊鳳凰堂《ほうおうどう》は平成《へいせい》26年３月31日まで修復《しゅうふく》工事中。

もっと知りたい! 宇治《うじ》と源氏物語《げんじものがたり》

紫式部《むらさきしきぶ》の長編小説《ちょうへんしょうせつ》『源氏物語《げんじものがたり》』は、平安《へいあん》時代中期に、光源氏《ひかるげんじ》を主人公として、京都《きょうと》を舞台《ぶたい》に書かれました。物語の最後《さいご》の部分は、宇治《うじ》がおもな舞台となっています。平安貴族《きぞく》にとって、美しい自然《しぜん》にめぐまれた宇治は、舟遊《ふなあそ》びや紅葉狩《もみじが》りを楽しむ遊びの地でした。現在《げんざい》、平等院《びょうどういん》がある地も、もとは、嵯峨天皇《さがてんのう》の皇子《おうじ》で、光源氏のモデルともいわれる源融《みなもとのとおる》の別荘《べっそう》があったところです。

宇治川《うじがわ》では、現在《げんざい》でも舟《ふね》でのクルージングが人気。

東大寺《とうだいじ》と興福寺《こうふくじ》から名づけられた、大規模《だいきぼ》な禅寺《ぜんでら》

東福寺《とうふくじ》

◆住所：〒605-0981　京都市東山区本町15-778
◆地図：13ページ I-11

室町《むろまち》時代に再建《さいけん》された、日本最古《さいこ》の三門《さんもん》。

京都五山《きょうとござん》のひとつとして繁栄《はんえい》

東福寺《とうふくじ》は、鎌倉《かまくら》時代に摂政《せっしょう》や関白《かんぱく》をつとめた九条道家《くじょうみちいえ》が1255年に完成《かんせい》させ、当時の京都《きょうと》では最大《さいだい》の寺院でした。

寺の名前は、奈良《なら》の「東大寺《とうだいじ》」と「興福寺《こうふくじ》」から一文字ずつがとられ、はじめは高さ15mの大仏《だいぶつ》を本尊《ほんぞん》(→152ページ)としていたので、「新大仏寺《しんだいぶつじ》」ともよばれました。京都五山《きょうとござん》(→150ページ)のひとつとなる禅宗《ぜんしゅう》の寺として栄《さか》えました。

紅葉《こうよう》の名所として名高い通天橋《つうてんきょう》。

広い境内《けいだい》に禅宗《ぜんしゅう》の伽藍《がらん》がならぶ

東福寺《とうふくじ》の建物《たてもの》は、火事で何度も焼《や》けましたが、そのつど、足利《あしかが》家、豊臣《とよとみ》家、徳川《とくがわ》家などの援助《えんじょ》によって再建《さいけん》されました。しかし、1881（明治《めいじ》14）年の火事により、方丈《ほうじょう》(→151ページ)、仏堂《ぶつどう》、法堂《はっとう》などが焼けたため、鎌倉《かまくら》時代や室町《むろまち》時代の建物のうち、残《のこ》されているのは三門《さんもん》や禅堂《ぜんどう》などです。また、境内《けいだい》に25ある塔頭《たっちゅう》(→151ページ)にも、多くの文化財《ぶんかざい》があります。

◆ 東福寺《とうふくじ》のおもな文化財《ぶんかざい》

【国宝《こくほう》】

●三門《さんもん》 ●絹本著色《けんぽんちゃくしょく》無準師範像《ぶしゅんしぱんぞう》
●絹本墨書《けんぽんぼくしょ》無準師範墨蹟《ぶじゅんしぱんぼくせき》円爾印可状《えんにいんかじょう》 ●塔頭《たっちゅう》・龍吟庵《りょうぎんあん》の方丈《ほうじょう》

【重要文化財《じゅうようぶんかざい》】

●六波羅門《ろくはらもん》 ●浴室《よくしつ》 ●東司《とうす》 ●禅堂《ぜんどう》 ●偃月橋《えんげつきょう》 ●三聖寺愛染堂《さんしょうじあいぜんどう》
●月下門《げっかもん》 ●仁王門《におうもん》 ●絹本著色五百羅漢図《けんぽんちゃくしょくごひゃくらかんず》 45幅《ふく》 伝明兆筆《でんみんちょうひつ》
●絹本著色釈迦三尊像《けんぽんちゃくしょくしゃかさんぞんぞう》 ●木造釈迦如来《もくぞうしゃかにょらい》及《およ》び迦葉阿難立像《かしょうあなんりゅうぞう》(仏殿本尊《ぶつでんほんぞん》)
●聖一国師墨蹟《しょういちこくしぼくせき》 遺偈《ゆいげ》 弘安三年十月十七日《こうあんさんねんじゅうがつじゅうしちにち》　その他多数

● 常楽庵《じょうらくあん》（開山堂《かいさんどう》）【重要文化財《じゅうようぶんかざい》】

東福寺《とうふくじ》の初代住職《しょだいじゅうしょく》（開山《かいさん》）・聖一国師《しょういちこくし》をまつっています。屋上にある楼《ろう》閣《かく》は「伝衣閣《でんねかく》」といい、金閣《きんかく》・銀閣《ぎんかく》・飛雲閣《ひうんかく》（西本願寺《にしほんがんじ》）・呑湖閣《どんこかく》（大徳寺《だいとくじ》芳春院《ほうしゅんいん》）とともに「京の五閣《ごかく》」とよばれ、江戸《えど》時代の再建《さいけん》です。

豆知識……境内《けいだい》を流れる三ノ橋川《さんのはしがわ》には、東から西に、偃《えん》月橋《げつきょう》（重要文化財《じゅうようぶんかざい》）・通天橋《つうてんきょう》・臥雲橋《がうんきょう》と３つの橋がかかっていて、「東福寺《とうふくじ》３名橋」とよばれています。このうち、通天橋は京都《きょうと》でも指おりの紅葉《こうよう》の名所として知られています。

● 浴室《よくしつ》【重要文化財《じゅうようぶんかざい》】

1459年ごろに建《た》てられた、湯船《ゆぶね》に入らない方式のむし風呂《ぶろ》です。奈良《なら》の東大寺《とうだいじ》にある「大湯屋《おおゆや》」に次いで古く、京都《きょうと》では最古《さいこ》の浴室《よくしつ》です。禅宗《ぜんしゅう》では、入浴《にゅうよく》も修行《しゅぎょう》のひとつで、作《さ》法《ほう》をきびしく守る必要《ひつよう》がありました。

● 三門《さんもん》【国宝《こくほう》】(左ページ上写真)

室町《むろまち》時代はじめに再建《さいけん》されました。禅宗《ぜんしゅう》寺院の三門《さんもん》(→150ページ)としては、最古《さいこ》で最大の門で、正面の幅《はば》は約《やく》25m、高さは約22mあります。

● 方丈《ほうじょう》庭園（八相《はっそう》の庭《にわ》）

明治《めいじ》時代に再建《さいけん》された方丈《ほうじょう》の四方を取りまく東西南北４つの庭園は「八相《はっそう》の庭《にわ》」とよばれ、1939（昭和《しょうわ》14）年につくられました。それぞれことなったふんいきのある、近代的《きんだいてき》な枯山水《かれさんすい》の庭園です。

もっと知りたい！ 「百雪隠《ひゃくせっちん》」とよばれた東司《とうす》

禅宗《ぜんしゅう》では便所《べんじょ》のことを東司《とうす》といい、東福寺《とうふくじ》の東司は規模《きぼ》が大きく、便壺《べんつぼ》がたくさんあるので「百雪隠《ひゃくせっちん》」ともよばれました。室町《むろまち》時代前期に建《た》てられ、現存《げんそん》する東司のなかでは、最古《さいこ》で最大です。内部はむかしとはことなりますが、通路をはさんで両側《りょうがわ》に壺がうめこまれています。用便《ようべん》も禅の修行《しゅぎょう》のひとつで、作法《さほう》どおりにおこなっていたといわれます。

秀吉《ひでよし》の「醍醐《だいご》の花見」で有名

醍醐寺《だいごじ》

◆住所：〒601-1325　京都市伏見区醍醐東大路町22

◆地図：13ページ M-13

★**世界遺産**

桃山《ももやま》時代のはなやかさを伝《つた》える三宝院表書院《さんぼういんおもてしょいん》。

豊臣秀吉《とよとみひでよし》が復興《ふっこう》

醍醐寺《だいごじ》は、平安《へいあん》時代前期の874年に、理源大師聖宝《りげんだいししょうぼう》が、醍醐山上（上醍醐《かみだいご》）に２体の観音菩薩《かんのんぼさつ》をまつったことにはじまります。その後、上醍醐だけでなく、山のふもと（下醍醐《しもだいご》）にも、多くの建物《たてもの》が建《た》てられました。

応仁《おうにん》の乱《らん》（1467～1477年）の戦火によって、多くが焼失《しょうしつ》しましたが、豊臣秀吉《とよとみひでよし》の「醍醐《だいご》の花見」にあわせて建物や庭園の修理《しゅうり》や再建《さいけん》が進められ、寺はふたたび栄《さか》えました。醍醐山に広大な敷地《しきち》をもつ大寺院です。

数多くの文化財《ぶんかざい》がいまに残《のこ》る

下醍醐《しもだいご》の五重塔《ごじゅうのとう》（国宝《こくほう》）は、創建時《そうけんじ》から残《のこ》るただひとつの建物《たてもの》で、京都《きょうと》府でもっとも古い木造建築《もくぞうけんちく》です。醍醐寺《だいごじ》の中心となる三宝院《さんぼういん》には、庭園を見わたせる寝殿造《しんでんづくり》の表書院《おもてしょいん》（国宝《こくほう》）や唐門《からもん》など、桃山《ももやま》時代の華麗《かれい》な建築が十数棟《むね》つらなり、みごとなふすま絵もたくさんあります。

醍醐寺には多くの文化財《ぶんかざい》があり、国宝に指定されているものが41件《けん》、重要文化財《じゅうようぶんかざい》は３万9362件にのぼります。貴重《きちょう》な文化財の多くは、霊宝館《れいほうかん》に保存《ほぞん》・展示《てんじ》されています。

◆ 醍醐寺《だいごじ》のおもな文化財《ぶんかざい》

【国宝《こくほう》】
●五重塔《ごじゅうのとう》 ●金堂《こんどう》 ●三宝院唐門《さんぼういんからもん》 ●三宝院表書院《さんぼういんおもてしょいん》 ●薬師堂《やくしどう》 ●清瀧宮拝殿《せいりゅうぐうはいでん》 ●薬師如来及両脇侍像《やくしにょらいおよびりょうきょうじぞう》
●五大尊像《ごだいそんぞう》 ●文殊渡海図《もんじゅとかいず》 ●閻魔天像《えんまてんぞう》 ●訶梨帝母像《かりていもぞう》 ●絵因果経《えいんがきょう》 ●大日経開題《だいにちきょうかいだい》 ●狸毛筆奉献表《りもうひつほうけんひょう》
●後宇多天皇宸翰当流紹隆教誡《ごうだてんのうしんかんとうりゅうしょうりゅうきょうかい》 ●後醍醐天皇宸翰天長印信《ごだいごてんのうしんかんてんちょういんじん》　その他多数

【重要文化財《じゅうようぶんかざい》】
●清瀧宮本殿《せいりゅうぐうほんでん》 ●三宝院勅使の間《さんぼういんちょくしのま》 ●三宝院奥宸殿内部《さんぼういんおくしんでんないぶ》 ●開山堂《かいさんどう》 ●如意輪堂《にょいりんどう》 ●薬師如来坐像《やくしにょらいざぞう》 ●阿弥陀如来坐像《あみだにょらいざぞう》
●弥勒菩薩坐像《みろくぼさつざぞう》 ●千手観音立像《せんじゅかんのんりゅうぞう》 ●聖観音立像《しょうかんのんりゅうぞう》 ●如意輪観音坐像《にょいりんかんのんざぞう》 ●不動明王坐像《ふどうみょうおうざぞう》 ●五大明王像《ごだいみょうおうぞう》 ●地蔵菩薩像《じぞうぼさつぞう》　その他多数

開山堂《かいさんどう》【重要文化財《じゅうようぶんかざい》】

醍醐寺《だいごじ》を開いた理源大師《りげんだいし》の像《ぞう》が安置《あんち》されています。いまのお堂《どう》は、1606年に豊臣秀吉《とよとみひでよし》の息子《むすこ》、秀頼《ひでより》によって再建《さいけん》されました。

清瀧宮拝殿《せいりゅうぐうはいでん》【国宝《こくほう》】

上醍醐《かみだいご》の清瀧宮拝殿《せいりゅうぐうはいでん》は、室町《むろまち》時代に建《た》てられました。貴族《きぞく》の住宅《じゅうたく》の建て方をいかしています。山をわずかに切りひらき、がけに前面がさしかかるようなつくりとなっています。

薬師堂《やくしどう》【国宝《こくほう》】

上醍醐《かみだいご》の薬師堂《やくしどう》は、醍醐《だいご》天皇《てんのう》によって907年ごろに建《た》てられ、いまの建物は1121年から５年をかけて再建《さいけん》されたものです。

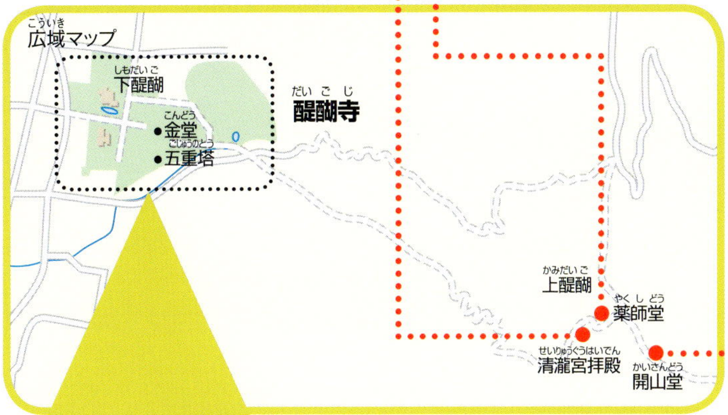

五重塔《ごじゅうのとう》【国宝《こくほう》】

醍醐天皇《だいごてんのう》をとむらうために建《た》てられました。内部には国宝《こくほう》の壁画《へきが》18面がえがかれています。

豆知識……三宝院《さんぼういん》の庭園（特別《とくべつ》史跡《しせき》・特別名勝）は、「醍醐《だいご》の花見」のとき、秀吉《ひでよし》自身が設計《せっけい》したといわれる桃山《ももやま》時代を代表する庭園です。

もっと知りたい！ 醍醐《だいご》の花見

1598年３月15日、豊臣秀吉《とよとみひでよし》は醍醐寺《だいごじ》で盛大《せいだい》な花見をもよおしました。有名な「醍醐《だいご》の花見」です。そのために１年前から徐《じょ》じょに境内《けいだい》を整《せい》備《び》して、上醍醐《かみだいご》への道に桜《さくら》700本が植えられました。集まった人びとは、満開《まんかい》の桜とはなやかなうたげに酔《よ》いしれたといいます。

「醍醐《だいご》の花見行列」。

金堂《こんどう》【国宝《こくほう》】

現在《げんざい》の金堂《こんどう》は、豊臣秀吉《とよとみひでよし》の命令《めいれい》によって、紀伊国《きいのくに》（いまの和歌山《わかやま》県）にあった平安《へいあん》時代の満願寺本堂《まんがんじほんどう》が移築《いちく》されたもので、本尊《ほんぞん》の薬師如《やくしにょ》来坐像《らいざぞう》（重要文化財《じゅうようぶんかざい》）などがおさめられています。移築が終わったのは、秀吉の没後《ぼつご》の1600年のことでした。

朱《しゅ》の鳥居《とりい》と社殿《しゃでん》が、緑の稲荷山《いなりさん》にはえる

伏見稲荷大社《ふしみいなりたいしゃ》

◆住所：〒612-0882 京都市伏見区深草藪之内町68

◆地図：13ページ I-12

★**世界遺産**

豊臣秀吉《とよとみひでよし》が寄進《きしん》した楼門《ろうもん》を、神の使いの狐《きつね》の像《ぞう》が見守る。

「おいなりさん」の総本宮《そうほんぐう》

伏見稲荷大社《ふしみいなりたいしゃ》は、奈良《なら》時代の711年に渡来人《とらいじん》の秦伊呂具《はたのいろぐ》が、稲荷山《いなりさん》の三ヶ峰《みつがみね》に神をまつったのがはじまりとされています。平安《へいあん》時代には、空海《くうかい》が東寺《とうじ》(→20ページ)の五重塔《ごじゅうのとう》を建《た》てるとき、稲荷山の神木《しんぼく》を伐《き》ったことから関係《かんけい》がはじまり、伏見稲荷大社は東寺の守り神となりました。

もとは豊作《ほうさく》を祈《いの》る農耕《のうこう》の神でしたが、そのご利益《りやく》は全国に広まり、武士《ぶし》から町人へと広く信仰《しんこう》されるようになり、「おいなりさん」とよばれ、親しまれました。

全国に3万あるといわれる稲荷神社の総本宮《そうほんぐう》として、いまも多くの参詣《さんけい》者を集めています。

はなやかで重厚《じゅうこう》な社殿《しゃでん》

標高《ひょうこう》233mの稲荷山《いなりさん》は、京都盆地《きょうとぼんち》の東側《ひがしがわ》に連《つら》なる「東山《ひがしやま》三十六峰《さんじゅうろっぽう》」の最南端《さいなんたん》にあり、古くから山そのものが神としてうやまわれてきました。稲荷山頂上《いなりさんちょうじょう》にある一ノ峰《いちのみね》上社まで、参道《さんどう》に建《た》てられた鳥居《とりい》やほこらをめぐる「お山めぐり」をする人がたくさんいます。その稲荷山を背景《はいけい》に、楼門《ろうもん》、外拝殿《げはいでん》、内拝殿《ないはいでん》、本殿《ほんでん》が立ちならび、稲荷塗《いなりぬ》りといわれる明るい朱色《しゅいろ》の本殿《ほんでん》がはえ、稲荷神社の総本宮《そうほんぐう》にふさわしい、はなやかさと重厚《じゅうこう》さをかねそなえています。

◆ 伏見稲荷大社《ふしみいなりたいしゃ》のおもな文化財《ぶんかざい》

【重要文化財《じゅうようぶんかざい》】 ●本殿《ほんでん》 ●御茶屋《おちゃや》

外拝殿《げはいでん》

本殿《ほんでん》手前に位置《いち》し、1839年に改築《かいちく》されています。軒先《のきさき》には、12基《き》の釣灯籠《つりとうろう》が下げられています。

御茶屋《おちゃや》【重要文化財《じゅうようぶんかざい》】

本殿《ほんでん》の南にある御茶屋《おちゃや》は、江戸《えど》時代はじめの1641年、後《ご》水尾上《みずのおじょう》皇《こう》より御所《ごしょ》の古御殿《こごてん》の一部を拝領《はいりょう》した建物《たてもの》です。書《しょ》院造《いんづくり》(→150ページ)が数寄屋造《すきやづくり》(茶室《ちゃしつ》の様式《ようしき》を取りいれた建築《けんちく》)へと変化《へんか》していく過程《かてい》を示《しめ》す貴重《きちょう》な建物です。

内拝殿《ないはいでん》

向拝《こうはい》とよばれる「ひさし」のはりだした部分がある、おごそかな建物《たてもの》です。向拝は、1961(昭和《しょうわ》36)年に、本殿《ほんでん》から内拝殿《ないはいでん》につけかえられたものです。

本殿《ほんでん》【重要文化財《じゅうようぶんかざい》】

応仁《おうにん》の乱《らん》のあと、1499年に再興《さいこう》されました。檜皮葺《ひわだぶき》(→151ページ)の建物《たてもの》です。周囲《しゅうい》は朱色《しゅいろ》の高欄《こうらん》(てすり)で囲《かこ》まれていて、本殿《ほんでん》の屋根が拝殿《はいでん》(→151ページ)の方向にのびているのが特徴《とくちょう》です。「稲荷造《いなりづくり》」ともよばれます。

楼門《ろうもん》(左ページ上写真)

豊臣秀吉《とよとみひでよし》が、母の病気の回復《かいふく》を祈《いの》って1589年に寄進《きしん》しました。楼門《ろうもん》の前には、稲荷神《いなりがみ》の使いとされる狐《きつね》の像《ぞう》があります。

もっと知りたい! 朱《しゅ》のトンネル「千本鳥居《せんぼんとりい》」

本殿背後《ほんでんはいご》から奥社《おくしゃ》までつづく参道《さんどう》は、高さ2mほどの朱《しゅ》の鳥居《とりい》がすき間《ま》なくびっしりと立ちならび、トンネルのようになっています。これを「千本鳥居《せんぼんとりい》」といいます。これらは、祈《いの》りの気持ちをこめて、あるいは願《ねが》いごとがかなったお礼として、江戸《えど》時代以降《いこう》に奉納《ほうのう》された鳥居です。

稲荷山山頂《いなりさんさんちょう》までの「お山めぐり」の山道《さんどう》にも鳥居《とりい》は立ちならび、山全体では約《やく》1万基《き》あるといわれている。

おもしろ情報

むかしへタイムスリップする 京都《きょうと》・奈良《なら》の伝統《でんとう》行事

1000年をこえる歴史《れきし》をもつ京都《きょうと》・奈良《なら》では、絶《た》えることなくつづけられてきた祭りなどの伝統《でんとう》行事がたくさんあります。これらを通じて、むかしの装束《しょうぞく》や文化、風習などにふれることができます。

日本三大祭の1つにも数えられる祇園祭《ぎおんまつり》。

●京都《きょうと》三大祭り

京都《きょうと》では、毎日どこかで祭りや行事がおこなわれるといわれています。なかでもとくに有名なのが、次の３つの祭りです。

■葵祭《あおいまつり》(5月15日)

上賀茂神社《かみがもじんじゃ》と下鴨神社《しもがもじんじゃ》の例祭《れいさい》で、平安《へいあん》時代の衣装《いしょう》や冠《かんむり》、牛車《ぎっしゃ》を葵《あおい》の葉でかざり、平安時代の王朝絵巻《おうちょうえまき》を再《さい》現《げん》したはなやかな行列で知られます。京都御所《きょうとごしょ》を出発《しゅっぱつ》し、下鴨神社をへて、上賀茂神社までねり歩きます。

かつては「賀茂祭《かもまつり》」といい、平安時代には「祭り」といえばこの賀茂祭をさすほど、盛大《せいだい》におこなわれていました。

平安《へいあん》時代の衣装《いしょう》を着た行列で知られる葵祭《あおいまつり》。

■祇園祭《ぎおんまつり》(7月1日～31日)

９世紀《せいき》の中ごろ、疫病《えきびょう》を追いはらうためにはじまった八坂神社《やさかじんじゃ》のお祭りで、京都《きょうと》に夏の訪《おとず》れを告《つ》げます。市内各所《かくしょ》に33の山鉾《やまぼこ》(写真右上)が立てられ、７月17日には、おはやしとともに山鉾が市内をめぐります。

山鉾巡行《じゅんこう》は重要無形民俗文化財《じゅうようむけいみんぞくぶんかざい》に、山鉾のうち29基《き》は重要有形民俗文化財に指定され、2009(平成《へいせい》21)年にはユネスコの世界無形文化遺産《せかいむけいぶんかいさん》に登録《とうろく》されました。

もっと知りたい!

日本の「心」を伝《つた》える 京都《きょうと》の伝統《でんとう》文化

■茶道《ちゃどう》

鎌倉《かまくら》時代に禅僧《ぜんそう》が唐《とう》(中国)からもちかえった抹茶《まっちゃ》がひろまり、安土桃山《あづちももやま》時代に、千利休《せんのりきゅう》が作法《さほう》を完成《かんせい》させました。日本独特《どくとく》の「わび・さび」とよばれる美意識《びいしき》は、茶の精神《せいしん》をとおしてひろまっていきました。京《きょう》都《と》には、裏千家《うらせんけ》、表千家《おもてせんけ》、藪内家《やぶのうちけ》の３つの家元《いえもと》があります。

■華道《かどう》

京都《きょうと》市中京《なかぎょう》区の烏丸御池《からすまおいけ》近くの六角堂《ろっかくどう》が、生け花発祥《はっしょう》の地といわれます。花をかざる習慣《しゅうかん》は古くからありましたが、室町《むろまち》時代になって、書院造《しょいんづくり》の住居《じゅうきょ》の床《とこ》の間《ま》に、一定の決まりのもとでかざられるようになり、華道《かどう》として確立《かくりつ》されました。

■香道《こうどう》

仏教《ぶっきょう》とともに中国から香木《こうぼく》(よい香《かお》りのする木)が伝《つた》わり、やがて平安貴族《へいあんきぞく》のあいだで、香《こう》をたく習慣《しゅうかん》がうまれました。室町《むろまち》時代に完成《かんせい》した香道《こうどう》では、香りを「聞く」といい、かぐだけではなく、なんの香りかを当てることも楽しみます。

時代祭《じだいまつり》(10月22日)

平安京遷都《へいあんきょうせんと》1100年を記念《きねん》して創建《そうけん》された平安神宮《へいあんじんぐう》の祭りで、1895(明治《めいじ》28)年にはじまりました。

平安時代から明治維新《めいじいしん》までの各《かく》時代の衣装《いしょう》を身にまとった2000人ほどの人びとが、2kmにわたって行列をつくって市内を行進し、豪華《ごうか》な時代絵巻《えまき》のような光景《こうけい》がくりひろげられます。祭りのおこなわれる10月22日は、桓武天皇《かんむてんのう》が長岡京《ながおかきょう》から平安京に都を移《うつ》した日とされています。

各《かく》時代の衣装《いしょう》を着た行列が通る時代祭《じだいまつり》。

もっと知りたい!

京都《きょうと》でうまれた日本の伝統芸能《でんとうげいのう》

能楽《のうがく》

南北朝《なんぼくちょう》時代から室町《むろまち》時代にかけて、観阿弥《かんあみ》・世阿弥《ぜあみ》親子によって大成《たいせい》された、能面《のうめん》をつけて舞《ま》い歌う音楽劇《おんがくげき》です。京都《きょうと》には能専用《のうせんよう》の舞台《ぶたい》がたくさんあります。

狂言《きょうげん》

能《のう》と同じころにうまれた演劇《えんげき》で、能の合間に演《えん》じられます。静《しず》かで感情《かんじょう》をおさえた能とは対照的《たいしょうてき》に、笑《わら》いを誘《さそ》うもので、庶民《しょみん》に親しまれています。

歌舞伎《かぶき》

江戸《えど》時代の初期《しょき》に、出雲《いずも》の阿《お》国《くに》が京都《きょうと》の鴨川《かもがわ》の河原《かわら》で演《えん》じた踊《おど》りがはじまりとされ、大衆《たいしゅう》が楽しむ劇《げき》に発展《はってん》しました。いま、鴨川のほとりには、阿国の像《ぞう》が立っています。

京都《きょうと》市の四条大橋《しじょうおおはし》にある出雲《いずも》の阿国《おくに》の像《ぞう》。

日本舞踊《ぶよう》

歌舞伎《かぶき》の踊《おど》りから発展《はってん》した優美《ゆうび》な踊りです。男性《だんせい》だけで演《えん》じる歌舞伎とはことなり、女性が中心に演じます。

奈良《なら》の主要伝統《しゅようでんとう》行事

古くから仏教《ぶっきょう》が栄《さか》え、寺院が多い奈良《なら》では、仏教に関係《かんけい》する行事が多いのが特徴《とくちょう》です。

若草山焼《わかくさやまや》き(1月の第4土曜日)

若草山《わかくさやま》全体をおおう芝《しば》に火をつけ、燃《も》やす行事です。炎《ほのお》につつまれた若草山が、花火とともに冬の夜空にうかびあがります。

奈良《なら》の冬の恒例《こうれい》行事、若草山焼《わかくさやまや》き。

修二会《しゅにえ》(3月1日〜14日)

東大寺《とうだいじ》の二月堂《にがつどう》でおこなわれる仏教《ぶっきょう》行事で通称《つうしょう》「お水《みず》取《と》り」といいます。752年にはじまってから、絶《た》えることなくつづけられています。

行事の中心は、境内《けいだい》の井戸《いど》からお香水《こうずい》とよばれる水をくみ、観音像《かんのんぞう》にそなえる儀式《ぎしき》です。毎晩《まいばん》おこなわれる「お松明《たいまつ》」では、長さ6mの大きな松明がふりまわされ、はなやかに火の粉《こ》が舞《ま》います。

奈良《なら》に春をよぶといわれる行事、お水取《みずと》り。

春日若宮《かすがわかみや》おん祭《まつ》り(12月15日〜18日)

春日大社《かすがたいしゃ》の摂社《せっしゃ》(本社に付属《ふぞく》する神社)の若宮神社《わかみやじんじゃ》でおこなわれる例祭《れいさい》で、豊作《ほうさく》と国の安定を祈願《きがん》し、平安《へいあん》時代後期にはじまりました。

12月17日には、むかしの装束《しょうぞく》を身につけた人びとが市内をねり歩く「お渡《わた》り式《しき》」という時代行列が通ります。

見てみよう！

奈良《なら》

倭《やまと》は　国のまほろば
　　　たたなづく　青垣《あおがき》
　山隠《やまこも》れる　倭《やまと》しうるはし
　　　　　　倭建命《やまとたけるのみこと》（『古事記』より）

「まほろば」とは、「よいところ」「住みやすい場所」という意味です。倭《やまと》は奈良《なら》の古い名前で、倭建命《やまとたけるのみこと》は、自分のふるさとがどんなにすばらしいところであるかを歌っています。奈良は、まさに日本の「ふるさと」といえます。

歴史《れきし》　大規模《だいきぼ》な都　平城京《へいじょうきょう》の誕生《たんじょう》

奈良《なら》県には多くの古墳《こふん》があります。古代から開けた土地で、6世紀《せいき》に仏教《ぶっきょう》が伝来《でんらい》してからは、大寺院が次つぎと建《た》てられました。聖徳太子《しょうとくたいし》が活躍《かつやく》したのもこの時代です。そして、710年には、唐《とう》の都・長安《ちょうあん》（現在《げんざい》の中国の西安《シーアン》）にならって、都市計画のもと、東西南北が碁盤《ごばん》の目のように区画された平城京《へいじょうきょう》が建設《けんせつ》されました。奈良時代のはじまりです。

飛鳥《あすか》にあった大寺院も平城京に移《うつ》され、
「青丹《あおに》よし　奈良の都は　咲《さ》く花の　にほふ《(におう)》がごとく
今盛《さか》りなり」小野老《おののおゆ》（『万葉集《まんようしゅう》』）
と歌われるほど栄《さか》えました。

1300年前に都があった奈良《なら》は日本のふるさと

文化

仏教《ぶっきょう》とともに伝《つた》わった大陸《たいりく》からの文化

聖徳太子《しょうとくたいし》は、仏教《ぶっきょう》にもとづいた国づくりをおこなおうとしました。国の制度《せいど》(冠位十二階《かんいじゅうにかい》)や十七条《じゅうしちじょう》の憲法《けんぽう》を定め、法隆寺《ほうりゅうじ》など多くの寺院を建《た》てました。朝鮮《ちょうせん》半島から渡来人《とらいじん》を受けいれ、建築《けんちく》などの技術《ぎじゅつ》や文化が伝《つた》わりました。また、遣唐使《けんとうし》とともに唐に渡《わた》った留学生《りゅうがくせい》や学問僧《そう》が、すぐれた学術《がくじゅつ》や文化をもちかえりました。

京都《きょうと》の平安京《へいあんきょう》に都がうつると、平城京《へいじょうきょう》はさびれましたが、東大寺《とうだいじ》や春日大社《かすがたいしゃ》などへのおまいりでにぎわい、筆《ふで》や墨《すみ》などの伝統工芸品《でんとうこうげいひん》がさかんにつくられました。

文化財《ぶんかざい》

日本で指折《ゆびお》りの文化財《ぶんかざい》の宝庫《ほうこ》

奈良県《ならけん》には、「法隆寺《ほうりゅうじ》地域《ちいき》の仏教建造物《ぶっきょうけんぞうぶつ》」(1993年登録《とうろく》)、「古都奈良《なら》の文化財《ぶんかざい》」(1998年登録)、「紀《き》伊《い》山地の霊場《れいじょう》と参詣道《さんけいみち》」(2004年登録)の3つの世界遺産《いさん》(文化遺産)があり、これは日本で最多《さいた》です。国《こく》宝《ほう》の建造物《けんぞうぶつ》と特別史跡《とくべつしせき》も日本最多、国宝美術工芸品《びじゅつこうげいひん》は東京《とうきょう》と京都《きょうと》に次いで3番目に多く、文字どおり文化財の宝庫《ほうこ》です。

京都では書画や庭園などの文化財が多いのにくらべ、奈良では建造物や仏像《ぶつぞう》を中心とした文化財が多いのが特徴《とくちょう》です。

奈良《なら》広域《こういき》地図

奈良《なら》駅周辺《しゅうへん》地図

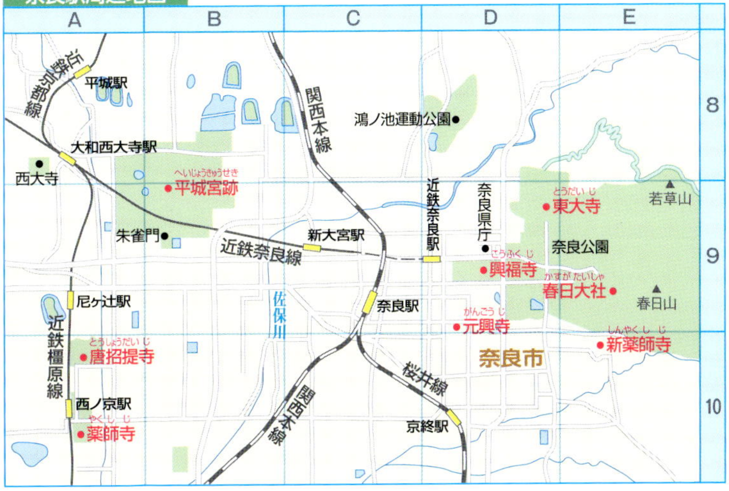

もっと知りたい!

奈良《なら》の文化財《ぶんかざい》の基礎知識《きそちしき》が学べる奈良国立博物館《ならこくりつはくぶつかん》

奈良《なら》公園の中にあり、社寺から寄託《きたく》された仏像《ぶつぞう》や絵画などの仏教美術《ぶっきょうびじゅつ》をたくさん収蔵《しゅうぞう》・展示《てんじ》しています。国宝《こくほう》や重要文化財《じゅうようぶんかざい》も数多くあります。また、正倉院《しょうそういん》に保管《ほかん》されている宝物《ほうもつ》を展示する「正倉院展《てん》」も、ここで開かれます。明治《めいじ》時代に建《た》てられた「なら仏像館」は、建物自体が重要文化財《じゅうようぶんかざい》です。

奈良国立博物館《ならこくりつはくぶつかん》なら仏像館《ぶつぞうかん》。

「大仏《だいぶつ》さん」で知られる、奈良《なら》を代表する寺院

東大寺《とうだいじ》

◆住所：〒630-8587 奈良市雑司町406-1
◆地図：81ページ D-1(上地図)、D-9(下地図)
★世界遺産

写真：矢野建彦

世界最大級《さいだいきゅう》の木造建築《もくぞうけんちく》である金堂《こんどう》(大仏殿《だいぶつでん》)。

国をあげての大工事

奈良《なら》時代のはじめ、伝染《でんせん》病の流行や貴族《きぞく》の反乱《はんらん》、天災《てんさい》などがあいつぎ、社会に不安《ふあん》がひろがりました。聖武天皇《しょうむてんのう》は、仏教《ぶっきょう》で国を安定させるため、全国に国分寺《こくぶんじ》と国分尼寺《こくぶんにじ》を建《た》て、奈良に総本山《そうほんざん》としての東大寺《とうだいじ》と大仏《だいぶつ》をつくるよう命令《めいれい》しました。

当時の高僧《こうそう》・行基《ぎょうき》は全国をまわって大仏造立《ぞうりゅう》の意味を説《と》き、人手《ひとで》や物資《ぶっし》を集めました。大仏が752年に完成《かんせい》したのちも東大寺の工事はつづき、40年近くかかって完成しました。

広い境内《けいだい》は天平《てんぴょう》文化の宝庫《ほうこ》

東大寺《とうだいじ》の境内《けいだい》には、世界最大《さいだい》の大仏《だいぶつ》を安置《あんち》する大仏殿《だいぶつでん》のほか、聖武天皇《しょうむてんのう》や光明皇后《こうみょうこうごう》の愛用品《あいようひん》などを保管《ほかん》する校倉造《あぜくらづくり》(→150ページ)の正倉院《しょうそういん》、日本三名鐘《さんめいしょう》のひとつである鐘楼《しょうろう》、戦《せん》火《か》から焼《や》けのこって、奈良《なら》時代に創建《そうけん》された当時のおもかげを残《のこ》す転害門《てがいもん》など、長い歴史《れきし》が感じられる建物《たてもの》や仏像《ぶつぞう》がたくさんあります。

東大寺におさめられている宝物《ほうもつ》は、貴族《きぞく》たちが唐《とう》(中国)からの文化を取りいれて花ひらいた「天平《てんぴょう》文化」を代表するものです。

◆東大寺《とうだいじ》のおもな文化財《ぶんかざい》

【国宝《こくほう》】
●金堂《こんどう》(大仏殿《だいぶつでん》) ●南大門《なんだいもん》 ●鐘楼《しょうろう》 ●法華堂《ほっけどう》(三月堂《さんがつどう》) ●二月堂《にがつどう》 ●転害門《てがいもん》 ●開山堂《かいさんどう》
●銅造盧舎那仏坐像《どうぞうるしゃなぶつざぞう》(大仏《だいぶつ》) ●乾漆《かんしつ》・木造金剛力士立像《もくぞうこんごうりきしりゅうぞう》 ●乾漆《かんしつ》・木造四天王立像《もくぞうしてんのうりゅうぞう》
●塑造日光菩薩《そぞうにっこうぼさつ》・月光菩薩立像《がっこうぼさつりゅうぞう》 ●梵鐘《ぼんしょう》 ●金銅八角燈籠《こんどうはっかくとうろう》 ●絹本著色倶舎曼荼羅図《けんぽんちゃくしょくくしゃまんだらず》
●花鳥彩絵油色箱《かちょうさいえゆしょくばこ》　その他多数

【重要文化財《じゅうようぶんかざい》】
●中門《ちゅうもん》 ●東西回廊《とうざいかいろう》 ●念仏堂《ねんぶつどう》 ●法華堂経庫《ほっけどうきょうこ》 ●法華堂手水屋《ほっけどうちょうずや》 ●法華堂北門《ほっけどうきたもん》 ●三昧堂《ざんまいどう》(四月堂《しがつどう》) ●大湯屋《おおゆや》
●木造十一面観音立像《もくぞうじゅういちめんかんのんりゅうぞう》 ●木造阿弥陀如来立像《もくぞうあみだにょらいりゅうぞう》・快慶作《かいけいさく》 ●木造千手観音立像《もくぞうせんじゅかんのんりゅうぞう》 ●木造阿弥陀如来坐像《もくぞうあみだにょらいざぞう》
●石造獅子一双《せきぞうししいっそう》 ●真言院梵鐘《しんごんいんぼんしょう》 ●絹本著色華厳海会善知識曼荼羅図《けんぽんちゃくしょくけごんかいえぜんちしきまんだらず》 ●木造舞楽面《もくぞうぶがくめん》 9面　その他多数

金堂《こんどう》(大仏殿《だいぶつでん》)

【国宝《こくほう》】

寄棟造《よせむねづくり》(→7ページ)、大仏《だいぶつ》様《よう》(→7ページ)の世界最大《さいだい》級《きゅう》の木造建築《もくぞうけんちく》です。高さは47m、奥行《おくゆ》きは50m、横幅《はば》は57mです。現在《げんざい》の大仏殿《だいぶつでん》は江戸《えど》時代に再建《さいけん》されたもので、横幅は創《そう》建《けん》されたときの約《やく》3分の2です。

写真:矢野建彦

大仏《だいぶつ》【国宝《こくほう》】

正式名は盧舎那仏《るしゃなぶつ》といい「輝《かがや》くもの」という意味です。752年、開眼供養会《かいげんくようえ》(大仏《だいぶつ》に魂《たましい》を入れる儀式《ぎしき》)がおこなわれました。高さ約《やく》15m、重さは約380tあります。台座《だいざ》(→151ページ)の蓮弁《れんべん》は造《ぞう》営当初《えいとうしょ》からのものです。

豆知識……東大寺《とうだいじ》ミュージアムは、東大寺の教えや歴史《れきし》・文化を発《はっ》信《しん》する東大寺総合《そうごう》文化センターの展示施設《てんじしせつ》として2011（平成《へいせい》23）年に開館。日光《にっこう》・月光菩薩像《がっこうぼさつぞう》などの仏《ぶつ》像《ぞう》や、大仏開眼供養会《だいぶつかいげんくようえ》に使われた伎楽面《ぎがくめん》などを見ることができます。

もっと知りたい!

奈良《なら》公園と鹿《しか》

奈良《なら》公園に約《やく》1300頭いる鹿《しか》は野《や》生《せい》で、国の天然記念物《てんねんきねんぶつ》に指定されています。春日大社《かすがたいしゃ》(→90ページ)の神の使いとされ、むかしは傷《きず》つけると重い罪《つみ》になりました。公園を歩いていると、鹿せんべいをあたえる人たちとふれあうすがたが見られます。

写真:矢野建彦

透《とう》視《し》してみよう！

東大寺《とうだいじ》 金堂《こんどう》（大仏殿《だいぶつでん》）と 盧舎那仏《るしゃなぶつ》（大仏）

大規模《だいきぼ》な事業

大仏《だいぶつ》をつくるために働《はたら》いた人はのべ260万人といわれ、当時の人口の約《やく》40%にあたるといわれています。

柱の穴《あな》

大仏殿《だいぶつでん》の中に、四角い穴《あな》があいている柱があります。この穴は、大仏《だいぶつ》の鼻《はな》の穴の大きさで、くぐると健康《けんこう》になるご利益《りやく》があるといわれています。

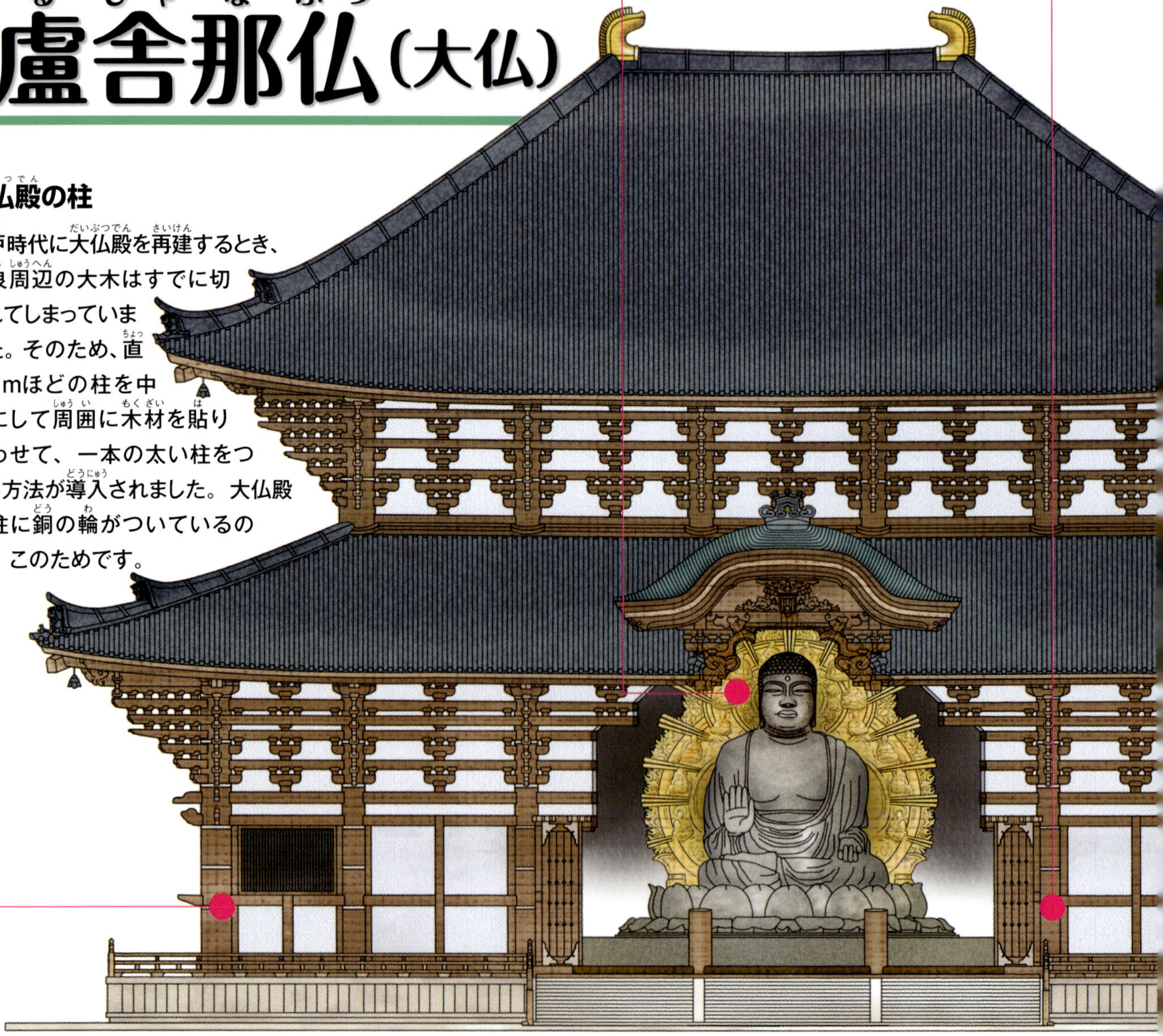

大仏殿《だいぶつでん》の柱

江戸《えど》時代に大仏殿《だいぶつでん》を再建《さいけん》するとき、奈良《なら》周辺《しゅうへん》の大木はすでに切られてしまっていました。そのため、直《ちょっ》径《けい》1mほどの柱を中心にして周囲《しゅうい》に木材《もくざい》を貼《は》りあわせて、一本の太い柱をつくる方法が導入《どうにゅう》されました。大仏殿の柱に銅《どう》の輪《わ》がついているのは、このためです。

螺髪《らほつ》

大仏《だいぶつ》の髪《かみ》は「螺髪《らほつ》」といいます。「螺」とは巻《ま》き貝のことで、ひとつの高さが21㎝、直径《ちょっけい》22㎝くらいで、重さは約《やく》1.2㎏あります。

大仏《だいぶつ》の顔

大仏《だいぶつ》の目の長さと鼻《はな》の幅《はば》は約《やく》1m、口の長さは約1m30㎝、耳の長さは約2m50㎝あります。

大仏《だいぶつ》のてのひら

大仏《だいぶつ》のてのひらには、水かきがあります。水を1てきももらさないように、人びとをもれなく救《すく》ってくれるという意味があるといわれています。

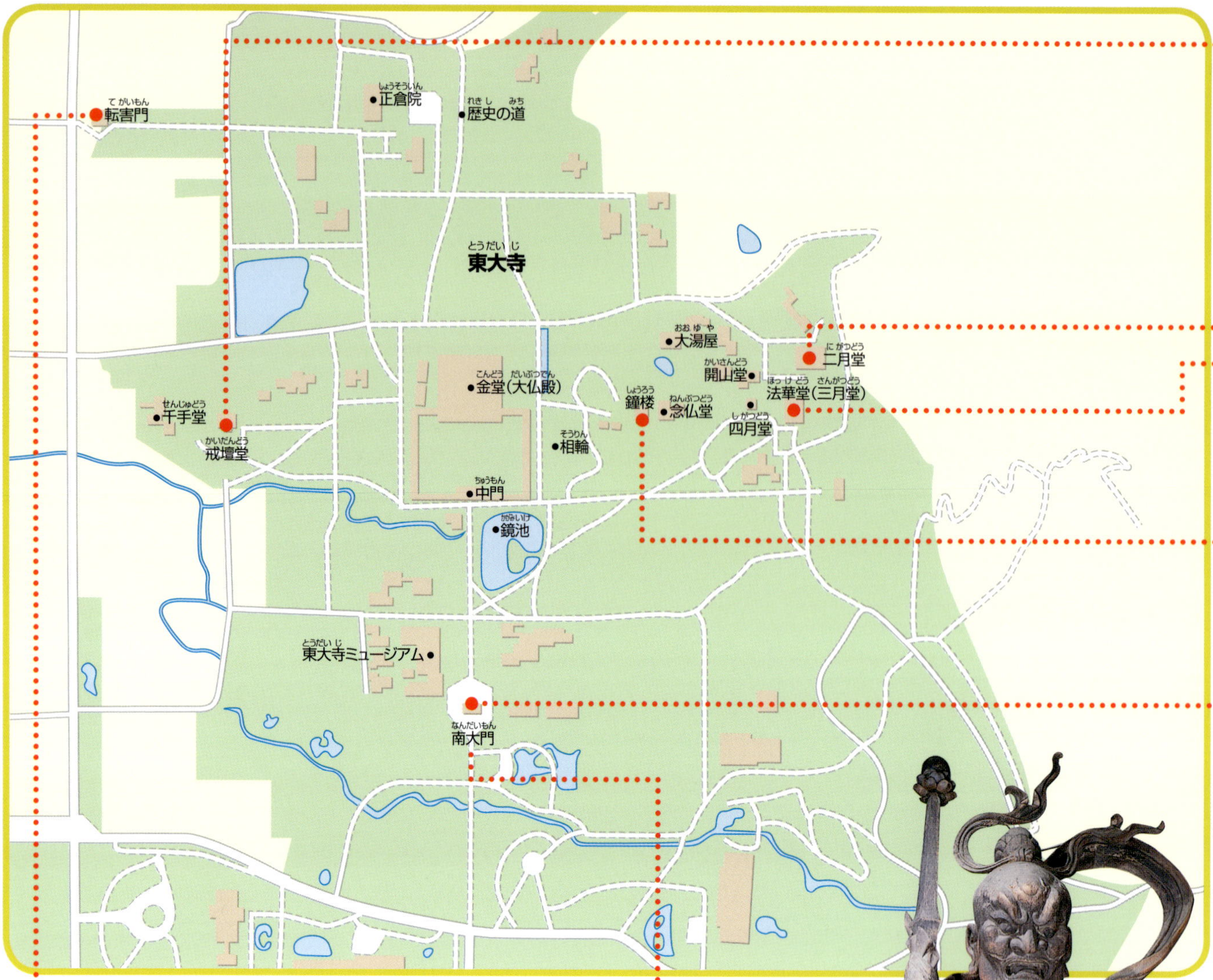

転害門《てがいもん》【国宝《こくほう》】

境内《けいだい》の西北にある転害門《てがいもん》は、たびかさなる戦火《せんか》からも焼《や》けのこった、東大寺《とうだいじ》のなかでも貴重《きちょう》な建物《たてもの》のひとつです。鎌倉《かまくら》時代に修理《しゅうり》されましたが、奈良《なら》時代に東大寺が創建《そうけん》された当時の建築《けんちく》をいまに伝《つた》える建築物です。

金剛力士像《こんごうりきしぞう》【国宝《こくほう》】

南大門《なんだいもん》にあるふたつの像《ぞう》は、口を開いているほうを阿《あ》形《ぎょう》、閉《と》じているほうを吽形《うんぎょう》といい、鎌《かま》倉《くら》時代の名仏師《ぶっし》、運《うん》慶《けい》・快慶《かいけい》らにより69日という短期間でつくられました。どちらもヒノキづくりで、高さは8.4mです。

金剛力士像《こんごうりきしぞう》(阿形《あぎょう》)。

戒壇堂《かいだんどう》

鑑真《がんじん》(→99ページ)が来日した次の年である755年、仏教《ぶっきょう》の教えを受ける正式な場として、建《た》てられました。堂《どう》の中に安置《あんち》された国《こく》宝《ほう》の四天王立像《してんのうりゅうぞう》が有名です。

塑造四天王立像《そぞうしてんのうりゅうぞう》【国宝《こくほう》】

国を支《ささ》える持国天《じこくてん》、勧善懲悪《かんぜんちょうあく》の広目天《こうもくてん》、財宝《ざいほう》を守る多聞天《たもんてん》、五《ご》穀豊穣《こくほうじょう》の増長天《ぞうじょうてん》で、奈良《なら》時代の仏像彫刻《ぶつぞうちょうこく》の最高傑作《さいこうけっさく》です。

法華堂《ほっけどう》(三月堂《さんがつどう》)【国宝《こくほう》】

東大寺《とうだいじ》に残《のこ》る数少ない奈良《なら》時代の建築《けんちく》のひとつで、東大寺で一番古い建物《たてもの》です。中には、不空羂索観音像《ふくうけんさくかんのんぞう》や四天王像《してんのうぞう》、帝釈天《たいしゃくてん》像《ぞう》など天平《てんぴょう》年間の仏像《ぶつぞう》がたくさん置《お》かれています。

＊平成《へいせい》25年5月下旬《げじゅん》から拝観《はいかん》開始予定

鐘楼《しょうろう》【国宝《こくほう》】

鐘楼《しょうろう》は、天平《てんぴょう》年間につくられ、巨大《きょだい》な銅《どう》の鐘《かね》にふさわしいしっかりしたつくりです。鎌倉《かまくら》時代に再建《さいけん》されました。

写真:矢野建彦

写真:矢野建彦

二月堂《にがつどう》【国宝《こくほう》】

懸造《かけづくり》(→150ページ)の二月堂《にがつどう》は、1200年以上《いじょう》ずっとつづいている行事「修二会《しゅにえ》(お水取《みずと》り)」で有名です。本尊《ほんぞん》の十一面観音《じゅういちめんかんのん》は、だれも見ることのできない秘仏《ひぶつ》とされています。

もっと知りたい!

正倉院《しょうそういん》の宝物《ほうもつ》を守った先人の知恵《ちえ》

正倉院《しょうそういん》には、聖武天皇《しょうむてんのう》の遺品《いひん》などの宝物《ほうもつ》がおさめられています。高床式《たかゆかしき》で、三角形の材木《ざいもく》を積《つ》みあげるように組む校倉造《あぜくらづくり》(→150ページ)です。宝物がとてもよい状態《じょうたい》で残《のこ》っているのは、正倉院がやや小高い場所に巨大《きょだい》なヒノキを材料《ざいりょう》にして建《た》てられていて、床下《ゆかした》が高いことから、宝物を湿気《しっけ》や虫から守る効果《こうか》もあったためだといわれています。

金剛力士像《こんごうりきしぞう》(吽形《うんぎょう》)。

南大門《なんだいもん》【国宝《こくほう》】

南大門《なんだいもん》は、東大寺《とうだいじ》の正面に立つ日本で最大級《さいだいきゅう》の山門《さんもん》(→150ページ)で、鎌倉《かまくら》時代に再《さい》建《けん》されました。門の中には、金剛力士像《こんごうりきしぞう》と背中《せなか》あわせに宋《そう》(中国)の石工《せっこう》がつくったという石造獅子《せきぞうしし》(重要文化財《じゅうようぶんかざい》)があります。

写真提供:奈良市観光協会

藤原《ふじわら》一族のための寺は、仏像彫刻《ぶつぞうちょうこく》の宝庫《ほうこ》

興福寺《こうふくじ》

- 住所：〒630-8213　奈良市登大路町48
- 地図：81ページ D-2（上地図）、D-9（下地図）
- ★世界遺産

東金堂《とうこんどう》（左）と、京都《きょうと》の東寺《とうじ》に次ぐ、高さ約《やく》50mの五重塔《ごじゅうのとう》（右）。

波乱《はらん》の歴史《れきし》を乗りこえて

興福寺《こうふくじ》は、藤原鎌足《ふじわらのかまたり》の妻《つま》である鏡女王《かがみのおおきみ》が669年に建《た》てた山階寺《やましなでら》がはじまりです。710年、鎌足の子・不比等《ふひと》がいまの場所に移転《いてん》して「興福寺」と名づけ、繁栄《はんえい》しました。

天災《てんさい》や戦火《せんか》で何度も焼《や》けましたが、そのつど再建《さいけん》をくりかえしました。明治維新《めいじいしん》後の廃仏毀釈《はいぶつきしゃく》運動（→151ページ）で、寺は一時期あれはててしまいました。興福寺に塀《へい》がないのは、その後、塀がつくりなおされなかったためです。

仏像彫刻《ぶつぞうちょうこく》の宝庫《ほうこ》

興福寺《こうふくじ》には、波乱《はらん》の歴史《れきし》のなかで、奇跡的《きせきてき》に難《なん》をのがれた天平《てんぴょう》年間の仏像《ぶつぞう》や、鎌倉《かまくら》時代の再建《さいけん》のときにつくられた仏像が多数残《のこ》されており、仏像彫刻《ちょうこく》の宝庫《ほうこ》といわれています。

仏像などの宝物《ほうもつ》を展示《てんじ》する「国宝館《こくほうかん》」には、八部衆立像《はちぶしゅうりゅうぞう》や十大弟子立像《じゅうだいでしりゅうぞう》、千手観音菩薩立像《せんじゅかんのんぼさつりゅうぞう》など、数多くの国宝《こくほう》がならんでいます。

◆興福寺《こうふくじ》のおもな文化財《ぶんかざい》

【国宝《こくほう》】

●東金堂《とうこんどう》 ●五重塔《ごじゅうのとう》 ●北円堂《ほくえんどう》 ●三重塔《さんじゅうのとう》 ●木造文殊菩薩坐像《もくぞうもんじゅぼさつざぞう》 ●木造維摩居士坐像《もくぞうゆいまこじざぞう》
●木造四天王立像《もくぞうしてんのうりゅうぞう》（東金堂《とうこんどう》） ●木造十二神将立像《もくぞうじゅうにしんしょうりゅうぞう》 ●木造弥勒如来坐像《もくぞうみろくにょらいざぞう》 ●木心乾漆四天王立像《もくしんかんしつしてんのうりゅうぞう》
●木造不空羂索観音坐像《もくぞうふくうけんさくかんのんざぞう》 ●木造四天王立像《もくぞうしてんのうりゅうぞう》（南円堂《なんえんどう》） ●乾漆八部衆立像《かんしつはちぶしゅうりゅうぞう》 8躯《く》
●乾漆十大弟子立像《かんしつじゅうだいでしりゅうぞう》 6躯《く》 ●木造天燈鬼《もくぞうてんとうき》・龍燈鬼立像《りゅうとうきりゅうぞう》　その他多数

【重要文化財《じゅうようぶんかざい》】

●大湯屋《おおゆや》 ●南円堂《なんえんどう》 ●木造四天王立像《もくぞうしてんのうりゅうぞう》 ●銅造薬師如来及び両脇侍像《どうぞうやくしにょらいおよりょうきょうじぞう》 ●木造阿弥陀如来坐像《もくぞうあみだにょらいざぞう》
●木造釈迦如来坐像《もくぞうしゃかにょらいざぞう》 ●木造薬師如来坐像《もくぞうやくしにょらいざぞう》 ●木造仏頭《もくぞうぶっとう》 ●木造広目天立像《もくぞうこうもくてんりゅうぞう》
●木造梵天《もくぞうぼんてん》・帝釈天立像《たいしゃくてんりゅうぞう》　その他多数

● 三重塔《さんじゅうのとう》【国宝《こくほう》】

平安《へいあん》時代末期《まっき》の1143年に建《た》てられましたが、火事で焼《や》けたのち、鎌倉《かまくら》時代初《はじ》めに再建《さいけん》されました。北円堂《ほくえんどう》（国宝《こくほう》）とともに、興福寺《こうふくじ》でもっとも古い建物《たてもの》のひとつです。

● 南円堂《なんえんどう》【重要文化財《じゅうようぶんかざい》】

1789年ごろに再建《さいけん》された八角円堂《はっかくえんどう》の南円堂《なんえんどう》内には、本尊《ほんぞん》の不空羂索観音菩薩像《ふくうけんさくかんのんぼさつぞう》と四天王像《してんのうぞう》（いずれも国宝《こくほう》）が安置《あんち》されています。

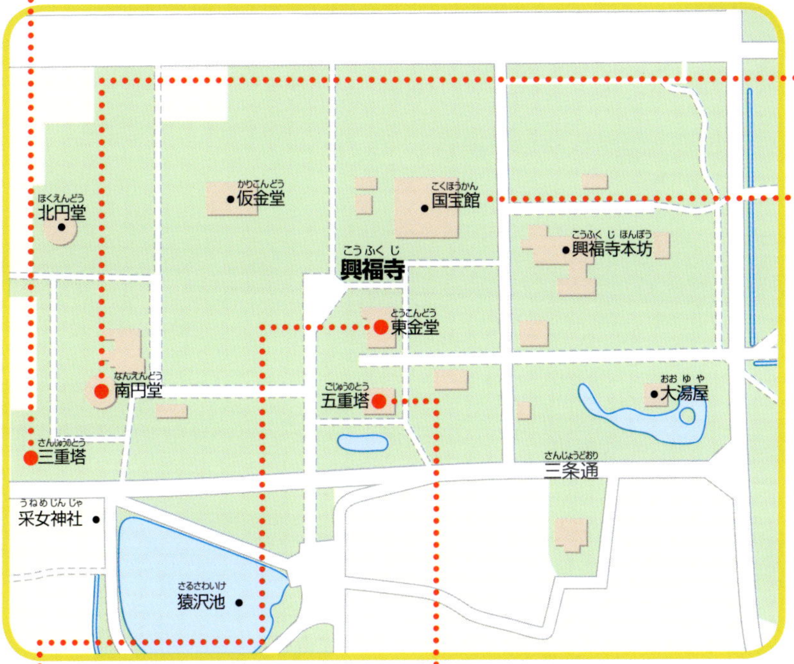

● 阿修羅像《あしゅらぞう》【国宝《こくほう》】

阿修羅像《あしゅらぞう》は八部衆立像《はちぶしゅうりゅうぞう》のひとつです。「天平《てんぴょう》の美少年」といわれ、興福寺《こうふくじ》の仏像《ぶつぞう》のなかでももっとも高い人気をほこる仏像のひとつです。

● 東金堂《とうこんどう》【国宝《こくほう》】（左ページ上写真）

726年に聖武天皇《しょうむてんのう》が建《た》てました。いまの建物《たてもの》は室町《むろまち》時代の再建《さいけん》ですが、奈良《なら》時代のふんいきを伝《つた》えています。

● 五重塔《ごじゅうのとう》【国宝《こくほう》】（左ページ上写真）

730年に光明皇后《こうみょうこうごう》が建《た》てました。現在《げんざい》の塔《とう》は室町《むろまち》時代の再建《さいけん》ですが、奈良《なら》時代の力強さを感じさせます。

もっと知りたい！ 興福寺《こうふくじ》と猿沢池《さるさわいけ》

　興福寺《こうふくじ》の南側《みなみがわ》には五重塔《ごじゅうのとう》を水面にうつす、奈良《なら》らしい風景《ふうけい》の猿沢池《さるさわいけ》があります。いのちをたいせつにする、という仏教《ぶっきょう》の教えにならって、この池に魚を逃《に》がす儀式《ぎしき》（放生会《ほうじょうえ》）をおこなうために、8世紀《せいき》中ごろにつくられました。池のほとりには、采女神社《うねめじんじゃ》があります。

平城京《へいじょうきょう》を守るために建《た》てられた、藤原氏《ふじわらし》の氏神《うじがみ》

春日大社《かすがたいしゃ》

◆住所：〒630-8212　奈良市春日野町160
◆地図：81ページ E-2（上地図）、E-9（下地図）
★**世界遺産**

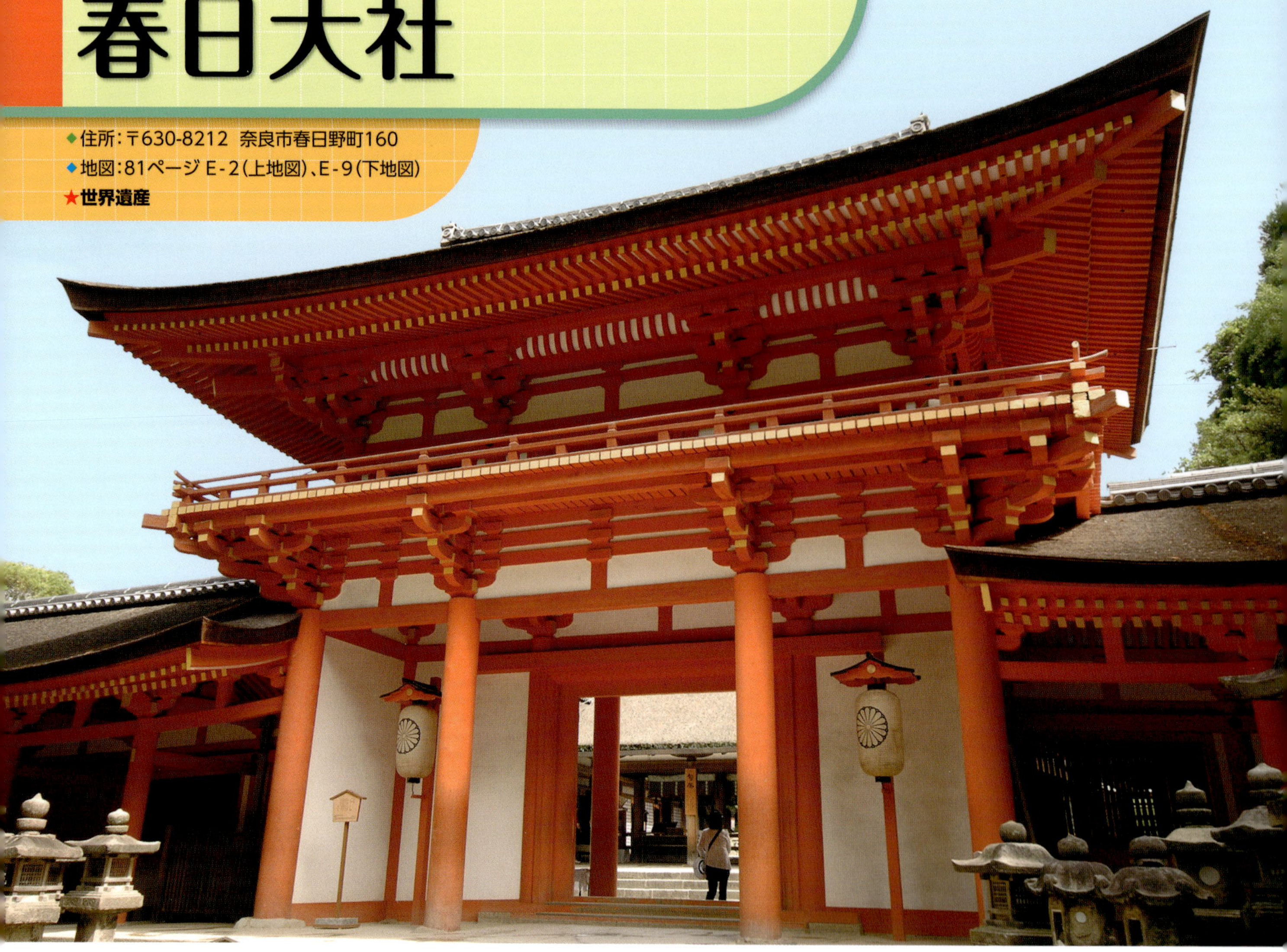

高さ12mと春日大社《かすがたいしゃ》で最大《さいだい》の大きさの南門《なんもん》。

藤原氏《ふじわらし》とともに栄《さか》えた神社《じんじゃ》

春日大社《かすがたいしゃ》は、いいつたえによると、平城京《へいじょうきょう》を守るために、鹿島《かしま》（茨城《いばらき》県）・香取《かとり》（千葉《ちば》県）・枚岡《ひらおか》（大阪《おおさか》府）から神をまねいてまつったのがはじまりとされています。平安《へいあん》時代に藤原《ふじわら》氏《し》の氏神《うじがみ》として栄《さか》え、藤原氏や貴族《きぞく》による春日詣《かすがもうで》がさかんにおこなわれ、門前町《もんぜんまち》も発達《はったつ》しました。となりにある奈良《なら》公園の鹿《しか》は、神の使いとしてたいせつにされてきました。

印象的《いんしょうてき》な朱塗《しゅぬ》りの社殿《しゃでん》と多くの灯籠《とうろう》

春日大社《かすがたいしゃ》で印象的《いんしょうてき》なのは、20年ごとに塗《ぬ》りかえられるあざやかな朱色《しゅいろ》の社殿《しゃでん》と、多くの灯籠《とうろう》です。参道《さんどう》の約《やく》2000基《き》の石灯籠《いしどうろう》と回廊《かいろう》や軒下《のきした》につられた約1000個《こ》の釣灯籠《つりどうろう》に、奉納《ほうのう》した人びとの信仰《しんこう》のあつさが感じられます。とくに「柚木灯籠《ゆのきのとうろう》」という八角形の石灯籠は、1136年に藤原忠通《ふじわらのただみち》が奉納したとされる、最古《さいこ》の灯籠として有名です。

◆ 春日大社《かすがたいしゃ》のおもな文化財《ぶんかざい》

【国宝《こくほう》】
●春日大社本社本殿《かすがたいしゃほんしゃほんでん》 4棟《とう》 ●赤糸威大鎧《あかいとおどしおおよろい》 ●金地螺鈿毛抜形太刀《きんじらでんけぬきがたたち》
●黒韋威矢筈札胴丸兜大袖付《くろかわおどしやはずざねのどうまるかぶとおおそでつき》　その他多数

【重要文化財《じゅうようぶんかざい》】
●中門《ちゅうもん》 ●南門《なんもん》 ●東御廊《ひがしおろう》 ●西《にし》および北御廊《きたおろう》 ●一の鳥居《いちのとりい》 ●だ太鼓《だいこ》 ●木造舞楽面《もくぞうぶがくめん》
●亀甲蒔絵手箱《きっこうまきえてばこ》 ●柚木灯籠《ゆのきのとうろう》　その他多数

● 一《いち》の鳥居《とりい》【重要文化財《じゅうようぶんかざい》】

平安《へいあん》時代に建《た》てられた一《いち》の鳥居《とりい》は、春日大社《かすがたいしゃ》の表玄関《おもてげんかん》の表参道《おもてさんどう》入口にあります。高さ6.75m、柱のあいだが5.2mの、とても大きな鳥居《とりい》です。現在《げんざい》の鳥居は、江戸《えど》時代初《はじ》めに再建《さいけん》されたものです。

● 若草山《わかくさやま》

春日大社《かすがたいしゃ》の東にあり、芝《しば》でおおわれた若草山《わかくさやま》は、標高《ひょうこう》342mです。山頂《さんちょう》には、前方後円墳《ぜんぽうこうえんふん》の鶯《うぐいす》塚《づか》があります。

● 中門《ちゅうもん》・御廊《おろう》【重要文化財《じゅうようぶんかざい》】

本殿《ほんでん》のすぐ前にある中門《ちゅうもん》は、高さが約《やく》10mで、桃山《ももやま》時代に再《さい》建《けん》されました。中門から左右に13m、鳥のつばさのようにのびる御廊《おろう》は、祭典《さいてん》のとき神職《しんしょく》がすわる場所です。

豆知識……石灯籠《いしどうろう》は、平安《へいあん》時代末期《まっき》から、春日大社《かすがたいしゃ》の神を信《しん》じる人びとから願《ねが》いごととともにおさめられてきました。お盆《ぼん》（8月）と節分《せつぶん》（2月）の万燈籠《まんとうろう》という行事では、釣灯籠《つりどうろう》もふくめすべての灯籠に明かりがつけられ、とても幻《げん》想的《そうてき》です。

もっと知りたい! 春日大社《かすがたいしゃ》の宝物《ほうもつ》

春日大社《かすがたいしゃ》の宝物殿《ほうもつでん》には、国宝《こくほう》や重要文化財《じゅうようぶんかざい》の刀や鎧《よろい》、面、太鼓《たいこ》などがおさめられています。もっとも豪華《ごうか》な鎧として有名なのは、国宝の赤糸威大鎧《あかいとおどしおおよろい》です。鎌倉《かまくら》時代後期につくられ、そでには、金の細工《さいく》で、虎《とら》や竹、雀《すずめ》のかざりがつけられています。日本の伝統工芸《でんとうこうげい》の技《わざ》を結集《けっしゅう》してつくられたみごとなものです。

蘇我氏《そがし》が飛鳥《あすか》に建《た》てた、日本最古《さいこ》の寺が前身

元興寺《がんごうじ》

- 住所：〒630-8392　奈良市中院町11
- 地図：81ページ D-2(上地図)、D-9(下地図)
- ★世界遺産

極楽堂《ごくらくどう》の屋根には飛鳥《あすか》時代の瓦《かわら》も使われている。　写真：矢野建彦

● 極楽堂《ごくらくどう》【国宝《こくほう》】

極楽房《ごくらくぼう》とよばれていた建物《たてもの》を、鎌倉《かまくら》時代に改造《かいぞう》した、元興寺《がんごうじ》の本堂《ほんどう》です。本瓦葺《ほんかわらぶき》(→152ページ)の寄棟造《よせむねづくり》で、屋根の妻側《つまがわ》(三角形に見える側)を正面とするめずらしい形です。奈良《なら》時代の僧《そう》・智光《ちこう》が夢《ゆめ》で見た極楽浄土《ごくらくじょうど》を絵師《えし》にえがかせたという、智光曼荼羅《ちこうまんだら》図《ず》のなかの阿弥陀如来《あみだにょらい》を本尊《ほんぞん》(→152ページ)としています。

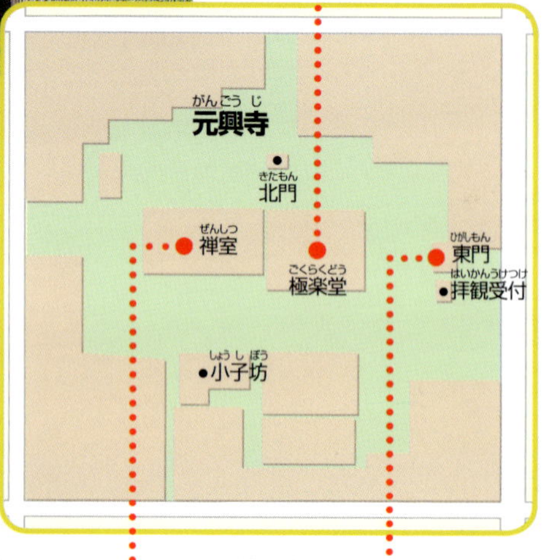

日本最古《さいこ》の飛鳥寺《あすかでら》が前身

元興寺《がんごうじ》は、588年、有力な豪族《ごうぞく》であった蘇我馬子《そがのうまこ》が飛鳥《あすか》に建《た》てた日本最古《さいこ》の寺、飛鳥寺《あすかでら》(→111ページ)を前身とする寺です。飛鳥寺は、平城遷都《へいじょうせんと》にともない、718年に平城京《へいじょうきょう》に移《うつ》されて元興寺となり、奈良《なら》の七大寺《しちだいじ》のひとつとして栄《さか》えました。

◆ 元興寺《がんごうじ》のおもな文化財《ぶんかざい》

【国宝《こくほう》】	●極楽堂《ごくらくどう》 ●禅室《ぜんしつ》 ●五重小塔《ごじゅうしょうとう》
【重要文化財《じゅうようぶんかざい》】	●東門《ひがしもん》 ●阿弥陀如来坐像《あみだにょらいざぞう》 ●聖徳太子立像《しょうとくたいしりゅうぞう》 ●弘法大師坐像《こうぼうだいしざぞう》
【県指定文化財】	●小子坊《しょうしぼう》 ●南無仏太子像《なむぶつたいしぞう》

写真：矢野建彦

豆知識……極楽堂《ごくらくどう》と禅室《ぜんしつ》の屋根の一部は、行基葺《ぎょうきぶき》とよばれる独特《どくとく》の古い葺《ふ》き方となっています。また、瓦《かわら》の一部には、飛鳥《あすか》時代の古い瓦が再利用《さいりよう》されています。

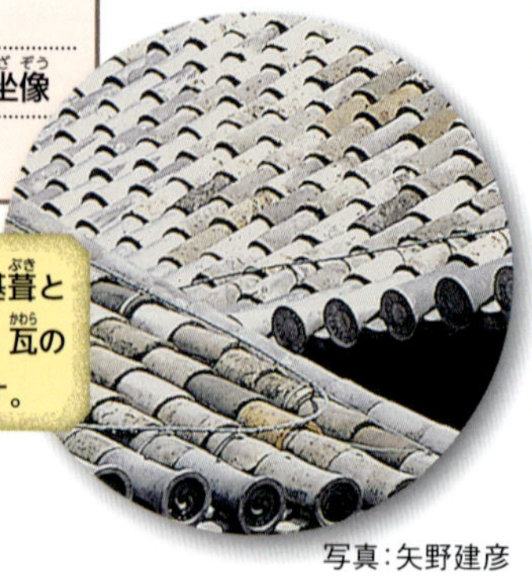

写真：矢野建彦

● 東門《ひがしもん》【重要文化財《じゅうようぶんかざい》】

元興寺《がんごうじ》の正門《せいもん》にあたる東門《ひがしもん》は、もとは東大寺《とうだいじ》にあった門を室町《むろまち》時代に移築《いちく》したもので、堂《どう》どうとした本瓦葺《ほんかわらぶき》の四脚門《よつあしもん》です。

● 禅室《ぜんしつ》【国宝《こくほう》】

禅室《ぜんしつ》は、もとは極楽房《ごくらくぼう》とよばれていた細長い建物《たてもの》でした。その建物の一部が、鎌倉《かまくら》時代に改造《かいぞう》され、極楽堂《ごくらくどう》と禅室の２棟《むね》に分けられました。飛鳥寺《あすかでら》の古い材木《ざいもく》が、骨組《ほねぐみ》の部分に多く再利用《さいりよう》されています。

光明皇后《こうみょうこうごう》が聖武天皇《しょうむてんのう》の健康回復《けんこうかいふく》を願《ねが》って建《た》てた寺

新薬師寺《しんやくしじ》

◆住所:〒630-8301 奈良市高畑町1352
◆地図:81ページ E-2(上地図)、E-10(下地図)

写真提供:奈良市観光協会

本堂《ほんどう》では本尊《ほんぞん》の薬師如来坐像《やくしにょらいざぞう》を十二神将《じゅうにしんしょう》が取りかこんでいる。

● **本堂《ほんどう》【国宝《こくほう》】**

本堂《ほんどう》は、奈良《なら》時代に寺ができたときからある貴重《きちょう》な建物《たてもの》です。もとは本堂ではなく、別《べつ》の目的《もくてき》の建物だったといわれています。ゆるやかな曲線の大きな屋根と白壁《しらかべ》が印象的《いんしょうてき》な天平《てんぴょう》建築《けんちく》です。

薬師如来《やくしにょらい》に祈《いの》りをこめて

新薬師寺《しんやくしじ》は、747年、光明皇后《こうみょうこうごう》が聖武天皇《しょうむてんのう》の病気回復《かいふく》を願《ねが》って建《た》てた寺です。7つのお堂《どう》をそなえた大きな寺でしたが、33年後、建物《たてもの》のほとんどが焼《や》け、鎌倉《かまくら》時代にいまのすがたとなりました。

◆ 新薬師寺《しんやくしじ》のおもな文化財《ぶんかざい》

【国宝《こくほう》】	●本堂《ほんどう》 ●薬師如来坐像《やくしにょらいざぞう》 ●法華経八巻《ほけきょうはちかん》 ●十二神将立像《じゅうにしんしょうりゅうぞう》(宮毘羅大将像《くびらたいしょうぞう》をのぞく)
【重要文化財《じゅうようぶんかざい》】	●南門《みなみもん》 ●東門《ひがしもん》 ●鐘楼《しょうろう》 ●地蔵堂《じぞうどう》 その他多数

● **南門《みなみもん》【重要文化財《じゅうようぶんかざい》】**

南門《みなみもん》は、四脚門《よつあしもん》とよばれる大きな4本の柱で建《た》てられた門です。鎌倉《かまくら》時代中期につくられたもので、どっしりした威厳《いげん》が感じられます。

● **薬師如来《やくしにょらい》と十二神将《じゅうにしんしょう》【国宝《こくほう》(十二神将の一体をのぞく)】**

本尊《ほんぞん》の薬師如来坐像《やくしにょらいざぞう》は、病気に苦しむ人を救《すく》う医王如来《いおうにょらい》として人びとの信仰《しんこう》を集めています。薬師如来《やくしにょらい》の周囲《しゅうい》を守るのが十二《じゅうに》神将《しんしょう》。土で形づくられたもので、一体をのぞき、すべて奈良《なら》時代の名作です。

もっと知りたい! 新薬師寺《しんやくしじ》の十二神将《じゅうにしんしょう》

十二神将《じゅうにしんしょう》は薬師如来《やくしにょらい》の世界と、それを信仰《しんこう》する人びとを守る大将《たいしょう》です。新薬師寺《しんやくしじ》の十二神将は、薬師如来をぐるりと円形に囲《かこ》むように配置《はいち》されています。人間と同じくらいの大きさと激《はげ》しい怒《いか》りの表情《ひょうじょう》が特徴《とくちょう》です。日本最古《さいこ》で最大《さいだい》の十二神将です。

写真提供:奈良市観光協会

日本ではじめて、天皇《てんのう》が皇后《こうごう》のために建《た》てた寺

薬師寺《やくしじ》

◆住所：〒630-8563　奈良市西ノ京町457
◆地図：81ページ C-2（上地図）、A-10（下地図）
★**世界遺産**

写真提供：奈良市観光協会

近年再建《さいけん》された金堂《こんどう》（左）、西塔《さいとう》（中）と、創建時《そうけんじ》のすがたを残《のこ》す東塔《とうとう》（右）。

天武天皇《てんむてんのう》が願《ねが》い、持統天皇《じとうてんのう》が完成《かんせい》

薬師寺《やくしじ》は、680年、天武天皇《てんむてんのう》が皇后《こうごう》の病気回復《かいふく》を願《ねが》って飛鳥《あすか》の藤原京《ふじわらきょう》につくろうとした寺です。６年後、天皇は亡《な》くなりましたが、病気から回復した皇后が持統《じとう》天皇となって寺づくりをつづけ698年ごろ完成《かんせい》しました。710年、都《みやこ》が平城京《へいじょうきょう》に移《うつ》され、薬師寺も718年に現在地《げんざいち》へうつりました。

写真：矢野建彦

白鳳時代《はくほうじだい》の仏像《ぶつぞう》・聖観世音菩薩像《しょうかんぜおんぼさつぞう》（国宝《こくほう》）が置《お》かれている東院堂《とういんどう》（国宝《こくほう》）。

時をこえてよみがえった伽藍《がらん》

中門《ちゅうもん》からぐるりと一周《いっしゅう》する回廊《かいろう》に囲《かこ》まれた中庭の中心に金堂《こんどう》を置《お》き、その前方の左右に東塔《とうとう》と西塔《さいとう》を置く独特《どくとく》の建《た》て方は、薬師《やくし》寺《じ》式とよばれています。

藤原京《ふじわらきょう》から平城京《へいじょうきょう》へうつってきた当時の建物《たてもの》は東塔以外《いがい》すべて火災《かさい》や戦火《せんか》で焼《や》け、現在《げんざい》あるものは、おもに1970年代以降《いこう》に再建《さいけん》されたものです。日本仏教美術《ぶっきょうびじゅつ》の最高傑作《さいこうけっさく》といわれる本尊《ほんぞん》（→152ページ）の薬師三尊像《やくしさんぞんぞう》をはじめ、国宝《こくほう》や重要文化財《じゅうようぶんかざい》に指定されている仏像がたくさんあります。

◆ 薬師寺《やくしじ》のおもな文化財《ぶんかざい》

【国宝《こくほう》】
●東塔《とうとう》 ●東院堂《とういんどう》 ●薬師三尊像《やくしさんぞんぞう》 ●聖観世音菩薩像《しょうかんぜおんぼさつぞう》
●神功皇后像《じんぐうこうごうぞう》 ●僧形八幡神像《そうぎょうはちまんしんぞう》 ●仲津姫命像《なかつひめのみことぞう》
●仏足跡歌碑《ぶっそくせきかひ》 ●仏足石《ぶっそくせき》 ●慈恩大師像《じおんだいしぞう》 ●吉祥天女像《きちじょうてんにょぞう》

【重要文化財《じゅうようぶんかざい》】
●南門《みなみもん》 ●若宮社社殿《わかみやしゃしゃでん》 ●八幡神社社殿《はちまんじんじゃしゃでん》（三棟《とう》）
●伝大津皇子坐像《でんおおつおうじざぞう》 ●講堂三尊像《こうどうさんぞんぞう》 ●十一面観音菩薩立像《じゅういちめんかんのんぼさつりゅうぞう》
●文殊菩薩坐像《もんじゅぼさつざぞう》 ●吉祥天立像《きちじょうてんりゅうぞう》 ●弥勒菩薩坐像《みろくぼさつざぞう》
●地蔵菩薩立像《じぞうぼさつりゅうぞう》
その他多数

写真提供：一般財団法人 奈良県ビジターズビューロー

豆知識……境内《けいだい》では、クラシックからアイドルまで、さまざまなアーティストによるコンサートがおこなわれることがあります。

● 金堂《こんどう》

金堂《こんどう》のもとの建物《たてもの》は1528年に焼《や》けましたが、1976 (昭和《しょうわ》51) 年に、飛鳥《あすか》時代後期の様式で再建《さいけん》されました。奈良《なら》時代につくられた本尊《ほんぞん》の薬師三尊像《やくしさんぞんぞう》(国宝《こくほう》)が置《お》かれています。

● 東塔《とうとう》【国宝《こくほう》】

東塔《とうとう》は、創建時《そうけんじ》からあるただひとつの建物《たてもの》です。六重のように見えますが、実際《じっさい》は三重です。裳階《もこし》(→152ページ)という小さな屋根のようなひさしが、本物の屋根の下につくられています。

＊東塔《とうとう》は平成《へいせい》30年まで修復《しゅうふく》工事中。

● 南門《みなみもん》【重要文化財《じゅうようぶんかざい》】

南門《みなみもん》は、境内《けいだい》の南正面にある小さな門で、室町《むろまち》時代後期に建《た》てられた薬師寺西院《やくしじさいいん》の門だったものです。もともと薬師寺の南門《みなみもん》はもっと大きく立派《りっぱ》なものでしたが、火事《かじ》で焼《や》けてしまったので、西院からこの門が移《うつ》されてきました。

もっと知りたい！ 仏足石《ぶっそくせき》と歌碑《かひ》

仏足石《ぶっそくせき》とは、釈迦《しゃか》の足跡《あしあと》を彫《ほ》って信仰《しんこう》の対《たい》象《しょう》とした石で、薬師寺《やくしじ》の大講堂《だいこうどう》の仏足石 (国宝《こくほう》)は、753年に刻《きざ》まれた日本最古《さいこ》のものです。歌碑《かひ》 (国宝) には、仏足石に対する人びとの思いがこめられた歌などが、ひらがなができる前に使われていた万葉仮名《まんようがな》で刻まれています。

写真：矢野建彦

透《とう》視《し》してみよう！

薬師寺《やくしじ》 金堂《こんどう》・東塔《とうとう》

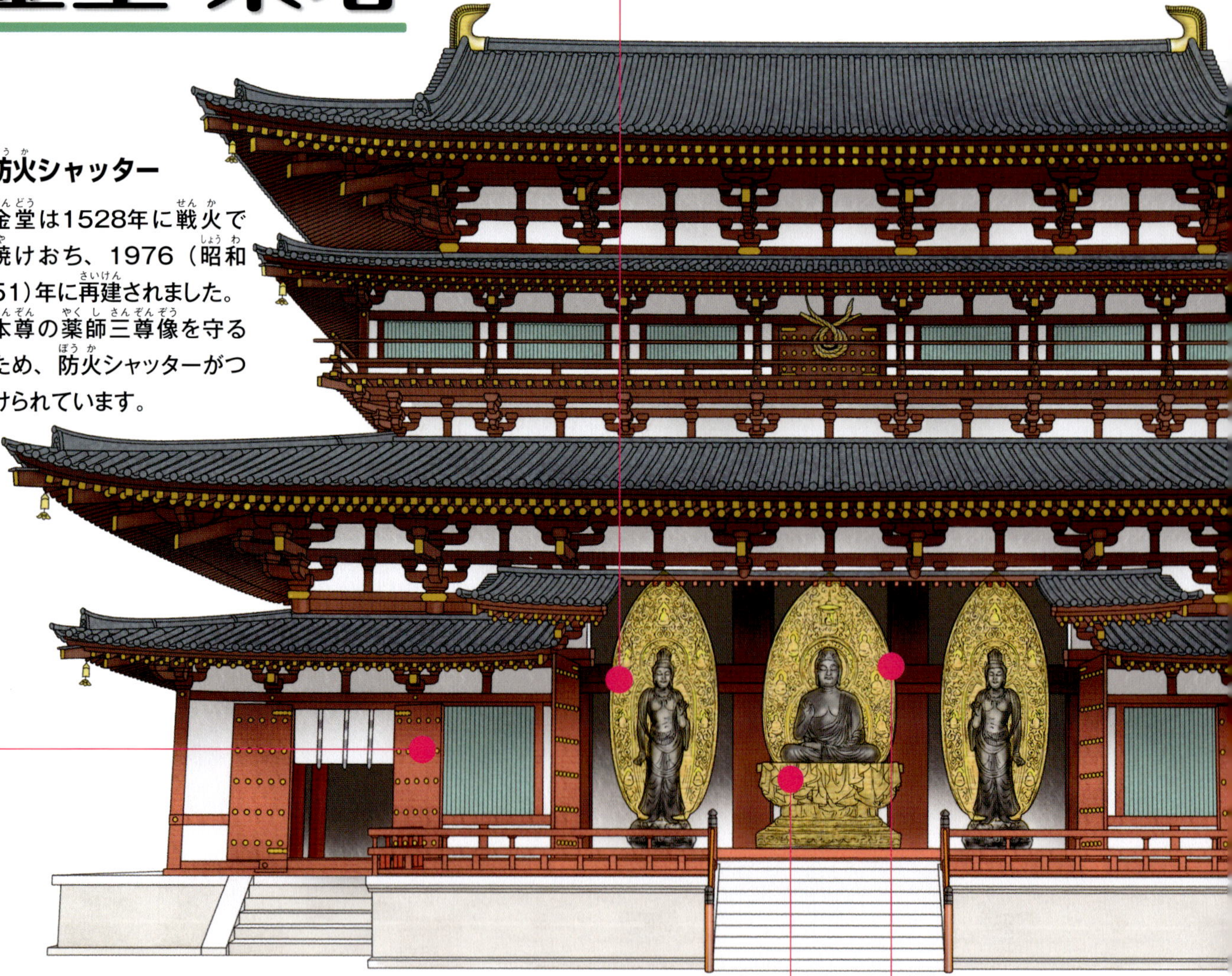

脇侍《きょうじ》

本尊《ほんぞん》の両わきにいる仏像《ぶつぞう》を脇侍《きょうじ》といいます。薬師寺《やくしじ》金堂《こんどう》の薬師如来像《やくしにょらいぞう》（国宝《こくほう》）の脇侍は、向かって右が日光菩薩《にっこうぼさつ》（国宝）、左が月光菩薩《がっこうぼさつ》（国宝）です。首と腰《こし》をひねって動きがある美しい姿《すがた》は、インドの仏像の影響《えいきょう》を受けています。現在《げんざい》、色は黒光りしていますが、もとは金色にかがやく仏像でした。

防火《ぼうか》シャッター

金堂《こんどう》は1528年に戦火《せんか》で焼《や》けおち、1976（昭和《しょうわ》51）年に再建《さいけん》されました。本尊《ほんぞん》の薬師三尊像《やくしさんぞんぞう》を守るため、防火《ぼうか》シャッターがつけられています。

本尊《ほんぞん》の台座《だいざ》

本尊《ほんぞん》の台座《だいざ》には、ギリシャやペルシャ、インド、中国の模様《もよう》が彫《ほ》られています。シルクロードが奈良《なら》までつづいていることを証明《しょうめい》する、国際色豊《こくさいしょくゆた》かなものです。

本尊《ほんぞん》・薬師如来像《やくしにょらいぞう》

金堂《こんどう》の本尊《ほんぞん》・薬師如来像《やくしにょらいぞう》は、からだと心の健康《けんこう》を守ってくれる仏《ほとけ》です。薬師三尊像《やくしさんぞんぞう》は、白鳳《はくほう》時代（645～710年）の仏像彫刻《ぶつぞうちょうこく》の最高傑作《さいこうけっさく》といわれています。

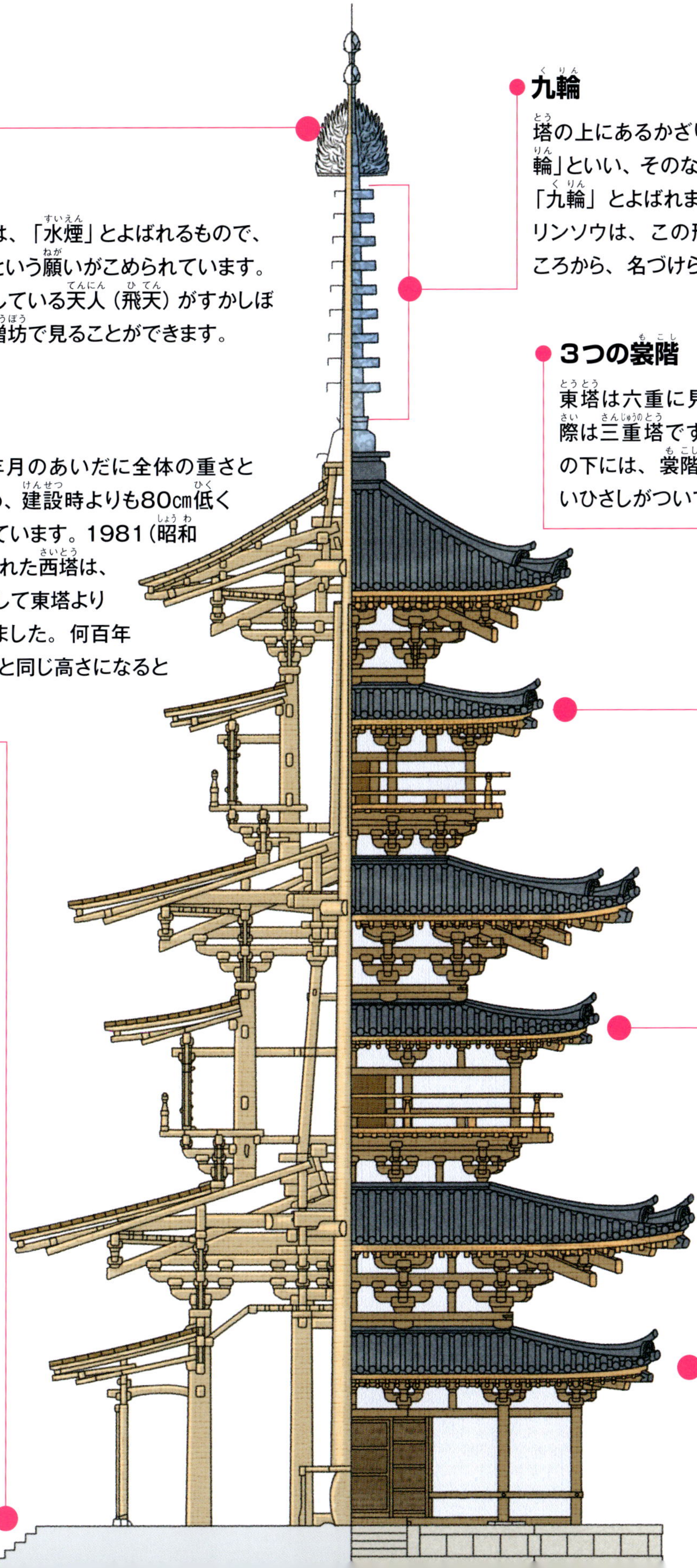

水煙《すいえん》

東塔《とうとう》の最上部《さいじょうぶ》にあるかざりは、「水煙《すいえん》」とよばれるもので、塔《とう》が火事にあわないようにという願《ねが》いがこめられています。空を飛《と》んで、笛《ふえ》をふいたりしている天人《てんにん》（飛天《ひてん》）がすかしぼりされています。模型《もけい》を東僧坊《ひがしそうぼう》で見ることができます。

九輪《くりん》

塔《とう》の上にあるかざりを全体で「相《そう》輪《りん》」といい、そのなかの9つの輪《わ》は「九輪《くりん》」とよばれます。春にさくクリンソウは、この形に似《に》ているところから、名づけられました。

地盤沈下《じばんちんか》

東塔《とうとう》は、長い年月のあいだに全体の重さと地盤沈下《じばんちんか》のため、建設《けんせつ》時よりも80㎝低《ひく》くなったといわれています。1981（昭和《しょうわ》56）年に再建《さいけん》された西塔《さいとう》は、地盤沈下を見こして東塔よりも高く建《た》てられました。何百年かのちには東塔と同じ高さになるといいます。

3つの裳階《もこし》

東塔《とうとう》は六重に見えますが、実《じっ》際《さい》は三重塔《さんじゅうのとう》です。各層《かくそう》の屋根の下には、裳階《もこし》とよばれる小さいひさしがついています。

唐《とう》の僧《そう》、鑑真和上《がんじんわじょう》が眠《ねむ》る寺

唐招提寺《とうしょうだいじ》

◆住所：〒630-8032　奈良市五条町13-46
◆地図：81ページ C-2（上地図）、A-10（下地図）
★**世界遺産**

写真提供：一般財団法人　奈良県ビジターズビューロー

創建時《そうけんじ》のすがたを残《のこ》す金堂《こんどう》（国宝《こくほう》）。

戒律《かいりつ》を学ぶ道場としてはじまる

唐招提寺《とうしょうだいじ》は、天平《てんぴょう》年間の759年に、唐《とう》（中国）の僧《そう》・鑑真《がんじん》が開いた寺です。当時の日本には、仏教《ぶっきょう》を信《しん》じる者がどのように生きるべきかという戒律《かいりつ》（行動の手本）がありませんでした。

鑑真は、戒律の専門家《せんもんか》として日本へ招《まね》かれて、朝廷《ちょうてい》から土地をあたえられ、戒律を学ぶ道場としてこの寺をつくりました。「招提《しょうだい》」とは、仏教の道場という意味です。鑑真が亡《な》くなったあと、彼《かれ》をしたう弟子《でし》たちによって、金堂《こんどう》や講堂《こうどう》、鼓楼《ころう》などがつくられていきました。

写真：矢野建彦

平城宮《へいじょうきゅう》の建物《たてもの》を移築《いちく》・改造《かいぞう》した講堂《こうどう》（国宝《こくほう》）。

天平《てんぴょう》文化の宝庫《ほうこ》

唐招提寺《とうしょうだいじ》には、奈良《なら》時代の建物《たてもの》や仏像《ぶつぞう》など、すぐれた文化財《ぶんかざい》が数多くあり、「天平《てんぴょう》文化の宝庫《ほうこ》」ともいわれます。

南大門《なんだいもん》をくぐると正面に見える金堂《こんどう》は、奈良時代に建《た》てられたもので、本尊《ほんぞん》の盧舎那仏坐像《るしゃなぶつざぞう》や薬師如来立像《やくしにょらいりゅうぞう》、千手観音立像《せんじゅかんのんりゅうぞう》などがおさめられています。

御影堂《みえいどう》の有名な鑑真和上坐像《がんじんわじょうざぞう》は、日本でもっとも古い肖像彫刻《しょうぞうちょうこく》で、天平《てんぴょう》年間を代表する彫刻作品です。鑑真の墓《はか》である開山御廟《かいざんごびょう》には、いまも多くの人びとが、鑑真をしのんで訪《おとず》れています。

◆ 唐招提寺《とうしょうだいじ》のおもな文化財《ぶんかざい》

【国宝《こくほう》】
●金堂《こんどう》 ●講堂《こうどう》 ●鼓楼《ころう》 ●経蔵《きょうぞう》 ●宝蔵《ほうぞう》
●盧舎那仏坐像《るしゃなぶつざぞう》 ●薬師如来立像《やくしにょらいりゅうぞう》 ●千手観音立像《せんじゅかんのんりゅうぞう》
●四天王立像《してんのうりゅうぞう》 ●梵天《ぼんてん》・帝釈天立像《たいしゃくてんりゅうぞう》 ●舎利容器《しゃりようき》
●鑑真和上坐像《がんじんわじょうざぞう》　その他多数

【重要文化財《じゅうようぶんかざい》】
●礼堂《らいどう》 ●御影堂《みえいどう》 ●弥勒如来坐像《みろくにょらいざぞう》
●持国天立像《じこくてんりゅうぞう》（講堂《こうどう》） ●増長天立像《ぞうじょうてんりゅうぞう》（講堂《こうどう》）
●釈迦如来立像《しゃかにょらいりゅうぞう》 ●日供舎利塔《にくしゃりとう》
その他多数

写真：矢野建彦

写真：矢野建彦

● 鼓楼《ころう》【国宝《こくほう》】

鼓楼《ころう》は、鑑真《がんじん》が中国からもってきた仏舎利《ぶっしゃり》（釈迦《しゃか》の骨《ほね》）をおさめた金亀舎《きんきしゃ》利塔《りとう》（国宝《こくほう》）が内部にあるため、舎利《しゃり》殿《でん》ともいわれています。

● 経蔵《きょうぞう》【国宝《こくほう》】

経蔵《きょうぞう》は、聖武天皇《しょうむてんのう》の皇子《おうじ》の家の米倉《こめぐら》だったといわれています。高床式《たかゆかしき》で校倉造《あぜくらづくり》（→150ページ）の建物《たてもの》を改造《かいぞう》してつくられました。日本最古《さいこ》の校倉造の建物として知られています。

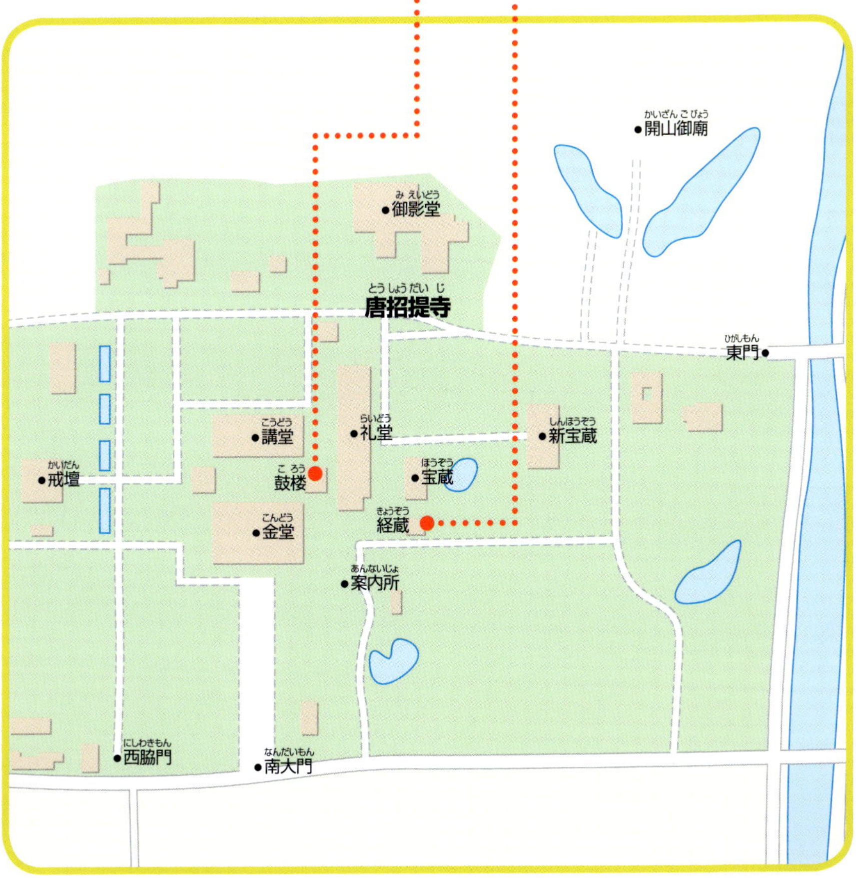

もっと知りたい！ 鑑真和上《がんじんわじょう》

鑑真《がんじん》は、742年、遣唐使《けんとうし》の僧《そう》から日本へ来てほしいと熱心《ねっしん》に招《まね》かれました。当時、中国から日本への航海《こうかい》はとても危険《きけん》で、12年間で５回失敗《しっぱい》し、あまりの苦労《くろう》に目が見えなくなってしまいます。６回目の航海で日本に着いた鑑真は、亡《な》くなるまでの10年間、多くの人に仏教《ぶっきょう》の戒律《かいりつ》を伝《つた》えました。また、唐から多くの仏像《ぶつぞう》、経典《きょうてん》、薬《くすり》、工芸品《こうげいひん》などを運びこみ、日本の文化に大きな影響《えいきょう》をあたえました。

鑑真の死後、弟子《でし》がそのすがたをしのんで彫《ほ》ったのが、日本初《はつ》の肖像彫刻《しょうぞうちょうこく》「鑑真《がんじん》和上坐像《わじょうざぞう》」です。

御影堂《みえいどう》にある鑑真和上坐像《がんじんわじょうざぞう》。弟子《でし》の忍基《にんき》が制作《せいさく》を指導《しどう》したといわれる。

平城京《へいじょうきょう》の宮殿《きゅうでん》のようすを伝《つた》える

平城宮跡《へいじょうきゅうせき》

◆住所:〒630-8012　奈良市二条大路南4-6-1(平城京歴史館)

◆地図:81ページ C-1(上地図)、B-9(下地図)

★**世界遺産**

2010(平成《へいせい》22)年に復原《ふくげん》された大極殿《だいごくでん》。

1000年の眠《ねむ》りからさめて

平城宮《へいじょうきゅう》とは、710年に都となった平城京《へいじょうきょう》にあった、高い塀《へい》に囲《かこ》まれた1km四方の宮殿《きゅうでん》です。784年に都が長岡京《ながおかきょう》に移《うつ》されたあとは、耕《たがや》されて農地となり、1000年ものあいだ土の下に眠《ねむ》っていました。

しかし、江戸《えど》時代の末《すえ》から、平城宮の発掘《はっくつ》と研究がはじまると、さまざまな建物《たてもの》の跡《あと》などが見つかり、そのすがたが少しずつ明らかになりました。1959(昭和《しょうわ》34)年からは本格的《ほんかくてき》な発掘調査《ちょうさ》がはじまり、現在《げんざい》も進行中です。平城宮跡《へいじょうきゅうせき》では、その成果《せいか》をわかりやすく一般《いっぱん》に公開しています。

◆ 平城宮跡《へいじょうきゅうせき》のおもな文化財《ぶんかざい》

【特別史跡《とくべつしせき》】	●平城宮跡《へいじょうきゅうせき》
【特別名勝《とくべつめいしょう》】	●平城宮東院庭園《へいじょうきゅうとういんていえん》

よみがえるはなやかな建物《たてもの》

平城宮跡《へいじょうきゅうせき》では、見つかった建物《たてもの》の跡《あと》や、瓦《かわら》や石、当時の資料《しりょう》などを手がかりに、朱雀門《すざくもん》や東院庭園《とういんていえん》などが復原《ふくげん》されました。2010(平成《へいせい》22)年には、国家儀式《こっかぎしき》がおこなわれていた第一次大極殿《だいいちじだいごくでん》が復原され、当時のはなやかさを伝《つた》えています。ほかにも、建物の柱などの跡が公開されている施《し》設《せつ》や、平城京《へいじょうきょう》について学べる資料館《しりょうかん》などがあります。

再現《さいげん》された遣唐使船《けんとうしせん》。

もっと知りたい！ 平城宮跡資料館《へいじょうきゅうせきしりょうかん》

平城宮跡資料館《へいじょうきゅうせきしりょうかん》には、発掘調査《はっくつちょうさ》で見つかったものが展示《てんじ》されているコーナー、平城京《へいじょうきょう》や平城宮にあった建物《たてもの》の模型《もけい》が展示されているコーナー、天皇《てんのう》や貴族《きぞく》がくらしていた宮《きゅう》殿《でん》のようすを再現《さいげん》したコーナーがあります。このほか、発掘調査にあたっている奈良文化財研究所《ならぶんかざいけんきゅうしょ》の科学的《かがくてき》な研究内《ない》容《よう》を紹介《しょうかい》するコーナーがあり、楽しみながら学べる展示となっています。

写真：矢野建彦

遺構展示館《いこうてんじかん》

遺構展示館《いこうてんじかん》では、発掘調査《はっくつちょうさ》で見つかった土地や、器物《きぶつ》、建物《たてもの》などが展示《てんじ》されています。柱の穴《あな》などが残《のこ》る土地がそのままの状態《じょうたい》で見られるほか、天《てん》皇《のう》の住まいだった内裏《だいり》の実物大模型《もけい》もあります。

東院庭園《とういんていえん》

東院庭園《とういんていえん》は、平城宮《へいじょうきゅう》の東南部にあった庭園です。東西80m、南北100mの敷地《しきち》の中央には、水ぎわに石をしきつめて砂浜《すなはま》のように見せる州浜式《すはましき》の池があります。この周囲《しゅうい》には、いくつもの建物《たてもの》があったといわれます。

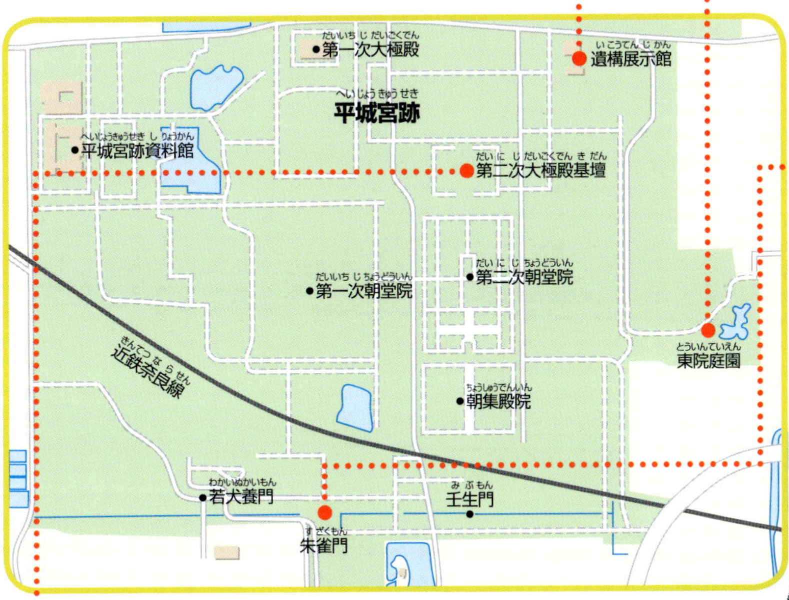

朱雀門《すざくもん》

平城京《へいじょうきょう》の正門《せいもん》にあたる羅城門《らじょうもん》から、幅約《はばやく》74mの朱《す》雀大路《ざくおおじ》を北へ向かうと、4㎞先に平城宮の正門にあたる朱雀門《すざくもん》が堂《どう》どうとそびえていました。正月には、この門の前で、男女が恋《こい》の歌をかけあい、それを天《てん》皇《のう》が見るという「歌垣《うたがき》」とよばれる催《もよお》しがおこなわれたといいます。

第二次大極殿基壇《だいにじだいごくでんきだん》

740年に都は恭仁京《くにきょう》（現在《げんざい》の京都《きょうと》府木津川《きづがわ》市）にうつり、745年にふたたび平城京《へいじょうきょう》にもどりましたが、そのときに立てられたのが第二次大極殿《だいにじだいごくでん》です。基壇《きだん》（建物《たてもの》の基《き》礎《そ》）が復原《ふくげん》されています。

写真提供：奈良市観光協会

写真提供：奈良市観光協会

世界最古《さいこ》の木造建築《もくぞうけんちく》がある聖徳太子《しょうとくたいし》ゆかりの寺

法隆寺《ほうりゅうじ》

◆住所：〒636-0015　生駒郡斑鳩町法隆寺山内1-1
◆地図：81ページ B-3
★**世界遺産**

世界最古《さいこ》の木造建築《もくぞうけんちく》、金堂《こんどう》(右)と五重塔《ごじゅうのとう》(左)。

聖徳太子《しょうとくたいし》ゆかりの寺

飛鳥《あすか》時代、用明天皇《ようめいてんのう》は、自《みずか》らの病気の回復《かいふく》を願《ねが》い、寺と仏像《ぶつぞう》をつくろうとしながら亡《な》くなりましたが、その遺志《いし》をつぎ、妹の推古天皇《すいこてんのう》と子の聖徳太子《しょうとくたいし》が607年に建《た》てたのが法隆寺《ほうりゅうじ》です。

そのときの寺は670年に火事で焼《や》け、その後、現在《げんざい》の地で再建《さいけん》されたといわれています*。最初《さいしょ》に金堂《こんどう》が、次に五《ご》重塔《じゅうのとう》が建てられ、奈良《なら》時代のはじめには、現在のおもな建物はすでに完成《かんせい》していたようです。

仏教美術《ぶっきょうびじゅつ》の宝庫《ほうこ》

18万7000㎡、東京《とうきょう》ドームおよそ4個《こ》分の広さがある法《ほう》隆寺《りゅうじ》の境内《けいだい》は、西院《さいいん》と東院《とういん》に分かれていて、飛鳥《あすか》時代以降《いこう》の各《かく》時代のすぐれた建築《けんちく》が立ちならんでいます。西院の金《こん》堂《どう》や五重塔《ごじゅうのとう》などは、世界最古《さいこ》の木造建築《もくぞうけんちく》として有名です。

仏像《ぶつぞう》や宝物《ほうもつ》も多く、国宝《こくほう》や重要文化財《じゅうようぶんかざい》に指定されている文化財《ぶんかざい》が約《やく》190点にのぼり、仏教美術《ぶっきょうびじゅつ》の宝庫《ほうこ》ともいえる寺です。1993（平成《へいせい》5）年、日本ではじめてユネスコ世界遺《せかいい》産《さん》(文化遺産)に登録《とうろく》されました。

◆法隆寺《ほうりゅうじ》のおもな文化財《ぶんかざい》

【国宝】 ●南大門《なんだいもん》 ●金堂《こんどう》 ●五重塔《ごじゅうのとう》 ●中門《ちゅうもん》 ●回廊《かいろう》 ●大講堂《だいこうどう》 ●経蔵《きょうぞう》 ●鐘楼《しょうろう》 ●西円堂《さいえんどう》 ●三経院及《さんぎょういんおよ》び西室《にしむろ》 ●東室《ひがしむろ》 ●聖霊院《しょうりょういん》 ●夢殿《ゆめどの》 ●伝法堂《でんぽうどう》 ●釈迦三尊像《しゃかさんぞんぞう》 ●薬師如来像《やくしにょらいぞう》 ●地蔵菩薩立像《じぞうぼさつりゅうぞう》 ●毘沙門天立像《びしゃもんてんりゅうぞう》 ●吉祥天立像《きちじょうてんりゅうぞう》 ●聖徳太子像《しょうとくたいしぞう》 ●百済観音像《くだらかんのんぞう》 ●救世観音像《くせかんのんぞう》 ●玉虫厨子《たまむしのずし》 ●四騎獅子狩文錦《しきししかりもんきん》 ●黒漆螺鈿卓《こくしつらでんしょく》 その他多数

*法隆寺《ほうりゅうじ》の建物《たてもの》は、創建《そうけん》当時のものが残《のこ》っているという説《せつ》と、火事で焼《や》けたのち再建《さいけん》されたという説がある。

● **金堂《こんどう》【国宝《こくほう》】**(左ページ上写真)

金堂《こんどう》は、いまに残《のこ》る世界最古《さいこ》の木造建築《もくぞうけんちく》です。623年につくられた釈迦三尊像《しゃかさんぞんぞう》を中心に、たくさんの仏像《ぶつぞう》がまつられています。

● **大講堂《だいこうどう》【国宝《こくほう》】**

大講堂《だいこうどう》は、僧《そう》が集まってお経《きょう》をよむ道場《どうじょう》です。もとの建物《たてもの》が焼《や》けたので、平安《へいあん》時代に、回廊《かいろう》とつなぐ形で再建《さいけん》されました。

● **五重塔《ごじゅうのとう》【国宝《こくほう》】**(左ページ上写真)

五重塔《ごじゅうのとう》は日本最古《さいこ》の塔《とう》です。屋根が、下から上にいくにつれてだんだん小さくなり、天にのぼる勢《いきお》いと安定感の両方が感じられます。

● **中門《ちゅうもん》【国宝《こくほう》】**

中門《ちゅうもん》は、神聖《しんせい》な場所へ入る門です。エンタシスとよばれる形の柱(→豆知識)が門の中央に立つ、めずらしいつくりをしています。左右の金剛力士像《こんごうりきしぞう》は奈良《なら》時代のものです。

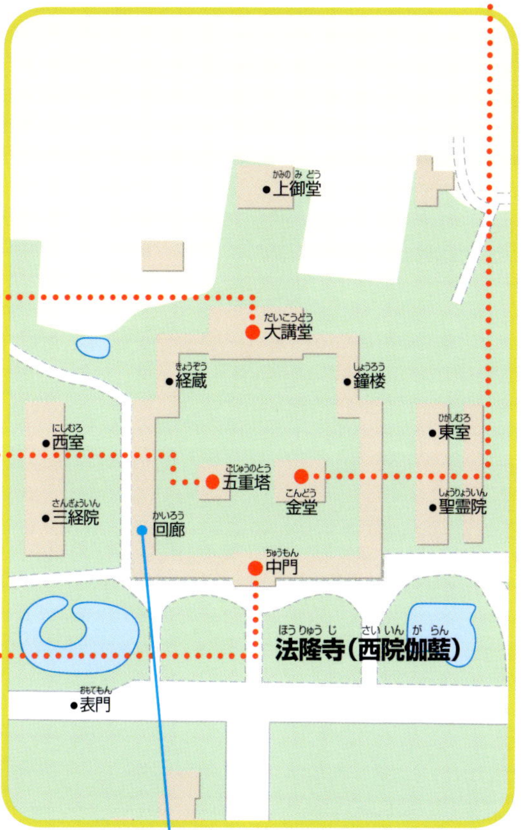

豆知識……法隆寺《ほうりゅうじ》西院《さいいん》伽藍《がらん》の回廊《かいろう》には、円柱形《えんちゅうけい》の柱が同じ間隔《かんかく》でならんでいます。この柱をよく見ると、柱の中央あたりに少しふくらみがあるのがわかります。これはエンタシスとよばれる形で、古くはヨーロッパの古代ギリシャの神殿《しんでん》にも見られます。下から見あげると、まっすぐに安定して見える効果《こうか》があり、飛鳥《あすか》時代の寺にはよく使われていました。

もっと知りたい! 法隆寺《ほうりゅうじ》式の伽藍《がらん》

法隆寺《ほうりゅうじ》の西院伽藍《さいいんがらん》は、回廊《かいろう》で囲《かこ》まれた中に、金堂《こんどう》と五重塔《ごじゅうのとう》が東西にならんでいます。この配置《はいち》は、法隆寺式とよばれますが、そのはじまりは、639年に用明天皇《ようめいてんのう》が奈良《なら》に建《た》てた百済大寺《くだらおおでら》だといわれています。

金堂、五重塔、中門《ちゅうもん》、回廊は、飛鳥《あすか》時代に建てられました。金堂の屋根の軒《のき》を支《ささ》える部分が雲のような形になっていたり、上層《じょうそう》階の手すりの格子《こうし》が卍《まんじ》をくずしたようなデザインになっていたりするのは、飛鳥時代の特徴《とくちょう》です。

透《とう》視《し》してみよう！

法隆寺《ほうりゅうじ》 金堂《こんどう》

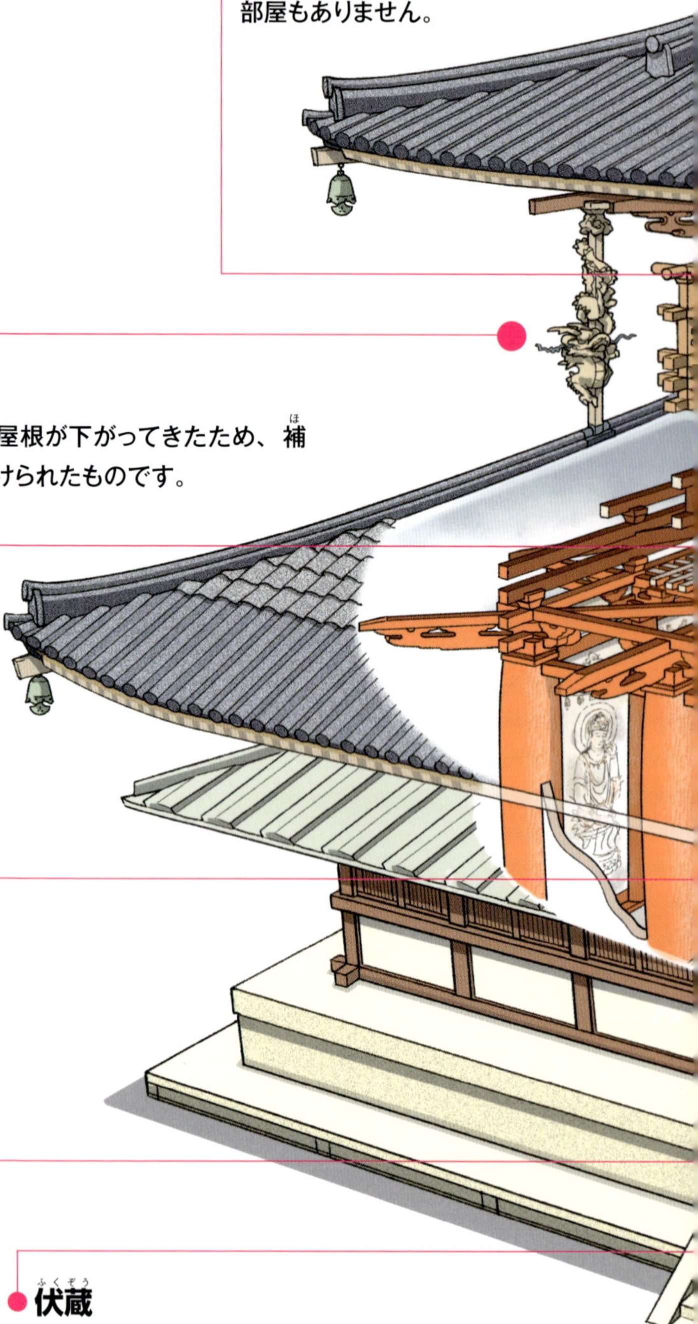

実は1階建《だ》て

金堂《こんどう》は2階建《だ》てに見えますが、内部には2階にあがる階段《かいだん》も、部屋もありません。

つけくわえられた柱

金堂《こんどう》の屋根を支《ささ》える龍《りゅう》の彫刻《ちょうこく》がついた柱は、軒《のき》の出が深く、屋根が下がってきたため、補《ほ》強《きょう》用としてのちの時代（年代にはいくつかの説《せつ》がある）に取りつけられたものです。

建設《けんせつ》当時の落書《らくが》き

天井《てんじょう》の桟《さん》の裏側《うらがわ》に、建設《けんせつ》当時にかかれた文字や人の顔、天狗《てんぐ》の絵などの落書《らくが》きが残《のこ》っています。1945（昭和《しょうわ》20）年の改修《かいしゅう》工事のときに見つかりました。現在《げんざい》は公開されておらず、見ることはできません。

金堂《こんどう》の内部

壁《かべ》の区切りはありませんが、金堂《こんどう》の中は3つの部屋に分かれており、「中《なか》の間《ま》」は釈迦如来《しゃかにょらい》、「東《ひがし》の間《ま》」は薬師如来《やくしにょらい》、「西《にし》の間《ま》」は阿弥陀如来《あみだにょらい》と、それぞれ本尊《ほんぞん》（→152ページ）があります。

裳階《もこし》

寺院建築《けんちく》で屋根の下についているひとまわり小さなひさしを裳階《もこし》（→152ページ）といいます。法隆寺《ほうりゅうじ》金堂《こんどう》の裳階はあとからつけられたといわれています。瓦葺《かわらぶき》ではなく、板葺《いたぶき》です。

伏蔵《ふくぞう》

災《わざわ》いにそなえて、法隆寺《ほうりゅうじ》には伏蔵《ふくぞう》とよばれる地下の宝蔵《ほうぞう》があるといういいつたえがあります。金堂《こんどう》をふくめて3か所とされていますが、ほんとうかどうかは確《たし》かめられていません。

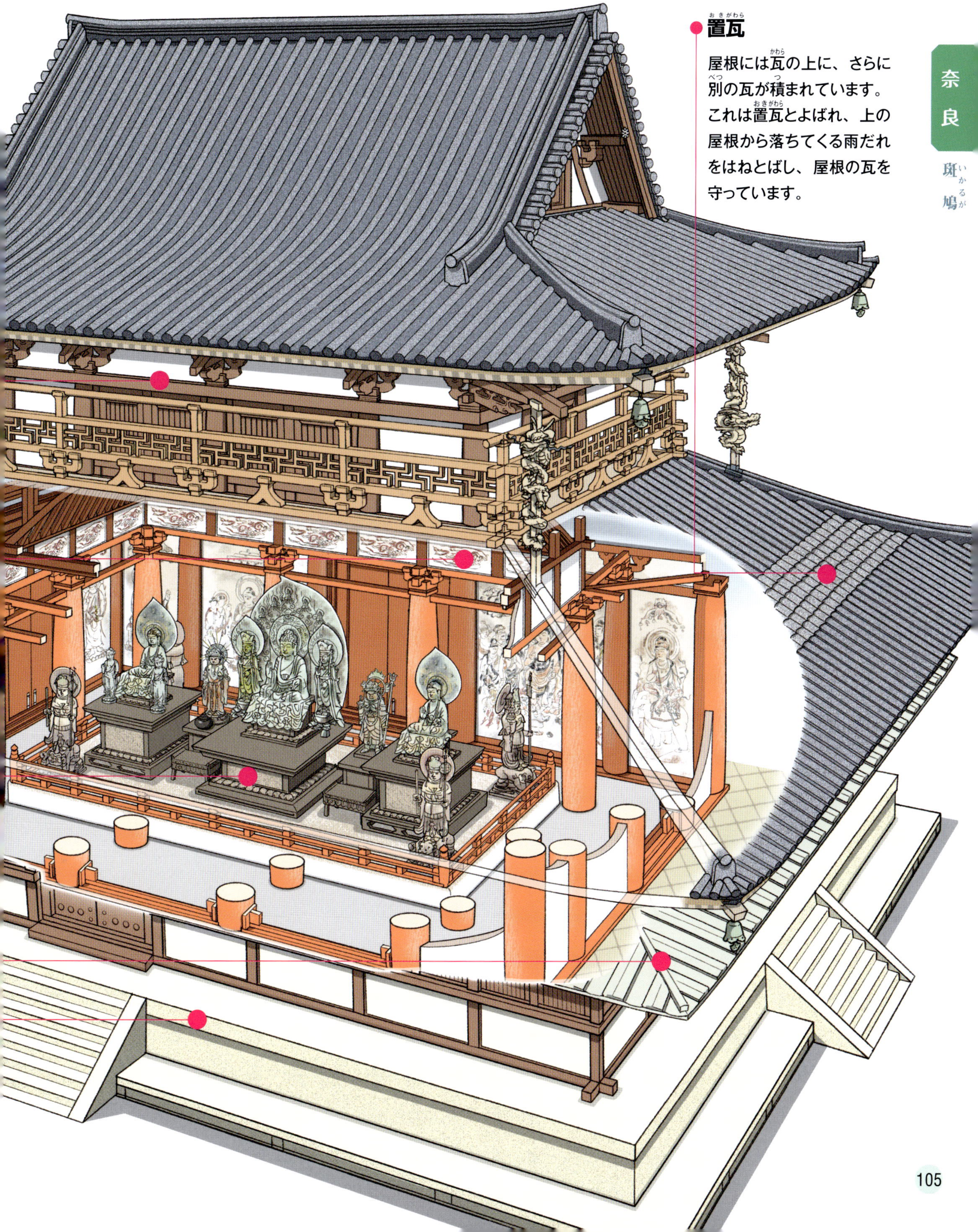

置瓦《おきがわら》

屋根には瓦《かわら》の上に、さらに別《べつ》の瓦が積《つ》まれています。これは置瓦《おきがわら》とよばれ、上の屋根から落ちてくる雨だれをはねとばし、屋根の瓦を守っています。

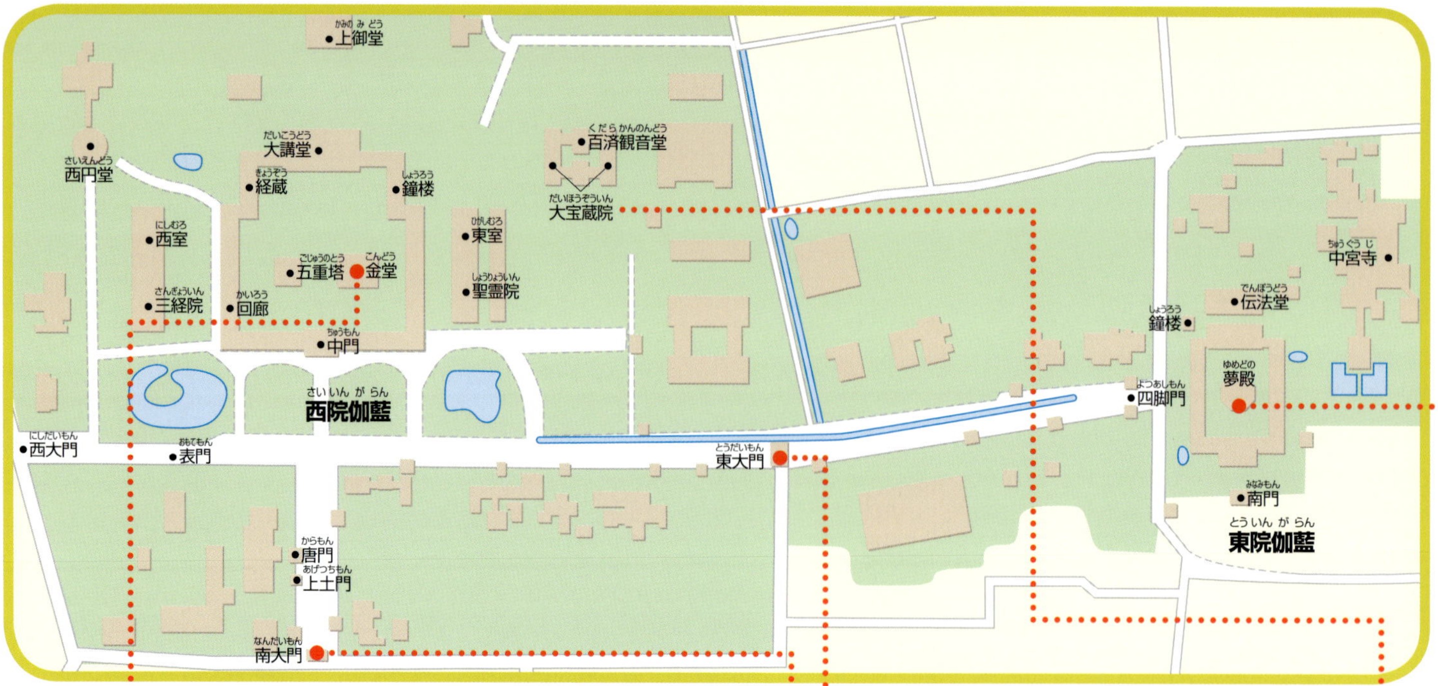

● 東大門《とうだいもん》【国宝《こくほう》】

東大門《とうだいもん》は、西院《さいいん》と東院《とういん》のあいだにある門です。奈良《なら》時代に建《た》てられたときは、いまよりも西にありましたが、平安《へいあん》時代にいまの場所へ移《うつ》されました。

● 南大門《なんだいもん》【国宝《こくほう》】

南大門《なんだいもん》は、法隆寺《ほうりゅうじ》の玄関《げんかん》にあたる門です。最初《さいしょ》に建《た》てられた門は、室町《むろまち》時代の1435年に焼《や》け、1438年につくりなおされました。

● 釈迦三尊像《しゃかさんぞんぞう》【国宝《こくほう》】

ほぼ左右対称《たいしょう》の仏像《ぶつぞう》です。聖徳太子《しょうとくたいし》の病気の回復《かいふく》を願《ねが》って623年につくられた、日本で最初《さいしょ》の仏像のひとつです。中央の像《ぞう》は仏教《ぶっきょう》をおこした釈迦《しゃか》が仏《ほとけ》となったすがたで、左右の像は病気をなおす力があるといわれる菩薩《ぼさつ》です。3体とも銅《どう》に金メッキされ、当初《とうしょ》は黄金色《こがねいろ》にかがやいていたと見られています。

夢殿《ゆめどの》【国宝《こくほう》】

夢殿《ゆめどの》は、救世観音《くせかんのん》などがまつられている八角形のお堂《どう》です。奈良《なら》時代、聖徳太子《しょうとくたいし》をしのんで、その住まいだった斑鳩宮《いかるがのみや》の跡《あと》に建《た》てられました。

もっと知りたい!

金堂壁画《こんどうへきが》と文化財保護法《ぶんかざいほごほう》

金堂《こんどう》の内部には、12面の大きな壁画《へきが》がありました。いずれも7世紀末《せいきまつ》ごろにえがかれたといわれる貴重《きちょう》なものでしたが、1949(昭和《しょうわ》24)年に金堂内で火災《かさい》がおき、壁画は無残《むざん》にも焼《や》けこげてしまいました。この火災をきっかけに、文化財《ぶんかざい》を保護《ほご》しなければという人びとの声が高まり、1950年、文化財の保存《ほぞん》・活用に関《かん》する法律《ほうりつ》(文化財保護法《ぶんかざいほごほう》)が制定《せいてい》されました。

光のあたりぐあいによって、
さまざまな色に見えるタマムシ。

玉虫厨子《たまむしのずし》【国宝《こくほう》】

厨子《ずし》とは、仏像《ぶつぞう》などをおさめる戸棚《とだな》のようなものです。タマムシの羽でかざられていたので、玉虫厨子《たまむしのずし》とよばれています。もとは約《やく》9000枚《まい》ものタマムシの羽でかざられ、厨子は玉虫色にかがやいていたと考えられています。

聖徳太子《しょうとくたいし》の母ゆかりの尼寺《あまでら》

中宮寺《ちゅうぐうじ》

◆住所:〒636-0111　生駒郡斑鳩町法隆寺北1-1-2
◆地図:81ページ B-3

本堂《ほんどう》。本尊《ほんぞん》の菩薩半跏像《ぼさつはんかぞう》が安置《あんち》されている。

菩薩半跏像《ぼさつはんかぞう》で知られる尼寺《あまでら》

中宮寺《ちゅうぐうじ》は、飛鳥《あすか》時代に、聖徳太子《しょうとくたいし》の母にあたる穴穂部間人皇女《あなほべのはしひとのひめみこ》の命《めい》で建《た》てられたといわれる尼寺《あまでら》です。当初《とうしょ》は、太子の宮殿《きゅうでん》を中心として、西にある法隆寺《ほうりゅうじ》と対《つい》になるような位置《いち》に建てられました。有名な菩薩半跏像《ぼさつはんかぞう》は、当時から本尊《ほんぞん》(→152ページ)としてまつられていたといわれます。

現在《げんざい》の地にうつったのは、1600年ごろのことです。1968(昭和《しょうわ》43)年、耐震耐火構造《たいしんたいかこうぞう》の本堂《ほんどう》が完成《かんせい》しました。

◆ 中宮寺《ちゅうぐうじ》のおもな文化財《ぶんかざい》

【国宝《こくほう》】	●菩薩半跏像《ぼさつはんかぞう》 ●天寿国繍帳残闕《てんじゅこくしゅうちょうざんけつ》
【重要文化財《じゅうようぶんかざい》】	●文殊菩薩立像《もんじゅぼさつりゅうぞう》 ●紙本墨書瑜伽師地論二巻《しほんぼくしょゆがしじろんにかん》

もっと知りたい! 天寿国繍帳《てんじゅこくしゅうちょう》

天寿国繍帳《てんじゅこくしゅうちょう》は、日本最古《さいこ》の刺《し》しゅうとして知られます。聖徳太子《しょうとくたいし》の死後、妃《きさき》の橘大郎女《たちばなのおおいらつめ》が、太子がいると考えた天寿国(極楽《ごくらく》)のようすを刺しゅうさせたものです。本物は破損《はそん》し、ごく一部しか残《のこ》っていないので博物館《はくぶつかん》にあずけられています。本堂《ほんどう》には複製《ふくせい》品が置《お》かれています。

聖徳太子《しょうとくたいし》の息子《むすこ》ゆかりの寺

法起寺《ほっきじ》

◆住所：〒630-0102　生駒郡斑鳩町大字岡本1873
◆地図：81ページ B-3
★世界遺産

法起寺《ほっきじ》の三重塔《さんじゅうのとう》は、現存《げんそん》する三重塔のなかでもっとも古い。

日本最古《さいこ》の三重塔《さんじゅうのとう》

法起寺《ほっきじ》は、聖徳太子《しょうとくたいし》の息子《むすこ》にあたる山背大兄王《やましろのおおえのおう》が、太子の遺言《ゆいごん》により、この地にあった岡本宮《おかもとのみや》という宮殿《きゅうでん》を638年に改《あらた》めて、尼寺《あまでら》(女性《じょせい》の僧《そう》の寺)としたものだといわれています。

建《た》てられた当時の建物《たてもの》のうち、いまも残《のこ》っているのは三《さん》重塔《じゅうのとう》のみです。しかし、1960年以降《いこう》、たびたび発掘調査《はっくつちょうさ》が実施《じっし》され、岡本宮の跡《あと》や、金堂《こんどう》、講堂《こうどう》の跡が見つかっています。

◆ 法起寺《ほっきじ》のおもな文化財《ぶんかざい》

【国宝《こくほう》】　●三重塔《さんじゅうのとう》

● 三重塔《さんじゅうのとう》【国宝《こくほう》】

三重塔《さんじゅうのとう》は、706年に完成《かんせい》したとされ、現在《げんざい》残《のこ》っている三重塔のなかではもっとも古いものです。

万葉集《まんようしゅう》にもうたわれた「日本のふるさと」

飛鳥《あすか》

◆住所:〒634-0144　高市郡明日香村大字平田538
（国営飛鳥歴史公園飛鳥管理センター）
◆地図:81ページ D-7

古墳《こふん》と石造物《せきぞうぶつ》の宝庫《ほうこ》

飛鳥《あすか》は、592年の推古天皇《すいこてんのう》の即位《そくい》から約《やく》100年のあいだ、歴代《れきだい》の天皇がそれぞれの宮殿《きゅうでん》を置《お》いた地です。高松塚古墳《たかまつづかこふん》やキトラ古墳などの古墳のほか、独特《どくとく》な石造物《せきぞうぶつ》の宝庫《ほうこ》として知られています。

● 酒船石《さかふねいし》【国史跡《くにしせき》】

酒船石《さかふねいし》の表面には、いくつかの丸いくぼみと、それらをつなぐ溝《みぞ》が彫《ほ》られていますが、なんのためにつくられたかは、わかっていません。

● 亀石《かめいし》

亀石《かめいし》は、亀のような形をした、高さ約《やく》2mの石です。どんな目的《もくてき》でつくられたのかはわかっていません。この石は南西を向いていますが、西を向くと大洪水《だいこうずい》がおこるとのいいつたえがあります。

● 石舞台古墳《いしぶたいこふん》【国特別史跡《くにとくべつしせき》】

石舞台古墳《いしぶたいこふん》は、日本最大《さいだい》の方墳《ほうふん》（四角い古墳）です。盛《も》り土がなくなって、棺《ひつぎ》を納《おさ》める石があらわれています。蘇我馬子《そがのうまこ》の墓《はか》という説《せつ》が有力です。

豆知識……日本最古《さいこ》の歌集『万葉集《まんようしゅう》』に出てくる900の地名のうち、4分の1は飛鳥《あすか》の地名だといわれています。明日香村《あすかむら》には、万葉集をテーマとする奈良《なら》県立万葉文化館があり、絵画や展示《てんじ》をとおして、飛鳥と万葉集について学べます。

もっと知りたい!　謎《なぞ》の石造物《せきぞうぶつ》

飛鳥《あすか》にはふしぎな形の石がたくさんあり、猿石《さるいし》、鬼《おに》の俎《まないた》、鬼の雪隠《せっちん》（便所《べんじょ》）など、ユニークな名前がついています。だれがなんのためにつくったのかはわかっていません。

猿石《さるいし》。

日本最古《さいこ》の寺の跡《あと》がいまに残《のこ》る

飛鳥寺跡《あすかでらあと》(安居院《あんごいん》)

◆住所:〒634-0103　高市郡明日香村飛鳥682
◆地図:81ページ D-7

江戸《えど》時代に建《た》てられた本堂《ほんどう》。飛鳥大仏《あすかだいぶつ》が置《お》かれている。

蘇我氏《そがし》ゆかりの寺

飛鳥寺《あすかでら》は、596年に、朝廷《ちょうてい》の有力者だった蘇《そ》我馬子《がのうまこ》が飛鳥に建《た》てた、日本最古《さいこ》の寺です。平《へい》城京《じょうきょう》に都が移《うつ》ったとき、寺も平城京に移って元《がん》興寺《ごうじ》(→92ページ)となりました。ところが、建物《たてもの》と本尊《ほんぞん》(→152ページ)は、飛鳥寺の跡地《あとち》に残《のこ》され、長い歴史《れきし》のなかで本元興寺、法興寺《ほうこうじ》、本興寺《ほんこうじ》などの別名《べつめい》もつけられました。

その後、火災《かさい》で建物が焼《や》け、現在《げんざい》は、江戸《えど》時代に再建《さいけん》された本堂《ほんどう》(安居院《あんごいん》)と本尊《ほんぞん》の飛鳥大仏《あすかだいぶつ》が残っています。

◆ 飛鳥寺《あすかでら》(安居院《あんごいん》)のおもな文化財《ぶんかざい》

【重要文化財《じゅうようぶんかざい》】 ●釈迦如来坐像《しゃかにょらいざぞう》(飛鳥大仏《あすかだいぶつ》)

● 釈迦如来坐像《しゃかにょらいざぞう》(飛鳥大仏《あすかだいぶつ》)【重要文化財《じゅうようぶんかざい》】

本尊《ほんぞん》の釈迦如来坐像《しゃかにょらいざぞう》は、日本ではじめて本格《ほんかく》的《てき》に仏像彫刻《ぶつぞうちょうこく》をおこなった止利仏師《とりぶっし》によって、609年につくられたとされています。高さが３m近くあり、飛鳥大仏《あすかだいぶつ》ともよばれています。火災《かさい》で焼《や》けたため、修復《しゅうふく》された部分もありますが、飛鳥時代の仏像の特徴《とくちょう》とされるアーモンド形の目や、かすかに笑《わら》ったような表情《ひょうじょう》はかわらず残《のこ》っています。

もっと知りたい! 入鹿《いるか》の首塚《くびづか》

飛鳥寺跡《あすかでらあと》(安居院《あんごいん》)の西側《にしがわ》に、石を５つ重ねたお墓《はか》のようなものがあります。蘇我馬子《そがのうまこ》の孫《まご》で、大化《たいか》の改新《かいしん》のときに中大兄皇子《なかのおおえのおうじ》にうたれた蘇我入鹿《そがのいるか》の首塚《くびづか》と伝《つた》えられています。

蘇我入鹿《そがのいるか》の首塚《くびづか》といわれる石の塔《とう》。

おもしろ情報

長い歴史《れきし》が育ててきた京都《きょうと》・奈良《なら》の伝統工芸品《でんとうこうげいひん》

京都《きょうと》と奈良《なら》では、都として発展《はってん》していく歴史《れきし》のなかで、さまざまな産業《さんぎょう》と高度な技術《ぎじゅつ》がはぐくまれてきました。それらはいま、伝統工芸品《でんとうこうげいひん》として受けつがれています。

洗練《せんれん》された美しさの京都《きょうと》の伝統工芸品《でんとうこうげいひん》

京焼《きょうやき》・清水焼《きよみずやき》

京焼《きょうやき》・清水焼《きよみずやき》は、はなやかで優雅《ゆうが》な絵柄《えがら》が特徴《とくちょう》の陶磁器《とうじき》です。江戸《えど》時代の初《はじ》めごろから京都《きょうと》でつくられるようになり、江戸時代の初期《しょき》から中期にかけて、野々村《ののむら》仁清《にんせい》や尾形乾山《おがたけんざん》らによって大成《たいせい》しました。

西陣織《にしじんおり》

西陣織《にしじんおり》は、京都《きょうと》市の西陣地区を中心につくられる織物です。絹糸《きぬいと》や金糸《きんし》、銀糸《ぎんし》を使って織《お》り、複雑《ふくざつ》で美しい模様《もよう》が特徴《とくちょう》で、高級な着物や帯《おび》に使われます。

完成《かんせい》までには多くの工程《こうてい》があり、専門《せんもん》の職人《しょくにん》が分業で織りあげます。

京扇子《きょうせんす》

扇子《せんす》は、平安《へいあん》時代に京都《きょうと》でうまれた道具です。茶道《ちゃどう》や舞踊《ぶよう》に使われ、技法《ぎほう》や模様《もよう》が洗練《せんれん》されていきました。

京友禅《きょうゆうぜん》

京友禅《きょうゆうぜん》は、江戸《えど》時代中ごろに宮崎友禅斎《みやざきゆうぜんさい》が考案《こうあん》した、白い生地《きじ》に美しい模様《もよう》を染《そ》める技法《ぎほう》です。はなやかな染色《せんしょく》に加《くわ》え、金銀粉《きんぎんぶん》や刺《し》しゅうがほどこされます。

京都《きょうと》から日本各地《かくち》に伝《つた》わり、江戸友禅や加賀《かが》友禅ができました。

もっと知りたい! 京都《きょうと》伝統産業《でんとうさんぎょう》ふれあい館《かん》

京都《きょうと》の伝統工芸品《でんとうこうげいひん》73品目の展示《てんじ》のほか、製造工程《せいぞうこうてい》を説明《せつめい》するパネルや映像展示《えいぞうてんじ》もあり、伝統工芸品の手作業の技術《ぎじゅつ》についてよくわかる資料館《しりょうかん》です。

■所在地・連絡先
京都市左京区
岡崎成勝寺町9-1
京都市勧業館
みやこめっせ地下1階
☎075-762-2670

寺院や神社が守り育てた奈良《なら》の伝統工芸品《でんとうこうげいひん》

奈良《なら》一刀彫《いっとうぼり》

のみ一本で豪快《ごうかい》に彫《ほ》りあげた木彫《きぼ》りの人形です。平《へい》安《あん》時代末期《まっき》に春日大社《かすがたいしゃ》の祭りで使われた人形がはじまりとされています。豪快さのなかにも、細かい彫りの技術《ぎじゅつ》が使われ、美しい彩色《さいしょく》がほどこされています。

能《のう》や舞楽《ぶがく》に使われるものから、ひな人形などの観賞《かんしょう》用《よう》のものまで、用途《ようと》はさまざまです。

奈良筆《ならふで》・奈良墨《ならすみ》

多くの寺院がある奈良《なら》では、写経《しゃきょう》（お経《きょう》を書きうつすこと)のための筆と墨《すみ》が、古くからつくられてきました。現在《げんざい》も、日本の墨の約《やく》90%が奈良県で生産《せいさん》されています。

高山茶筌《たかやまちゃせん》

茶筌《ちゃせん》とは、茶道《ちゃどう》で抹茶《まっちゃ》をたてるとき、茶碗《ちゃわん》のなかをかきまわす竹製《たけせい》の道具のことです。

室町《むろまち》時代の中ごろ、現在《げんざい》の生駒《いこま》市高山《たかやま》の領主《りょうしゅ》の子によって茶筌がつくられ、一族の内部だけで製造《せいぞう》技術《ぎじゅつ》が受けつがれたため、高山でしかつくられない特産品《とくさんひん》となりました。

面《めん》

古くから雅楽《ががく》などの伝統芸能《でんとうげいのう》に使われた木彫《きぼ》りの面で、奈《な》良《ら》の社寺や正倉院《しょうそういん》(→87ページ)に多く保存《ほぞん》されています。

室町《むろまち》時代に能楽《のうがく》がうまれると、多くの能面《のうめん》がつくられるようになり、現在《げんざい》に伝《つた》わっています。

もっと知りたい! なら工藝館《こうげいかん》

江戸《えど》時代から明治《めいじ》時代の町並《まちな》みが残《のこ》る「奈良町《ならまち》」という地《ち》域《いき》の一角にあり、多くの奈良の伝統工芸品《でんとうこうげいひん》のほか、伝統工芸品の製作《せいさく》に使われる道具も展示《てんじ》しています。

■所在地・連絡先
奈良市阿字万字町1-1
☎0742-27-0033

見てみよう！
平泉

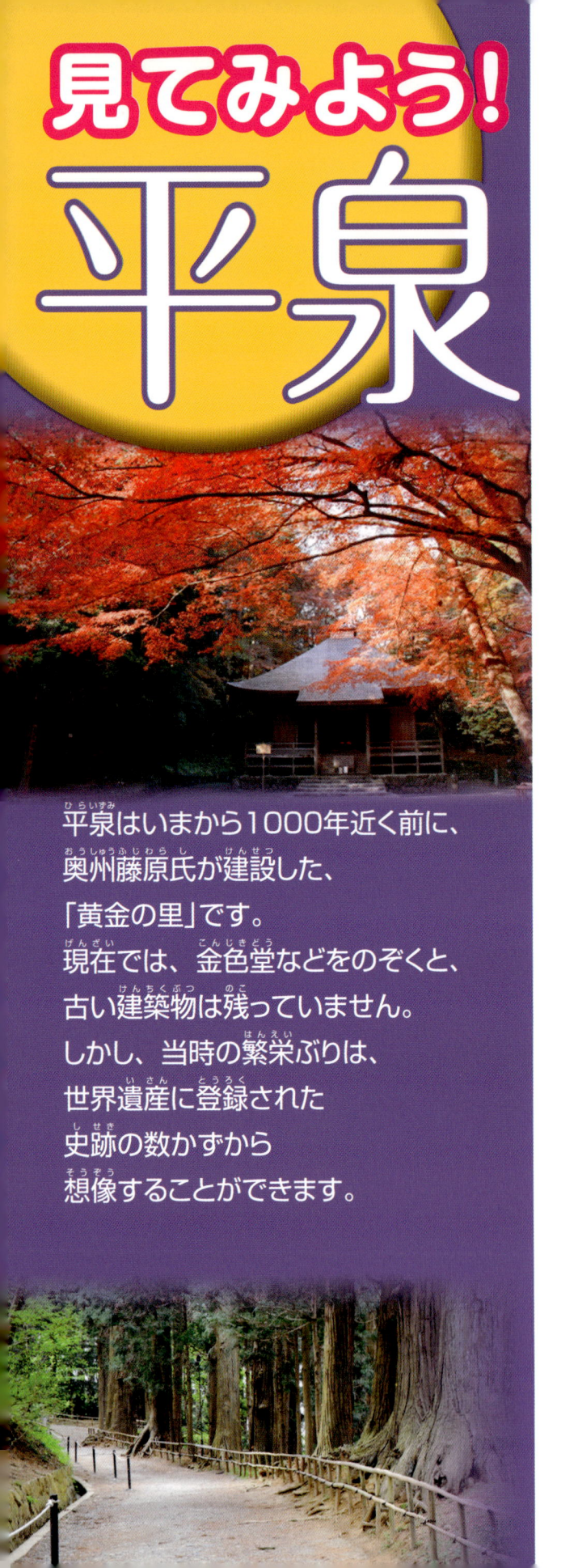

平泉《ひらいずみ》はいまから1000年近く前に、
奥州藤原氏《おうしゅうふじわらし》が建設《けんせつ》した、
「黄金の里」です。
現在《げんざい》では、金色堂《こんじきどう》などをのぞくと、
古い建築物《けんちくぶつ》は残《のこ》っていません。
しかし、当時の繁栄《はんえい》ぶりは、
世界遺産《いさん》に登録《とうろく》された
史跡《しせき》の数かずから
想像《そうぞう》することができます。

奥州藤原氏《おうしゅうふじわらし》がつくりあげた理想郷《りそうきょう》をしのぶ

歴史《れきし》　奥州藤原氏《おうしゅうふじわらし》の光かがやく100年

平安《へいあん》時代の中ごろ、後三年《ごさんねん》の役《えき》（1083～1087年）で勝利した藤原清衡《ふじわらのきよひら》は、奥州藤原氏《おうしゅうふじわらし》をおこし、平泉《ひらいずみ》に本拠地《ほんきょち》を置《お》きました。そして、中尊寺《ちゅうそんじ》を建《た》て、戦乱《せんらん》の犠牲者《ぎせいしゃ》の霊《れい》をとむらいました。清衡のあとをついだ二代基衡《もとひら》と三代秀衡《ひでひら》は、金の産出《さんしゅつ》と北方交易《こうえき》で築《きず》いたばくだいな財産《ざいさん》で、毛越寺《もうつうじ》や無量光院《むりょうこういん》などを建てました。しかし、四代泰衡《やすひら》のときに、源頼朝《みなもとのよりとも》に攻《せ》められ、1189年、奥州藤原氏は約100年の歴史《れきし》を閉《と》じました。

奥州藤原氏がほろんだのちは、平泉は徐《じょ》じょに衰退《すいたい》し、たび重なる火災《かさい》もあって、栄光《えいこう》をきわめた建築物《けんちくぶつ》や庭園の多くは灰《はい》となり、田畑となってしまいました。

文化財《ぶんかざい》　仏《ほとけ》の国をあらわす建築《けんちく》や庭園

奥州藤原氏《おうしゅうふじわらし》は、清衡《きよひら》・基衡《もとひら》・秀衡《ひでひら》の三代にわたって、平泉《ひらいずみ》に仏教《ぶっきょう》の教えによる理想郷《りそうきょう》を建設《けんせつ》しようとしました。平泉にある4つの庭園（中尊寺大池伽藍跡《ちゅうそんじおおいけがらんあと》、毛越寺《もうつうじ》庭園、観自在王院跡《かんじざいおういんあと》、無量光院《むりょうこういん》跡《あと》）は、浄土式庭園《じょうどしきていえん》といい、仏《ほとけ》の国のすがたを地上に再現《さいげん》しようとしたもので、無量光院は、聖《せい》なる山・金鶏山《きんけいざん》を背景《はいけい》に、宇治《うじ》の平等院《びょうどういん》（京都《きょうと》府）（→70ページ）を手本にしてつくられています。

平泉の寺院や庭園の多くは焼失《しょうしつ》しましたが、史跡《しせき》として保存《ほぞん》され、2011（平成《へいせい》23）年に、「平泉《ひらいずみ》—仏国土《ぶっこくど》（浄土《じょうど》）を表す建築《けんちく》・庭園及《およ》び考古学的《こうこがくてき》遺跡群《いせきぐん》—」として世界遺産《いさん》（文化遺産）に登録《とうろく》されました。

もっと知りたい！　『奥《おく》の細道《ほそみち》』の芭蕉《ばしょう》と平泉《ひらいずみ》

1689年に、弟子《でし》の曾良《そら》とともに荒《あ》れはてた平泉《ひらいずみ》を訪《おとず》れた俳人《はいじん》の松尾芭蕉《まつおばしょう》は、奥州藤原氏《おうしゅうふじわらし》のかつての繁栄《はんえい》をしのんで、「夏草や兵《つわもの》どもが夢《ゆめ》の跡《あと》」という俳句《はいく》をよんでいます。また、中尊寺《ちゅうそんじ》では「五月雨《さみだれ》の降《ふり》のこしてや光堂《ひかりどう》」という句《く》を残《のこ》しています。光堂とは中尊寺金色堂《こんじきどう》のことで、かつてのおもかげのない平泉のなかで、ここだけはむかしのままにかがやいているようすを表現《ひょうげん》しています。

毛越寺《もうつうじ》【特別史跡《とくべつしせき》・特別名勝《とくべつめいしょう》】

毛越寺《もうつうじ》は、12世紀《せいき》中ごろに藤原基衡《ふじわらのもとひら》が建《た》てた寺院で、当時は中《ちゅう》尊寺《そんじ》よりも大きく、りっぱでした。お堂《どう》の南には、「大泉《おおいずみ》が池《いけ》」を中心に浄土式庭園《じょうどしきていえん》がひろがり、仏《ほとけ》の国が地上にあらわれたようだといわれました。当時の建物《たてもの》は火事で焼《や》けてしまいましたが、庭園はきれいに整備《せいび》され、そのころのようすを伝《つた》えています。

金鶏山《きんけいざん》【史跡《しせき》】

金鶏山《きんけいざん》には、秀衡《ひでひら》が、平泉《ひらいずみ》の平和を祈《いの》って金の鶏《にわとり》を山頂《さんちょう》に埋《う》めたという伝説《でんせつ》があります。平泉の3つの寺院(中尊寺《ちゅうそんじ》、毛越寺《もうつうじ》、無量光院《むりょうこういん》)の配置《はいち》は、金鶏山を中心にして考えられました。

無量光院跡《むりょうこういんあと》【特別史跡《とくべつしせき》】

無量光院《むりょうこういん》は、秀衡《ひでひら》が12世紀《せいき》後半に建《た》てた大きな寺院でしたが、現在《げんざい》は、建築《けんちく》の基礎《きそ》となる石や、庭園の跡《あと》だけが残《のこ》っています。

観自在王院跡《かんじざいおういんあと》【特別史跡《とくべつしせき》・名勝《めいしょう》】

観自在王院《かんじざいおういん》は、基衡《もとひら》の妻《つま》が建《た》てたものといわれています。当時の建物《たてもの》はすべて失《うしな》われましたが、ほぼ正方形の「舞鶴《まいづる》が池《いけ》」を中心とする浄土式《じょうどしき》庭園が復元《ふくげん》されています。

金色堂《こんじきどう》は、平安《へいあん》時代の仏教《ぶっきょう》美術《びじゅつ》の宝庫《ほうこ》

中尊寺《ちゅうそんじ》

◆住所：〒029-4102　岩手県西磐井郡平泉町平泉衣関202

◆地図：115ページ B-2

★**世界遺産**

金色堂《こんじきどう》は国宝《こくほう》の第1号となった建造物《けんぞうぶつ》で、その中には金色にかがやく仏像群《ぶつぞうぐん》がある。

奥州藤原氏《おうしゅうふじわらし》が創建《そうけん》

中尊寺《ちゅうそんじ》（特別名勝《とくべつめいしょう》）は、12世紀《せいき》はじめ、奥州藤原氏《おうしゅうふじわらし》初代《しょだい》の清衡《きよひら》が、それまであった寺院を大規模《だいきぼ》な寺院に建《た》てなおしたものです。清衡は、中尊寺を中心に、平泉《ひらいずみ》に仏《ほとけ》の国をつくることを考えました。そして、京都《きょうと》から多くの仏師《ぶっし》や工芸職人《こうげいしょくにん》をよびよせ、都にまけない大寺院を築《きず》きました。

14世紀はじめの火事で大半が焼《や》けましたが、焼失《しょうしつ》をまぬかれた金色堂《こんじきどう》など、多くの文化財《ぶんかざい》が保存《ほぞん》されています。

金色堂《こんじきどう》をおおう覆堂《おおいどう》。

金色にかがやく仏像群《ぶつぞうぐん》

奥州藤原氏《おうしゅうふじわらし》は、砂金《さきん》の採取《さいしゅ》や北方との交易《こうえき》で莫大《ばくだい》な財産《ざいさん》を築《きず》きました。清衡《きよひら》がつくった中尊寺《ちゅうそんじ》の中心は、金色がまぶしい仏像群《ぶつぞうぐん》のある金色堂《こんじきどう》です。金色堂は、保護《ほご》のための鉄筋《てっきん》コンクリートづくりの覆堂《おおいどう》に建物《たてもの》全体がすっぽりとおおわれています。

国宝《こくほう》・重要文化財《じゅうようぶんかざい》が3000点以上《いじょう》あり、金色堂のとなりに2000（平成《へいせい》12）年に完成《かんせい》した讃衡蔵《さんこうぞう》に、保管《ほかん》・展示《てんじ》されています。

◆ 中尊寺《ちゅうそんじ》のおもな文化財《ぶんかざい》

【国宝《こくほう》】
- 中尊寺《ちゅうそんじ》金色堂《こんじきどう》
- 金色堂堂内諸像《こんじきどうどうないしょぞう》及《およ》び天蓋《てんがい》
- 金色堂堂内具《こんじきどうどうないぐ》
- 紺紙金字一切経《こんしきんじいっさいきょう》
- 螺鈿八角須弥壇《らでんはっかくしゅみだん》
- 紺紙著色金光明最勝王経金字宝塔曼荼羅図《こんしちゃくしょくこんこうみょうさいしょうおうきょうきんじほうとうまんだらず》

その他多数

【重要文化財《じゅうようぶんかざい》】
- 金色堂覆堂《こんじきどうおおいどう》
- 木造薬師如来坐像《もくぞうやくしにょらいざぞう》
- 中尊寺《ちゅうそんじ》経蔵《きょうぞう》
- 白山神社能舞台《はくさんじんじゃのうぶたい》
- 木造千手観音立像《もくぞうせんじゅかんのんりゅうぞう》
- 木造大日如来坐像《もくぞうだいにちにょらいざぞう》

その他多数

● **経蔵《きょうぞう》【重要文化財《じゅうようぶんかざい》】**

経蔵《きょうぞう》は、金字で書かれたお経《きょう》などがおさめられていた、中尊寺《ちゅうそんじ》のなかでも重要《じゅうよう》な建物《たてもの》でした。約《やく》８m四方の方形造《ほうぎょうづくり》(→151ページ)で、建《た》てられた当時の平安《へいあん》時代の木材《もくざい》を一部に使い、14世紀《せいき》ごろに再建《さいけん》されました。

● **紺紙金字一切経《こんしきんじいっさいきょう》【国宝《こくほう》】**

一切経《いっさいきょう》とは、仏教《ぶっきょう》の書物(経典《きょうてん》)を書きうつして集めたもので、この紺紙金字《こんしきんじ》一切経は、紺色《こんいろ》の紙に金字で書かれています。中尊寺《ちゅうそんじ》には2724巻《かん》が残《のこ》されています。

豆知識……本堂《ほんどう》の本尊《ほんぞん》の両脇《りょうわき》には、「不滅《ふめつ》の法灯《ほうとう》」とよばれる灯《ひ》がともっています。これは、唐《とう》（中国）に留学《りゅうがく》し、天台宗《てんだいしゅう》を日本に広めた最澄《さいちょう》がともして以来《いらい》消えたことのない灯で、天台宗の総本山《そうほんざん》である延暦寺《えんりゃくじ》(→40ページ)からわけられたものです。

● **金色堂覆堂《こんじきどうおおいどう》(旧覆堂《きゅうおおいどう》)【重要文化財《じゅうようぶんかざい》】**

現在《げんざい》の覆堂《おおいどう》ができるまで、風雪《ふうせつ》から守るために金色堂《こんじきどう》をおおっていた木造《もくぞう》の覆堂は、最初《さいしょ》のものは1288年に鎌倉幕府《かまくらばくふ》がつくったといわれ、15世紀《せいき》ごろに再建《さいけん》されたものが残《のこ》っています。

● **金色堂《こんじきどう》【国宝《こくほう》】**(左ページ上写真)

覆堂《おおいどう》内部にある金色堂《こんじきどう》は、約《やく》5.5m四方の小堂《しょうどう》です。金箔《きんぱく》でおおわれた金色堂内部には、３組の阿弥陀三尊像《あみださんぞんぞう》と、それらを守る持国天《じこくてん》、増長天《ぞうちょうてん》、地蔵菩薩《じぞうぼさつ》など、32体の仏像《ぶつぞう》が重なりあうようにならんでいます。黒塗《くろぬ》りの漆《うるし》と、さんぜんとかがやく金、それらをかざるみごとな工芸細工《こうげいざいく》は、平安美術《へいあんびじゅつ》の「東の宝庫《ほうこ》」といわれるほどです。

● **白山神社能舞台《はくさんじんじゃのうぶたい》【重要文化財《じゅうようぶんかざい》】**

中尊寺《ちゅうそんじ》の守り神《がみ》である白山神社《はくさんじんじゃ》にある能舞台《のうぶたい》は、簡素《かんそ》なつくりですが力強さが感じられます。江戸《えど》時代末期《まっき》の1853年に再建《さいけん》されました。

もっと知りたい! **藤原《ふじわら》３代のミイラ**

金色堂《こんじきどう》の仏像《ぶつぞう》の下には、清衡《きよひら》・基衡《もとひら》・秀衡《ひでひら》の藤原《ふじわら》３代のミイラ化した遺体《いたい》と、泰衡《やすひら》の首がおさめられています。泰衡は、源頼朝《みなもとのよりとも》に戦《いくさ》で敗《やぶ》れ、命ごいをしましたが、受けいれられず、逃《に》げる途中《とちゅう》に部下に裏切《うらぎ》られて首を取られました。奥州藤原氏《おうしゅうふじわらし》は、こうしてほろびていったのです。

見てみよう！
日光

神と仏《ほとけ》が一体となった山岳信仰《さんがくしんこう》の聖地《せいち》に、
徳川家康《とくがわいえやす》の霊《れい》をまつる東照宮《とうしょうぐう》を加《くわ》えた
日光《にっこう》の二社一寺。
うっそうと茂《しげ》る深《ふか》い森の中に、
人がつくり上げた美が、
みごとに調和《ちょうわ》しています。

自然美《しぜんび》と人工の美が調和《ちょうわ》した山岳信仰《さんがくしんこう》の聖地《せいち》

歴史《れきし》 勝道上人《しょうどうしょうにん》が開き 徳川家《とくがわけ》の保護《ほご》で発展《はってん》

奈良《なら》時代末期《まっき》の766年に、勝道上人《しょうどうしょうにん》は四本龍寺《しほんりゅうじ》を開き、790年には本宮神社《ほんぐうじんじゃ》を建《た》てました。のちに、四本龍寺は輪王寺《りんのうじ》に、本宮神社は日光二荒山神社《にっこうふたらさんじんじゃ》となります。日本古来の神を仏《ほとけ》として崇拝《すうはい》する、独特《どくとく》の信仰《しんこう》です。

日光東照宮《にっこうとうしょうぐう》は、日光山《にっこうさん》に小さなお堂《どう》を建てて埋葬《まいそう》するようにという、徳川家康《とくがわいえやす》の遺言《ゆいごん》により、1617年に建てられました。最初《さいしょ》は遺言どおり小規模《しょうきぼ》でしたが、それが現在《げんざい》のような姿《すがた》になったのは、江戸幕府《えどばくふ》三代将軍《しょうぐん》の家光《いえみつ》の命令《めいれい》によります。家光は、尊敬《そんけい》する家康の霊《れい》と徳川家の権威《けんい》を高めるために、費用《ひよう》をおしまず、全国から名工を集めて、当時の最高技術《さいこうぎじゅつ》を用い、壮麗《そうれい》な社殿《しゃでん》を建設《けんせつ》しました。

文化財《ぶんかざい》 江戸《えど》時代の 最高技術《さいこうぎじゅつ》の結晶《けっしょう》

1636年の東照宮《とうしょうぐう》の建《た》てかえには、のべ450万人以上《いじょう》が動員されました。山の斜面《しゃめん》をうまく利用《りよう》して配置《はいち》された社殿《しゃでん》には、校倉造《あぜくらづくり》、書院造《しょいんづくり》、八棟造《やつむねづくり》など、さまざまな建築《けんちく》技術《ぎじゅつ》が駆使《くし》され、みごとな彫刻《ちょうこく》で飾《かざ》られています。

とくに有名な陽明門《ようめいもん》には、動物や植物、人物などの彫刻が500以上も施《ほどこ》され、見る者を圧倒《あっとう》するすばらしさです。また、けんらん豪華《ごうか》ななかに、世の平和(天下泰平《てんかたいへい》)を願《ねが》う心もこめられています。

1999(平成《へいせい》11)年、二社一寺の文化財《ぶんかざい》(国宝《こくほう》9棟《とう》、重要《じゅうよう》文化財《ぶんかざい》94棟) と周囲《しゅうい》の自然環境《しぜんかんきょう》が、「日光《にっこう》の社寺《しゃじ》」として世界遺産《いさん》(文化遺産)に登録《とうろく》されました。

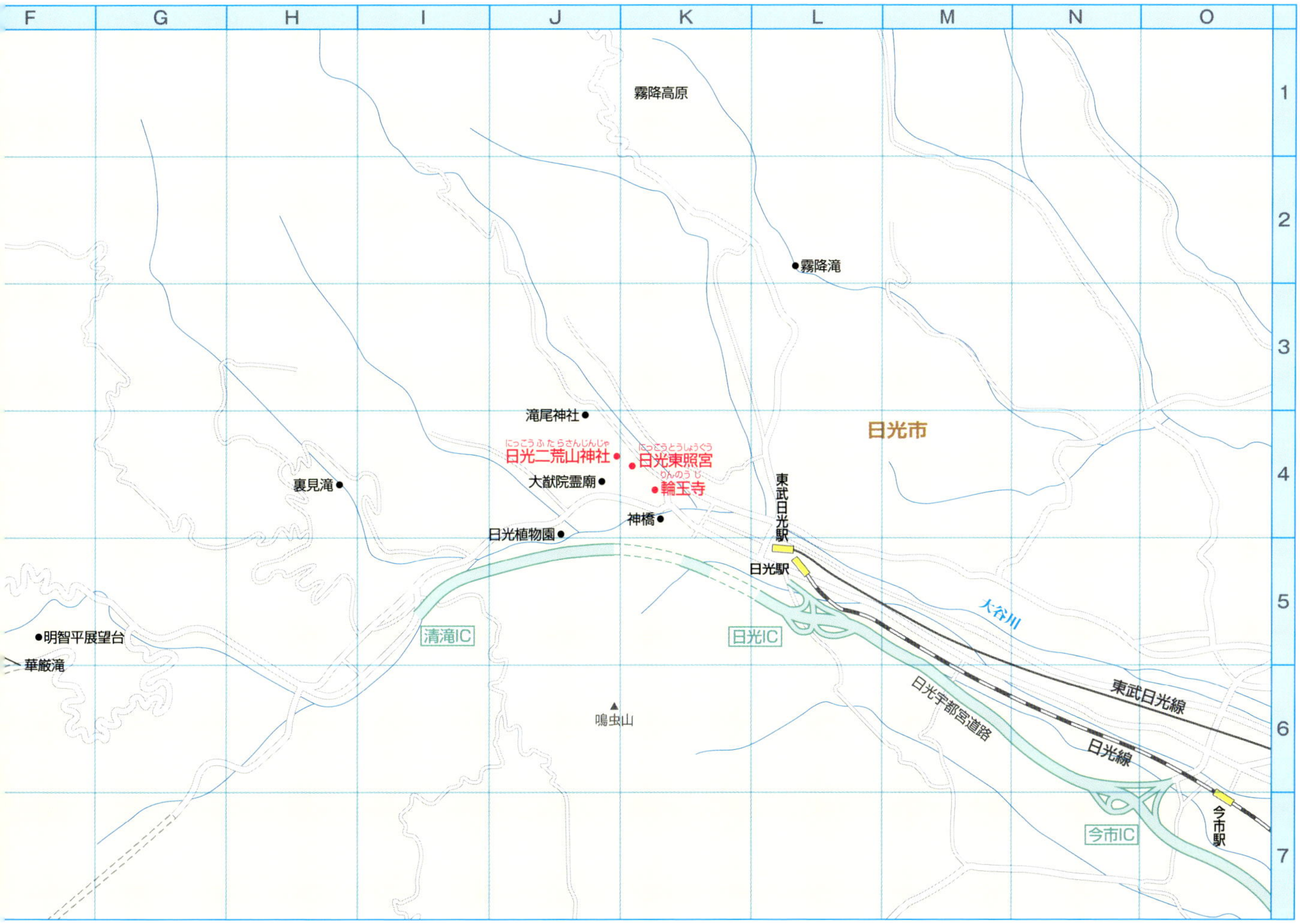

自然《しぜん》とみごとに調和する人工の美

日光東照宮《にっこうとうしょうぐう》

◆住所：〒321-1431／栃木県日光市山内2301
◆地図：119ページ K-4
★世界遺産

はなやかな陽明門《ようめいもん》には500以上《いじょう》の彫刻《ちょうこく》がある。

江戸幕府《えどばくふ》の力を示《しめ》した大工事

江戸幕府《えどばくふ》を開いた徳川家康《とくがわいえやす》は、「自分が死んだら、なきがらは久能山《くのうざん》(静岡《しずおか》県)におさめ、1年たったら日光山《にっこうさん》に小さなお堂《どう》を建《た》てて、神としてまつりなさい。関八州《かんはっしゅう》（関東《かんとう》8か国）の守り神《がみ》となろう」といいのこして、1616年に亡《な》くなりました。翌《よく》1617年、2代将軍《しょうぐん》の徳川秀忠《ひでただ》によって、日光東照宮《にっこうとうしょうぐう》の社殿《しゃでん》が建《た》てられ、家康はここに葬《ほうむ》られました。

家康の孫《まご》、3代将軍の家光《いえみつ》は、江戸だけでなく、京都《きょうと》や大坂《おおさか》(いまの大阪《おおさか》)からも宮大工《みやだいく》や名工《めいこう》たちをよびよせて工事を進め、1636年、けんらん豪華《ごうか》な日光東照宮ができあがりました。

これを寛永《かんえい》の大造営《だいぞうえい》といい、現在《げんざい》のお金で400億円《おくえん》をかけ、1年5か月で延《の》べ450万人以上《いじょう》を動員したといいます。

江戸初期《えどしょき》の最高《さいこう》の技術《ぎじゅつ》

日光東照宮《にっこうとうしょうぐう》の境内《けいだい》には、山の斜面《しゃめん》など、自然《しぜん》の地形を利《り》用《よう》して階段《かいだん》や参道《さんどう》がつくられ、55棟《むね》の社殿《しゃでん》がたくみに配《はい》置《ち》されています。建物《たてもの》には仏教建築《ぶっきょうけんちく》と神社《じんじゃ》建築の両方があり、建物に塗《ぬ》られた白・黒・金・朱《しゅ》・群青《ぐんじょう》・緑青《ろくしょう》・黄土色《おうどいろ》の人工の色彩《しきさい》が、深い緑のスギの木立《こだち》のなかにとけこんでいます。

日光東照宮は、江戸《えど》時代はじめの建築や美術《びじゅつ》、工芸《こうげい》の最《さい》高技術《こうぎじゅつ》を使ってつくられていたので、むかしの人は、「日光を見ずして、けっこうというなかれ」（日光を見ていないのに、「すばらしい」などというな）といったほどです。

日光東照宮の8棟の国宝《こくほう》と、34棟の重要文化財《じゅうようぶんかざい》の建築物は、1999(平成《へいせい》11)年、日光二荒山神社《にっこうふたらさんじんじゃ》・輪王寺《りんのうじ》とともに、世界遺産《いさん》(文化遺産)に登録《とうろく》されました。

◆日光東照宮《にっこうとうしょうぐう》のおもな文化財《ぶんかざい》

【国宝《こくほう》】

●本殿《ほんでん》・石《いし》の間《ま》・拝殿《はいでん》 合《あわせ》 1棟《とう》 ●正面及《しょうめんおよ》び背面唐門《はいめんからもん》 2棟《とう》 ●東西透塀《とうざいすきべい》 2棟《とう》
●陽明門《ようめいもん》 ●東西廻廊《とうざいかいろう》 2棟《とう》 ●太刀《たち》 銘助真《めいすけざね》 ●太刀《たち》 銘国宗《めいくにむね》

【重要文化財《じゅうようぶんかざい》】

●上社務所《かみしゃむしょ》 ●神楽殿《かぐらでん》 ●神輿舎《しんよしゃ》 ●鐘楼《しょうろう》 ●鼓楼《ころう》 ●本地堂《ほんじどう》 ●経蔵《きょうぞう》 ●上神庫《かみじんこ》 ●中神庫《なかじんこ》
●下神庫《しもじんこ》 ●御水屋《おみずや》 ●神厩舎《しんきゅうしゃ》 ●表門《おもてもん》 ●五重塔《ごじゅうのとう》 ●石鳥居《いしどりい》 ●坂下門《さかしたもん》 ●奥社宝塔《おくしゃほうとう》
●奥社唐門《おくしゃからもん》 ●奥社石玉垣《おくしゃいしたまがき》 ●奥社拝殿《おくしゃはいでん》 ●奥社銅神庫《おくしゃどうじんこ》 ●奥社鳥居《おくしゃとりい》 ●奥社石柵《おくしゃせきさく》
●仮殿本殿《かりでんほんでん》・仮殿相《かりでんあい》の間《ま》・仮殿拝殿《かりでんはいでん》 ●仮殿唐門《かりでんからもん》 ●仮殿掖門及《かりでんえきもんおよ》び透塀《すきべい》 ●仮殿鳥居《かりでんとりい》
●仮殿鐘楼《かりでんしょうろう》 ●御旅所本殿《おたびしょほんでん》 ●御旅所拝殿《おたびしょはいでん》 ●御旅所神饌所《おたびしょかみせんじょ》 ●旧奥社唐門《きゅうおくしゃからもん》
●旧奥社鳥居《きゅうおくしゃとりい》 ※付帯関連施設《ふたいかんれんしせつ》はのぞく ●紙本著色東照宮縁起《しほんちゃくしょくとうしょうぐうえんぎ》 画狩野探幽筆《がかのうたんゆうひつ》
●剣《つるぎ》 銘久国弘安三年三月日《めいひさくにこうあんさんねんさんがつび》 ●南蛮胴具足《なんばんどうぐそく》 ほか多数

● 廻廊《かいろう》【国宝《こくほう》】の彫刻《ちょうこく》

廻廊《かいろう》は、陽明門《ようめいもん》の左右（東西）にある廊下《ろうか》で、外壁《がいへき》一面に、一枚板《いちまいいた》をくりぬいた彫刻《ちょうこく》（すかし彫《ぼ》り）がほどこされています。花や鳥、動物、水鳥の彫刻は、はなやかに着色されています。

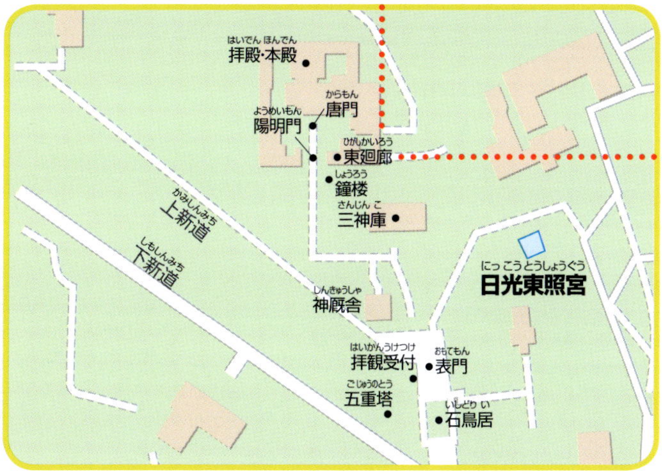

● 眠《ねむ》り猫《ねこ》【国宝《こくほう》】

東廻廊《ひがしかいろう》のすかし彫《ぼ》りにある「眠《ねむ》り猫《ねこ》」の彫刻《ちょうこく》は、日光東照宮《にっこうとうしょうぐう》の彫刻のなかで、もっともよく知られているもののひとつです。当時の名工《めいこう》・左甚五郎《ひだりじんごろう》の作と伝《つた》えられます。花に囲《かこ》まれた猫が、日の光を浴《あ》びて眠《ねむ》っているすがたは、「日光《にっこう》」と「平和」をあらわしているともいわれます。

もっと知りたい！ 日光東照宮《にっこうとうしょうぐう》の彫刻《ちょうこく》

日光東照宮《にっこうとうしょうぐう》には、全部で5173の彫刻《ちょうこく》があります。これらの彫刻にはそれぞれ物語や意味があり、家光《いえみつ》の思いがこめられているといわれます。たとえば、眠《ねむ》り猫《ねこ》（右上）の裏側《うらがわ》には、雀《すずめ》の彫刻があります。これは猫が眠っているため雀が安心して遊んでいるようすが、戦乱《せんらん》の世が終わり、平和な徳川《とくがわ》の時代になったことをあらわしているといわれます。

● **輪蔵《りんぞう》(経蔵《きょうぞう》)【重要文《じゅうようぶん》化《か》財《ざい》】**

輪蔵《りんぞう》とは、仏教《ぶっきょう》の経典《きょうてん》をおさめる回転式の書架《しょか》を置《お》いた建《たて》物《もの》のことです(→152ページ)。日光東照宮《にっこうとうしょうぐう》の輪蔵には八角形の書架が置かれ、一切経《いっさいきょう》という経典1456部、6325巻《かん》をおさめていました。屋根は2層《そう》で、屋根の形は12m四方の正方形をしています。このつくりを重層方形造《じゅうそうほうぎょうづくり》といいます。

● **神厩舎《しんきゅうしゃ》【重要文《じゅうようぶん》化《か》財《ざい》】**

神厩舎《しんきゅうしゃ》は、神様につかえる馬「神馬《しんめ》」をつないでいる場所で、日光東照宮《にっこうとうしょうぐう》のなかで、ここだけ、木に漆《うるし》を塗《ぬ》っていない白《しら》木《き》造《づくり》の建物《たてもの》です。

● **陽明門《ようめいもん》【国宝《こくほう》】と彫刻《ちょうこく》**

陽明門《ようめいもん》にある彫刻《ちょうこく》のなかで多いのは、唐獅子《からじし》(古代中国伝《でん》承《しょう》の動物)や龍《りゅう》などの動物と、菊《きく》や牡丹《ぼたん》などの花ですが、偉人《いじん》や仙人《せんにん》の彫刻もあります。陽明門は、500をこえる彫刻でかざられ、一日じゅう見ていてもあきないことから、「日暮《ひぐ》らしの門」とよばれます。

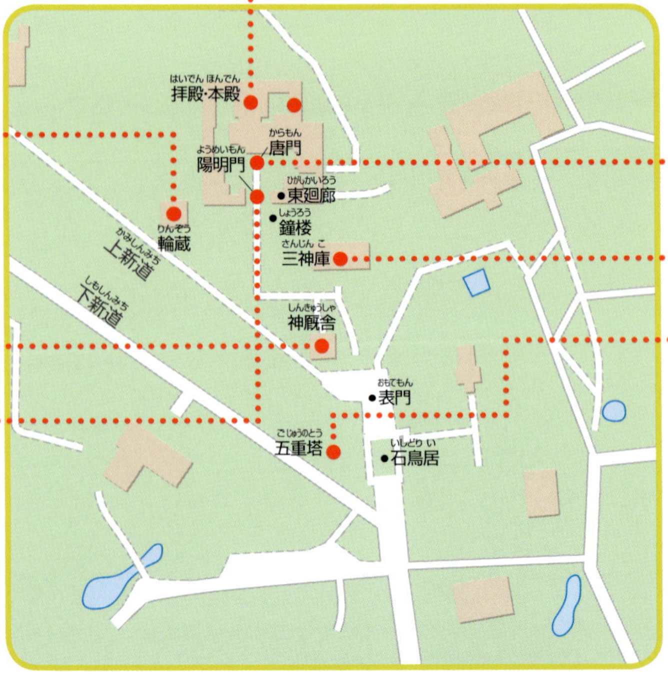

● **本社《ほんしゃ》【国宝《こくほう》】**

本社《ほんしゃ》は、拝殿《はいでん》と本殿《ほんでん》を「石《いし》の間《ま》」でつなぐ、八棟造《やつむねづくり》という建築様式《けんちくようしき》を取りいれています。もっとも神聖《しんせい》な場所の本殿には、古代中国の想像《そうぞう》上の動物である貘《ばく》の彫刻《ちょうこく》があります。

● **唐門《からもん》【国宝《こくほう》】**

唐門《からもん》は本社《ほんしゃ》の正門で、陽明門《ようめいもん》とくらべると落ちついた感じがします。門柱の昇龍《のぼりりゅう》・降龍《くだりりゅう》をはじめ、古代中国の人物彫刻《ちょうこく》など、600以上《いじょう》の彫刻があります。かつてこの門は、高い身分の人しか通ることができませんでした。

● **五重塔《ごじゅうのとう》【重要文化財《じゅうようぶんかざい》】**

1648年に小浜《おばま》(福井《ふくい》県西部)藩主《はんしゅ》の酒井《さかい》忠勝《ただかつ》が建《た》てたものです。高さは約《やく》36mで、一階部分には十二支《じゅうにし》の彫刻《ちょうこく》があります。現在《げんざい》の塔《とう》は、1818年に再建《さいけん》されたものです。

● **三神庫《さんじんこ》【重要文化財《じゅうようぶんかざい》】**

下神庫《しもじんこ》・中神庫《なかじんこ》・上神庫《かみじんこ》をあわせて三《さん》神庫《じんこ》といいます(写真は上神庫)。奈《な》良《ら》の正倉院《しょうそういん》のような校倉造《あぜくらづくり》の建物《たてもの》で、祭礼《さいれい》で使われる馬具《ばぐ》や衣服《いふく》がおさめられています。

豆知識……上神庫《かみじんこ》には2頭の大きな象《ぞう》の彫刻《ちょうこく》があります。これは、日光東照宮《にっこうとうしょうぐう》の造営《ぞうえい》に深くかかわった絵師《えし》・狩野《かのう》探幽《たんゆう》が下絵をかいた「想像《そうぞう》の象」です。耳の穴《あな》が外を向いていたり、しっぽが3つに分かれていたり、実際《じっさい》の象とはことなります。

もっと知りたい! **神厩舎《しんきゅうしゃ》の三猿彫刻《さんざるちょうこく》**

神厩舎《しんきゅうしゃ》の上の部分に、猿《さる》の彫刻《ちょうこく》が8枚《まい》あります。人間の一生を猿にたとえ、赤んぼうのころから母親になるまでの物語がえがかれています。なかでも有名なのが、子ども時代をえがいた「三猿《さんざる》」です。子どものころは、「見ざる」「聞かざる」「言わざる」で、悪いことを見たり、聞いたり、言ったりしないで、素直《すなお》な心のまま大きくなれという教えをあらわしているといわれています。

左から「聞かざる」「言わざる」「見ざる」をあらわした猿《さる》の彫刻《ちょうこく》。

木立《こだち》の中に、静《しず》かにひろがる神域《しんいき》

日光二荒山神社《にっこうふたらさんじんじゃ》

◆住所：〒321-1431　栃木県日光市山内2307
◆地図：119ページ J-4
★**世界遺産**

日本三大奇橋《ききょう》とよばれる、二荒山神社の神橋《しんきょう》。

勝道上人《しょうどうしょうにん》が奈良《なら》時代に開く

奈良《なら》時代の終わりごろ、勝道上人《しょうどうしょうにん》という僧《そう》が男体山《なんたいさん》（別《べつ》名《めい》・二荒山《ふたらさん》）に信仰《しんこう》の場を開くために日光《にっこう》に来て、大谷川《だいやがわ》の北に小堂《しょうどう》を建《た》て、つづいて本宮神社《ほんぐうじんじゃ》を建てたのが、二荒山《ふたらさん》神社《じんじゃ》のはじまりとされています。のちに勝道上人は、男体山にのぼって奥宮《おくみや》・中宮祠《ちゅうぐうし》・新宮《しんぐう》（本社）などを次つぎと建てました。やがて江戸《えど》時代となり、日光東照宮《にっこうとうしょうぐう》がつくられるとき、徳川幕府《とくがわばくふ》は二荒山神社に土地を寄進《きしん》し、社殿《しゃでん》が再建《さいけん》されました。

3つの地区に分かれる

二荒山神社《ふたらさんじんじゃ》は、本社と、男体山《なんたいさん》の山頂《さんちょう》にある奥宮《おくみや》、そしてその中間の中禅寺湖北岸《ちゅうぜんじこほくがん》にある中宮祠《ちゅうぐうし》の、3つの区域《くいき》に分かれています。

日光山内《にっこうさんない》、東照宮《とうしょうぐう》の近くにある二荒山神社本社には、東照宮のようなはなやかな色彩《しきさい》はなく、杉木立《すぎこだち》に囲《かこ》まれ、落ちついたふんいきにつつまれます。1999（平成《へいせい》11）年、日《にっ》光東照宮《こうとうしょうぐう》と輪王寺《りんのうじ》とともに、世界遺産《いさん》（文化遺産）に登録《とうろく》されました。

鳥居《とりい》ごしに、二荒山神社《ふたらさんじんじゃ》の境内《けいだい》をのぞむ。

◆日光二荒山神社《にっこうふたらさんじんじゃ》のおもな文化財《ぶんかざい》

【国宝《こくほう》】	●小太刀《こだち》銘《めい》来国俊《らいくにとし》黒漆《こくしつ》蛭巻《ひるまき》太刀《たち》拵《こしらえ》 ●大太刀《おおだち》銘《めい》備州《びしゅう》長船《おさふね》倫光《ともみつ》貞治《じょうじ》五年《ごねん》二月《にがつ》日《び》
【重要文化財《じゅうようぶんかざい》】	●本殿《ほんでん》 ●唐門《からもん》 ●掖門及《えきもんおよ》び透塀《すきべい》 2棟《とう》 ●拝殿《はいでん》 ●鳥居《とりい》 ●神輿舎《しんよしゃ》 ●大国殿《だいこくでん》 ●末社朋友神社本殿《まっしゃみともじんじゃほんでん》 ●末社日枝神社本殿《まっしゃひえじんじゃほんでん》 ●神橋《しんきょう》 ●別宮滝尾神社本殿《べつぐうたきのおじんじゃほんでん》 ●別宮本宮神社本殿《べつぐうほんぐうじんじゃほんでん》 ●別宮本宮神社唐門及《べつぐうほんぐうじんじゃからもんおよ》び透塀《すきべい》 2棟《とう》 ●中宮祠本殿《ちゅうぐうしほんでん》 ●中宮祠拝殿《ちゅうぐうしはいでん》 ●中宮祠中門《ちゅうぐうしなかもん》 ●中宮祠掖門及《ちゅうぐうしえきもんおよ》び透塀《すきべい》 2棟《とう》 ●金銅装神輿《こんどうそうみこし》 3基《き》、金銅装唐鞍《こんどうそうからくら》 3具《ぐ》 ●金銅蛭巻兵庫鎖太刀拵《こんどうひるまきひょうごくさりたちごしらえ》 ●銅燈籠《どうとうろう》 ●後撰和歌集《ごせんわかしゅう》 ●下野国男体山頂出土品一括《しもつけのくになんたいさんちょうしゅつどひんいっかつ》　ほか多数

● **本社拝殿《はいでん》【重要文化財《じゅうようぶんかざい》】**

1619年に創建《そうけん》され、1645年の本殿《ほんでん》の移転《いてん》にともない再建《さいけん》されたものです。再建時の建物《たてもの》がそのまま残《のこ》っています。屋根は黒漆塗《くろうるしぬ》りの銅瓦葺《どうがわらぶ》きで、本殿《ほんでん》と拝殿《はいでん》(重要文化財《じゅうようぶんかざい》)は、渡《わた》り廊下《ろうか》の役目をはたす渡殿《わたりでん》でつながっています。

豆知識……日光《にっこう》の玄関《げんかん》口、大谷川《だいやがわ》にかかる神橋《しんきょう》(重要文化財《じゅうようぶんかざい》)は、日光の象徴《しょうちょう》とされる橋で、現在《げんざい》のように朱色《しゅいろ》に塗《ぬ》られるようになったのは、1636年に東照宮《とうしょうぐう》が建《た》てかえられたとき以後《いご》のことです。神橋には、蛇《へび》が形をかえて橋になったという伝説《でんせつ》があります。

● **神輿舎《しんよしゃ》【重要文化財《じゅうようぶんかざい》】**

神輿舎《しんよしゃ》は、もとは東照宮《とうしょうぐう》の建物《たてもの》として1617年に建《た》てられたものを、ここに移《うつ》したものです。木材《もくざい》を着色しないでそのまま使っていて、簡素《かんそ》ななかにも気品《きひん》があります。日光山内《にっこうさんない》でもっとも古い建物です。

● **中宮祠《ちゅうぐうし》**

男体山《なんたいさん》のふもと、中禅寺湖《ちゅうぜんじこ》の北岸《ほくがん》にある中宮祠《ちゅうぐうし》には、朱塗《しゅぬ》りの唐門《からもん》(写真中央)のほか、本殿《ほんでん》・透塀《すきべい》・拝殿《はいでん》・浜鳥居《はまとりい》(すべて重要文《じゅうようぶん》化財《かざい》)などの建築物《けんちくぶつ》があります。

もっと知りたい!

勝道上人《しょうどうしょうにん》ってどんな人?

勝道上人《しょうどうしょうにん》は、735年に下野国《しもつけのくに》(栃木《とちぎ》県)にうまれました。男体山《なんたいさん》にのぼって、そこを中心とする信仰《しんこう》の場所を開こうと、766年、日光《にっこう》に来ました。しかし、当時の男体山は、人が通ることのない秘境《ひきょう》だったため、何度も挑戦《ちょうせん》をくりかえしたすえ、16年後の782年に、やっと山頂《さんちょう》にのぼることができました。勝道上人は輪王寺《りんのうじ》や二荒山神社《ふたらさんじんじゃ》などの社寺《しゃじ》を建《た》てたほか、中禅寺湖《ちゅうぜんじこ》や華厳滝《けごんのたき》も発見しました。まさに、「日光を開いた人」といえます。

1200年以上《いじょう》の歴史《れきし》がある大寺院

輪王寺《りんのうじ》

◆住所：〒321-1494　栃木県
日光市山内2300
◆地図：119ページ K-4
★**世界遺産**

朱塗《しゅぬ》りの三仏堂《さんぶつどう》は、日光山内《にっこうさんない》でもっとも大きい木造建築《もくぞうけんちく》。

輪王寺《りんのうじ》は、仏教《ぶっきょう》の建物《たてもの》の総称《そうしょう》

輪王寺《りんのうじ》は、奈良《なら》時代の終わりごろに勝道上人《しょうどうしょうにん》が建《た》てた四《し》本龍寺《ほんりゅうじ》にはじまりますが、日光山内《にっこうさんない》と男体山周辺《なんたいさんしゅうへん》に点てんとある60余《あま》りの仏教《ぶっきょう》の建物《たてもの》の総称《そうしょう》でもあります。

もともと日光《にっこう》では仏教と神道《しんとう》が一体になっていましたが、1868（明治《めいじ》元）年に出された神仏分離令《しんぶつぶんりれい》によって分けられたため、仏教の建物は輪王寺にまとめられました。

4体の夜叉《やしゃ》がおさめられている、大猷院夜叉門《たいゆういんやしゃもん》（重要文化財《じゅうようぶんかざい》）。

江戸《えど》時代はじめの仏教建築《ぶっきょうけんちく》

輪王寺《りんのうじ》の中心は、本堂《ほんどう》である三仏堂《さんぶつどう》です。平安《へいあん》時代に建《た》てられましたが、現在《げんざい》の建物《たてもの》は、徳川家康《とくがわいえやす》の孫《まご》の徳川家光《いえみつ》が建てなおしたものです。

家光の墓《はか》にあたる大猷院《たいゆういん》は、「自分の死後も家康公につかえたい」という遺言《ゆいごん》にしたがい、日光東照宮《にっこうとうしょうぐう》の近くに建てられました。家康に遠慮《えんりょ》して、東照宮とくらべると規模《きぼ》も小さく、装飾《そうしょく》もひかえめになっています。

輪王寺の建物のうち38棟《むね》が、世界遺産《いさん》に登録《とうろく》されています。

◆ 輪王寺《りんのうじ》のおもな文化財《ぶんかざい》

【国宝《こくほう》】

● 大猷院霊廟本殿《たいゆういんれいびょうほんでん》・相《あい》の間《ま》・拝殿《はいでん》（合《あわせ》1棟《とう》）
● 大般涅槃経集解《だいはつねはんきょうしゅうげ》 59巻《かん》

【重要文化財《じゅうようぶんかざい》】

● 本堂《ほんどう》（三仏堂《さんぶつどう》）
● 開山堂《かいさんどう》
● 慈眼堂拝殿《じげんどうはいでん》
● 三重塔《さんじゅうのとう》
● 大猷院霊二天門《たいゆういんれいにてんもん》
● 大猷院霊仁王門《たいゆういんれいにおうもん》
● 大猷院霊皇嘉門《たいゆういんれいこうかもん》
● 大猷院霊夜叉門《たいゆういんれいやしゃもん》
● 紙本著色東照権現像《しほんちゃくしょくとうしょうごんげんぞう》
● 板絵著色勝道上人像《いたえちゃくしょくしょうどうしょうにんぞう》
● 木造千手観音立像《もくぞうせんじゅかんのんりゅうぞう》
● 木造天海坐像《もくぞうてんかいざぞう》
● 鉄錫杖《てつしゃくじょう》　ほか多数

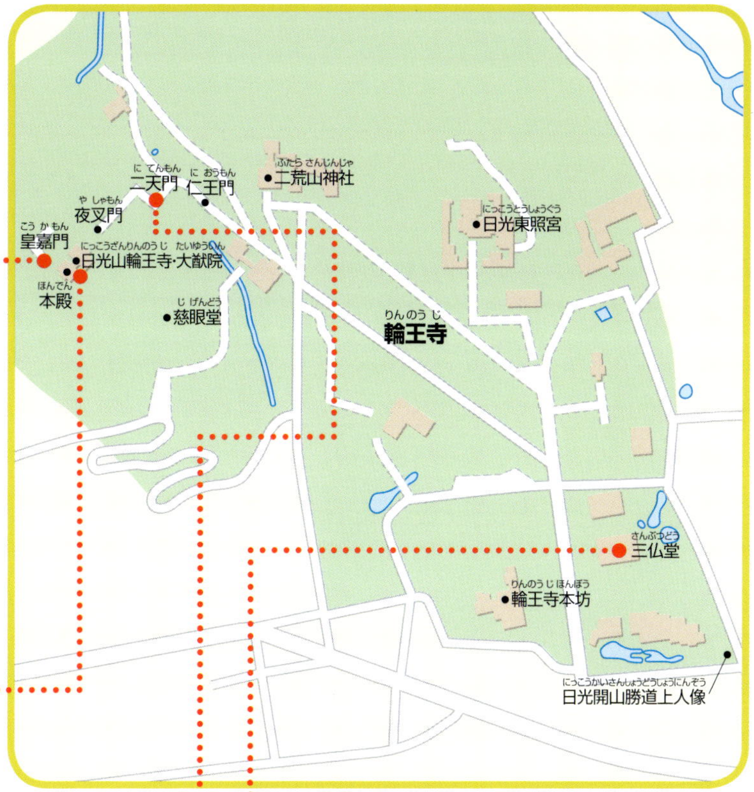

● 大猷院皇嘉門《たいゆういんこうかもん》【重要文化財《じゅうようぶんかざい》】

家光《いえみつ》の墓《はか》の入口にある門です。白と極彩色《ごくさいしき》の対比《たいひ》が美しい、日光《にっこう》ではめずらしい明《みん》(中国)風《ふう》の建築《けんちく》のため、「竜宮門《りゅうぐうもん》」ともよばれています。

● 大猷院本殿《たいゆういんほんでん》・相《あい》の間《ま》・拝殿《はいでん》【国宝《こくほう》】

本殿《ほんでん》と拝殿《はいでん》を「相《あい》の間《ま》」がつないでいます。本尊《ほんぞん》を安置《あんち》する本殿は、たくさんの龍《りゅう》や獅子《しし》などの彫刻《ちょうこく》でかざられ、広い拝殿の天井《てんじょう》には、140の龍の絵がえがかれています。

● 三仏堂《さんぶつどう》【重要文化財《じゅうようぶんかざい》】(左ページ上写真)

日光《にっこう》の３つの山をうやまう信仰《しんこう》から、男体山《なんたいさん》を千手《せんじゅ》観音《かんのん》、女峰山《にょほうさん》を阿弥陀如来《あみだにょらい》、太郎山《たろうやま》を馬頭観音《ばとうかんのん》として、この三仏《さんぶつ》を本尊《ほんぞん》としてまつっています。

● 大猷院二天門《たいゆういんにてんもん》【重要文化財《じゅうようぶんかざい》】

二天門《にてんもん》は、日光山内《にっこうさんない》でもっとも大きい門で、持国《じこく》天《てん》と広目天《こうもくてん》のふたつの仏像《ぶつぞう》があるところから、この名がつきました。門の背面《はいめん》には風神《ふうじん》・雷神像《らいじんぞう》があります。

もっと知りたい！ 徳川《とくがわ》三代と天海大僧正《てんかいだいそうじょう》

天海大僧正《てんかいだいそうじょう》は、家康《いえやす》から信頼《しんらい》され、家康の死後は東照宮《とうしょうぐう》の造営《ぞうえい》に貢献《こうけん》しました。さらに、家康とともに徳川《とくがわ》三代といわれた秀忠《ひでただ》と家光《いえみつ》のためにも力をつくしました。天海大僧正は100歳《さい》をこえて長生きしました。

日本城郭建築《じょうかくけんちく》の頂点《ちょうてん》

姫路城《ひめじじょう》

◆住所:〒670-0012　兵庫県姫路市本町68

★世界遺産

姫路城《ひめじじょう》は、別名《べつめい》、白鷺城《しらさぎじょう》ともよばれる。

日本を代表する名城《めいじょう》

姫路城《ひめじじょう》は、標高《ひょうこう》45.6mの小高《こだか》いふたつの丘《おか》（姫山《ひめやま》と鷺《さぎ》山《やま》）の上に築《きず》かれた城《しろ》です。安土桃山《あづちももやま》時代に羽柴秀吉《はしばひでよし》（のちの豊臣《とよとみ》秀吉）が改修《かいしゅう》をおこない、江戸《えど》時代はじめの1609年には、播磨《はりま》（現在《げんざい》の兵庫《ひょうご》県南西部）52万石《まんごく》の大名《だいみょう》となった池田輝政《いけだてるまさ》が大改修をおこない、現在《げんざい》のすがたになりました。

天守《てんしゅ》や城主《じょうしゅ》の住まいがあった本丸《ほんまる》を中心に、戦《たたか》いのためのくふうがこらされているだけでなく、領主《りょうしゅ》の力を領民《りょうみん》に示《しめ》すため、りっぱに、そして美しくつくられたため、日本を代表する名城《めいじょう》となりました。

城内《じょうない》でもっとも大きな菱《ひし》の門《もん》（重要文化財《じゅうようぶんかざい》）。京《きょう》都《と》の伏見城《ふしみじょう》から移《うつ》されたといわれる。寺院にあるような窓《まど》（火灯窓《かとうまど》）は、桃《もも》山《やま》時代の建築様式《けんちくようしき》を伝《つた》えている。

江戸《えど》時代の建築《けんちく》が残《のこ》る

姫路城《ひめじじょう》は、戦乱《せんらん》や火事、落雷《らくらい》にみまわれることはなく、第二次世界大戦《だいにじせかいたいせん》の空襲《くうしゅう》による被害《ひがい》も受けなかったため、江《え》戸《ど》時代はじめの建築《けんちく》がよく保存《ほぞん》されています。

そのため、姫路城は国の特別史跡《とくべつしせき》に指定され、天守《てんしゅ》をはじめとした建造物《けんぞうぶつ》の多くが、国宝《こくほう》や重要文化財《じゅうようぶんかざい》に指定されています。1993（平成《へいせい》5）年には、奈良《なら》県の法隆寺《ほうりゅうじ》とともに、日本ではじめて世界遺産《いさん》（文化遺産）に登録《とうろく》されました。

◆ 姫路城《ひめじじょう》のおもな文化財《ぶんかざい》

【国宝《こくほう》】

●大天守《だいてんしゅ》 ●東小天守《ひがしこてんしゅ》 ●西小天守《にしこてんしゅ》 ●乾小天守《いぬいこてんしゅ》

●イ・ロ・ハ・ニの渡櫓《わたりやぐら》 4棟《とう》（附《つき》:台所《だいどころ》）

【重要文化財《じゅうようぶんかざい》】

●櫓《やぐら》・渡櫓《わたりやぐら》:化粧櫓《けしょうやぐら》など 27棟《とう》 ●門《もん》:菱《ひし》の門《もん》など 15棟《とう》

●土塀《どべい》:との四門東方《しもんひがしかた》土塀《どべい》など 31棟《とう》

●築地塀《ついじべい》:水《みず》の一門北方築地塀《いちもんきたかたついじべい》 1棟《とう》

【特別史跡《とくべつしせき》】●姫路城跡《ひめじじょうあと》

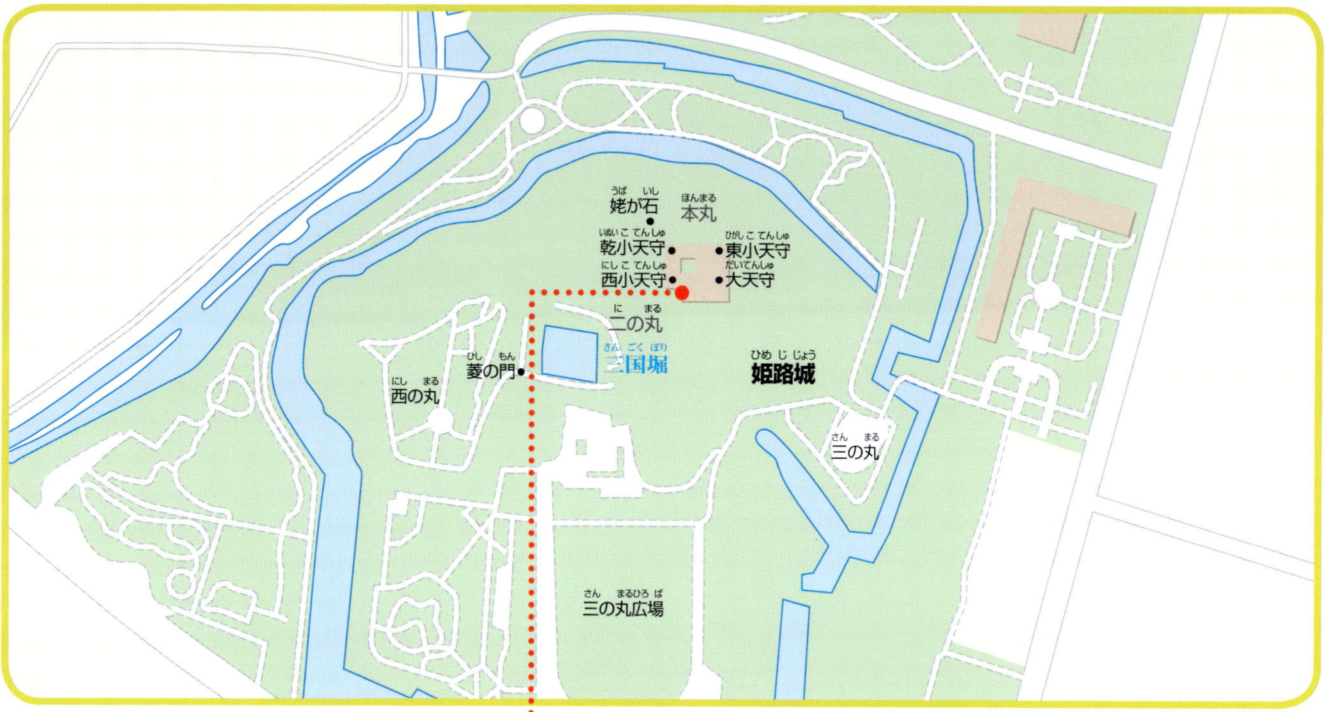

● **天守《てんしゅ》【国宝《こくほう》】**

大天守《だいてんしゅ》は、6層《そう》（地下1階）の大建築《けんちく》で、各層《かくそう》ごとに屋根の形がことなり、変化《へんか》に富《と》んだ美しさをもっています。この大天守に、3層の小天守《こてんしゅ》が３つあり、渡櫓《わたりやぐら》でむすばれています。これを「連立式《れんりつしき》天守」といいます。

豆知識……天守《てんしゅ》の壁《かべ》は、白いしっくい（壁の上ぬりの材料《ざいりょう》）で一面塗《ぬ》りかためられています。しっくいの壁は、見た目がきれいなうえ、火にも強く仕上がります。「白鷺城《しらさぎじょう》」の美しさは、強さでもあるのです。

● **石落とし**

写真《しゃしん》では、やぐらの角の屋根の下についている板状《いたじょう》のものです。下にあるすきまから石を落としたり、熱湯《ねっとう》をかけたりして、敵《てき》の攻撃《こうげき》を防《ふせ》ぎました。そのほか壁《かべ》にある丸や三角の穴《あな》は鉄砲《てっぽう》を撃《う》つために、長方形の穴は矢《や》を射《い》るためにありました。

大天守《だいてんしゅ》（右）と小天守《こてんしゅ》（左）。

もっと知りたい! **姫路城《ひめじじょう》の伝説《でんせつ》 ― 姥《うば》が石《いし》**

羽柴秀吉《はしばひでよし》が石垣《いしがき》の石集めに苦労《くろう》していると聞いた、焼《や》きもち売りの老婆《ろうば》が、自分の石うすを献上《けんじょう》して、秀吉をよろこばせました。この石うすは、姥《うば》が石《いし》とよばれ、乾小天守《いぬいこてんしゅ》北側《きたがわ》の石垣《いしがき》に、いまも実際《じっさい》にあります。

透《とう》視《し》してみよう!

姫路城《ひめじじょう》 天守《てんしゅ》

11頭の鯱《しゃち》

大天守《だいてんしゅ》には、防火《ぼうか》の願《ねが》いをこめて11頭《とう》の「鯱《しゃち》」がかざられています。鯱は魚のすがたで頭は虎《とら》という空想上の動物で、火事のときには口から水をふくといわれています。「十一」と「口」をたてにつづけて書くと、「吉《きち》」の字となり縁起《えんぎ》がよいとされています。

刑部神社《おさかべじんじゃ》

大天守《だいてんしゅ》の最上部《さいじょうぶ》6階には、刑部神社《おさかべじんじゃ》という神社があります。

塩櫓《しおやぐら》

この「ロの渡櫓《わたりやぐら》」のすぐ北、「ハの渡櫓」にある塩櫓《しおやぐら》は、天守《てんしゅ》の背面《はいめん》を固《かた》める防御壁《ぼうぎょへき》の役目をはたすとともに、塩《しお》や米の倉庫《そうこ》でもありました。

乾小天守《いぬいこてんしゅ》

乾小天守《いぬいこてんしゅ》は、3つある小天守のひとつで、天守台の乾の方角《ほうがく》(北西)にあることから、この名がつきました。小天守といっても規《き》模《ぼ》が大きく、つくりも大天守《だいてんしゅ》にならぶもので、準《じゅん》天守といってもよいものです

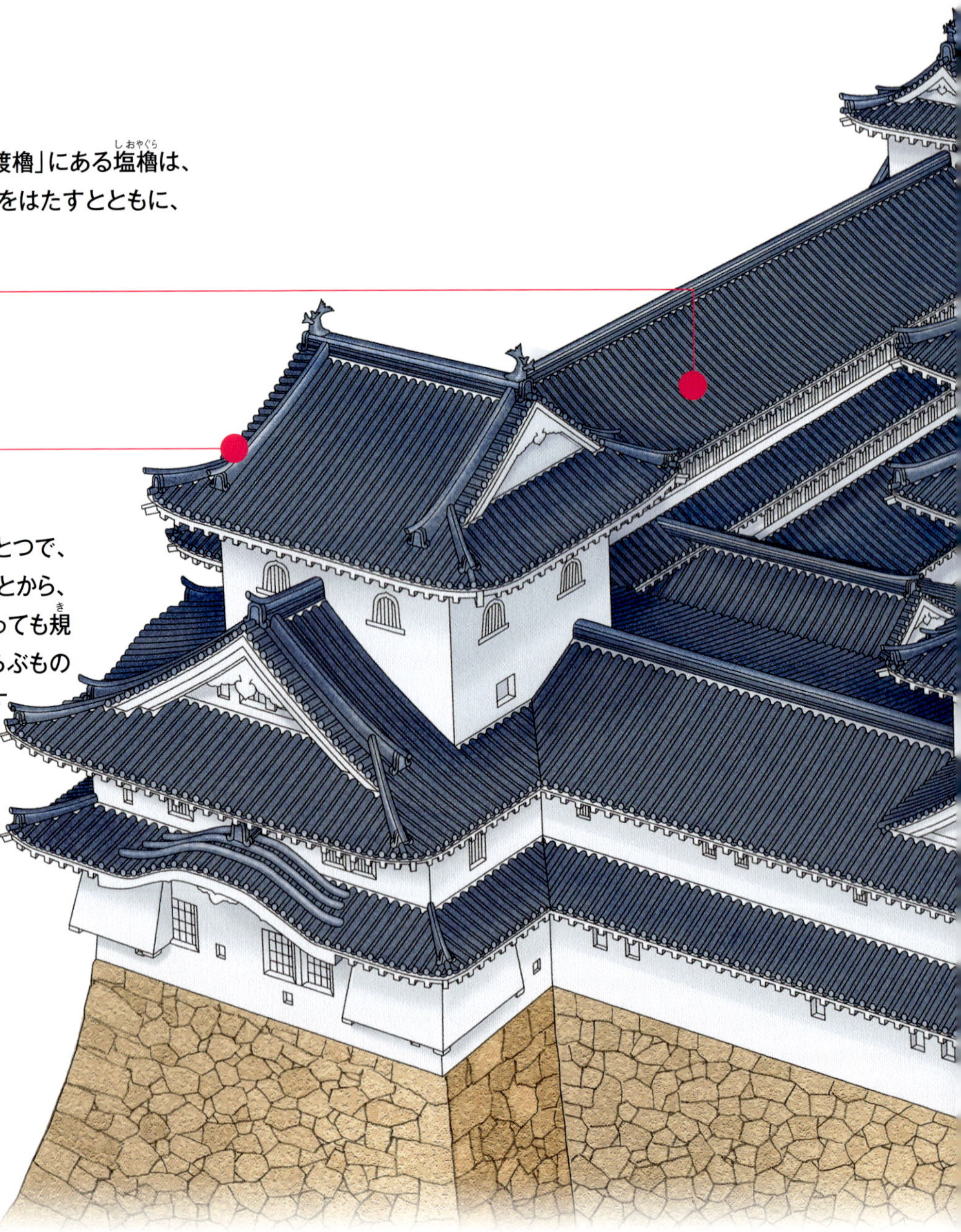

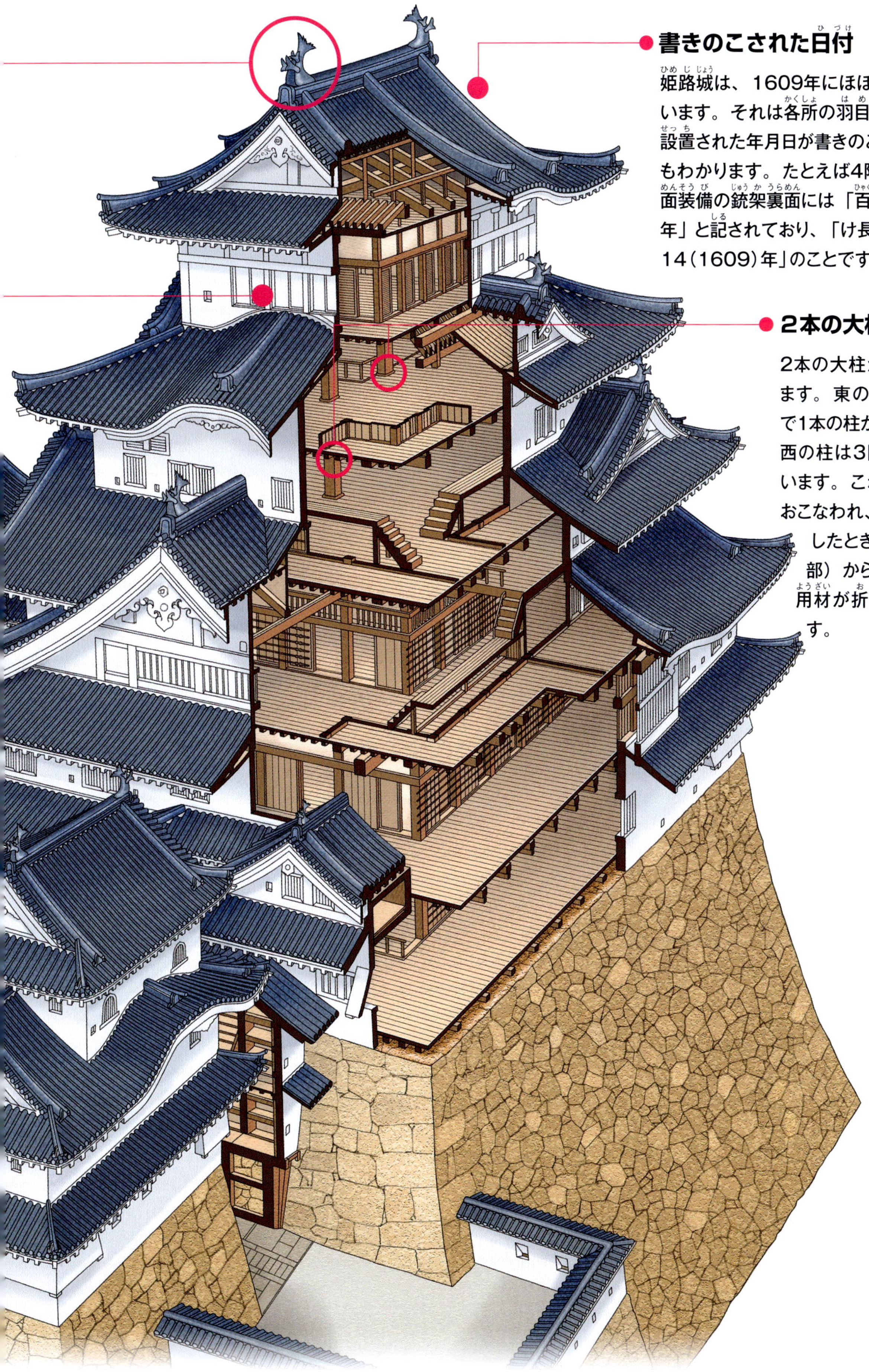

書きのこされた日付《ひづけ》

姫路城《ひめじじょう》は、1609年にほぼ完成《かんせい》したといわれています。それは各所《かくしょ》の羽目板《はめいた》や窓格子《まどごうし》などに、設置《せっち》された年月日が書きのこされていることからもわかります。たとえば4階南面東千鳥入室壁《ちどりにゅうしつへき》面装備《めんそうび》の銃架裏面《じゅうかうらめん》には「百人十月六日《ひゃくにんじゅうがつむいか》け長十四《ちょうじゅうよ》年」と記《しる》されており、「け長十四年」とは「慶長《けいちょう》14（1609）年」のことです。

2本の大柱

2本の大柱が姫路城《ひめじじょう》を支《ささ》えています。東の柱は地下から6階まで1本の柱が通っています。一方、西の柱は3階でつぎあわされています。これは昭和《しょうわ》に大改修《かいしゅう》がおこなわれ、柱を取りかえようとしたとき、木曽《きそ》（長野《ながの》県南西部）から運ばれてくる途中《とちゅう》で用材《ようざい》が折《お》れてしまったためです。

海と社殿《しゃでん》、弥山《みせん》の緑が一体となった神域《しんいき》

嚴島神社《いつくしまじんじゃ》

◆住所：〒739-0588／広島県廿日市市宮島町1-1

★世界遺産

撮影：新谷孝一

大鳥居《おおとりい》と嚴島神社《いつくしまじんじゃ》。むかしは、海をへだてた対岸からおがんでいた。

平清盛《たいらのきよもり》の信仰《しんこう》からうまれた

嚴島神社《いつくしまじんじゃ》のある厳島は、「お宮のある島」ということで宮《みや》島《じま》ともよばれ、古代から、島そのものが「神」としてうやまわれてきました。嚴島神社が創建《そうけん》されたのは、593年と伝《つた》えられています。

平安《へいあん》時代末期《まっき》には、武士《ぶし》としてはじめて太政大臣《だいじょうだいじん》になった平清盛《たいらのきよもり》によって社殿《しゃでん》がつくられました。平家《へいけ》一族は、豪華《ごうか》な「平家納経《へいけのうきょう》」(→133ページ)や鎧《よろい》などをたくさん寄進《きしん》しました。平家がほろびたのちも、天皇《てんのう》や貴族《きぞく》をはじめ、戦国《せんごく》武将《ぶしょう》の毛利元就《もうりもとなり》、豊臣秀吉《とよとみひでよし》らの尊敬《そんけい》を集め、社殿は立派《りっぱ》になっていきます。江戸《えど》時代に入ると、武士以外《いがい》の町人のあいだで「宮島詣《もうで》」がさかんになりました。

海の上に築《きず》いた竜宮城《りゅうぐうじょう》のような社殿《しゃでん》

大鳥居《おおとりい》やほとんどの社殿《しゃでん》は、海の上にあります。これは、聖域《せいいき》である厳島《いつくしま》の上に建物《たてもの》を建《た》てるのを遠慮《えんりょ》したからだといわれています。弥山《みせん》の深い森を背景《はいけい》にした、嚴島神社《いつくしまじんじゃ》の朱色《しゅいろ》の鳥居と社殿は、海にうかぶ竜宮城《りゅうぐうじょう》を思わせる光景《こうけい》です。社殿は、何度も火災《かさい》にあいましたが、そのたびに、平《へい》安《あん》時代の寝殿造《しんでんづくり》の様式《ようしき》を守りながら、建てかえられました。

嚴島神社は、「安芸《あき》の宮島《みやじま》」として日本三景《さんけい》のひとつに数えられ、1996（平成《へいせい》８）年には、建造物群《けんぞうぶつぐん》と背後《はいご》の弥山をふくむ森林地区が、世界遺産《いさん》に登録《とうろく》されました。島全体が特別史跡《とくべつしせき》と特別名勝《めいしょう》、弥山の原始林《げんしりん》は天然記念物《てんねんきねんぶつ》に指定されています。

◆ 嚴島神社《いつくしまじんじゃ》のおもな文化財《ぶんかざい》

【国宝《こくほう》】

●本社本殿《ほんしゃほんでん》、幣殿《へいでん》、拝殿《はいでん》 ●本社祓殿《ほんしゃはらいでん》 ●東廻廊《ひがしかいろう》 ●西廻廊《にしかいろう》
●摂社客神社本殿《せっしゃまろうどじんじゃほんでん》、幣殿《へいでん》、拝殿《はいでん》 ●摂社客神社祓殿《せっしゃまろうどじんじゃはらいでん》 他

【重要文化財《じゅうようぶんかざい》】

●嚴島神社《いつくしまじんじゃ》 朝座屋《あさざや》 ●能舞台《のうぶたい》 ●揚水橋《あげみずばし》 ●長橋《ながばし》 ●反橋《そりばし》 ●大鳥居《おおとりい》
●宝蔵《ほうぞう》 ●五重塔《ごじゅうのとう》 ●末社豊国神社本殿《まっしゃほうこくじんじゃほんでん》（千畳閣《せんじょうかく》） 他
●釈迦及諸尊箱仏《しゃかおよびしょそんはこぼとけ》 ●舞楽面《ぶがくめん》 貴徳《きとく》、散手《さんじゅ》 ●木造狛犬《もくぞうこまいぬ》
●能装束《のうしょうぞく》 紅地鳳凰桜雪持笹文唐織《べにじほうおうさくらゆきもちささもんからおり》 ●舞楽装束《ぶがくしょうぞく》（納曾利《なそり》） 他

【特別史跡《とくべつしせき》・特別名勝《とくべつめいしょう》】●厳島《いつくしま》

【天然記念物《てんねんきねんぶつ》】●弥山原始林《みせんげんしりん》

● 大鳥居《おおとりい》【重要文化財《じゅうようぶんかざい》】（左ページ上写真）

あざやかな朱色《しゅいろ》の大鳥居《おおとりい》は、左右の柱と、それを支《ささ》える2本ずつの控《ひか》え柱《ばしら》で海にしっかりと立つ両部《りょうぶ》鳥居という形式で、木造《もくぞう》の鳥居としては日本最大級《さいだいきゅう》です（高さ約《やく》16m、幅《はば》は最大で約24m）。現在《げんざい》の鳥居は、1875（明治《めいじ》8）年に再建《さいけん》された8代目です。

● 五重塔《ごじゅうのとう》【重要文化財《じゅうようぶんかざい》】

高さ27.6m、先端《せんたん》がぴんとそった檜皮葺《ひわだぶき》の屋根と、朱塗《しゅぬ》りの柱が調和した塔《とう》です。秀吉《ひでよし》が建《た》てた、千畳閣《せんじょうかく》（豊国神社《ほうこくじんじゃ》／重要文化財《じゅうようぶんかざい》）が、すぐとなりにあります。高台にあるため、このあたりから嚴島神社《いつくしまじんじゃ》の全体がよく見えます。

撮影：新谷孝一

● 弥山原始林《みせんげんしりん》【天然記念物《てんねんきねんぶつ》】

弥山《みせん》は、標高《ひょうこう》535mで、信仰《しんこう》の対象《たいしょう》となっていたため、ツガやカシなどの常緑広葉樹《じょうりょくこうようじゅ》の多い、豊《ゆた》かな自然《しぜん》が保護《ほご》されてきました。海上から鳥居《とりい》ごしに見ると、社殿《しゃでん》が一直線にならび、その背後《はいご》に弥山がそびえています。まさに「神の山」というふんいきがあり、神の使いとされるシカもいます。

もっと知りたい！

平清盛《たいらのきよもり》と平家納経《へいけのうきょう》（国宝《こくほう》）

　平清盛《たいらのきよもり》が、一族の繁栄《はんえい》を祈《いの》って、1164年に嚴島神社《いつくしまじんじゃ》に奉納《ほうのう》しました。清盛をはじめとする平氏《へいし》一族と重臣《じゅうしん》たち32名が、一巻《かん》ずつお経《きょう》を筆《ふで》で書きうつし、豪華《ごうか》な装飾《そうしょく》をほどこしています。絵やデザインにもくふうをこらした、平安《へいあん》時代を代表する工芸《こうげい》作品です。

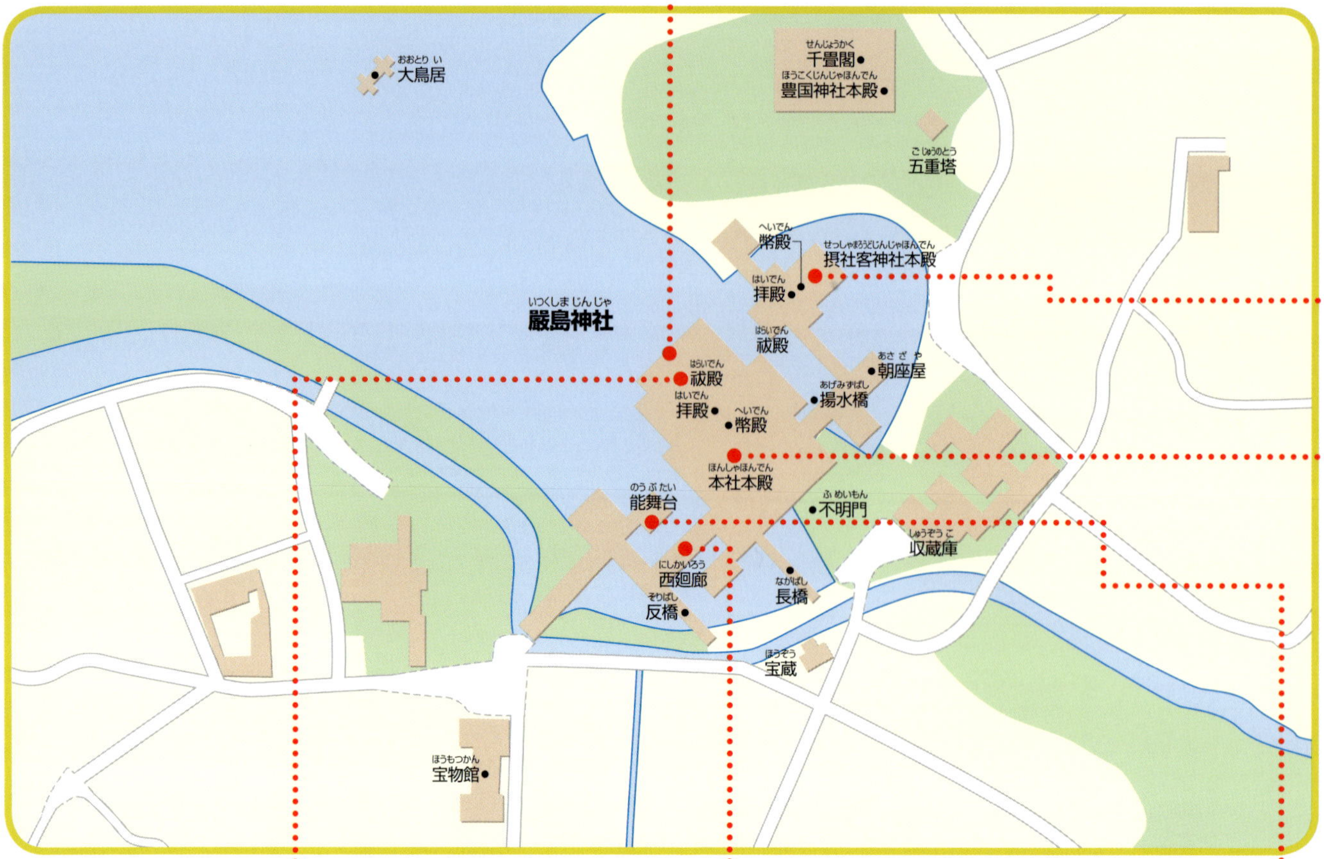

● 祓殿《はらいでん》【国宝《こくほう》】

高舞台《たかぶたい》の正面にあり、入母屋《いりもや》造《づくり》の屋根が特徴《とくちょう》です。この奥《おく》にある拝殿《はいでん》（国宝《こくほう》）と垂直《すいちょく》につながっています。

● 廻廊《かいろう》【国宝《こくほう》】

祓殿《はらいでん》を境《さかい》に東と西に分かれており、総延長《そうえんちょう》は262mあります。社殿《しゃでん》が海の上にあるため、それらをつなぐ「渡《わた》り廊《ろう》下《か》」の役割《やくわり》をはたしています。

撮影:新谷孝一

豆知識……廻廊《かいろう》の床板《ゆかいた》は、板と板のあいだに少しすき間があいています。そのため、大潮《おおしお》や台風《たいふう》で海水が上がってきても、すき間から水が逃《に》げて、床がうきあがらないようになっています。

高舞台《たかぶたい》【国宝《こくほう》】

1546年につくられたといわれる高舞台《たかぶたい》は、広い平《ひら》舞台(国宝《こくほう》)の中央にあります。平舞台より約《やく》0.5m高く、周囲《しゅうい》には朱塗《しゅぬ》りの高欄《こうらん》(手すり)がめぐらされ、前後には階段《かいだん》がついています。清盛《きよもり》は、平安貴族《へいあんきぞく》に人気があった大坂《おおさか》・四《し》天王寺《てんのうじ》の舞楽奏者《ぶがくそうしゃ》を厳島《いつくしま》によび、この高舞台で神にささげる舞《まい》を演《えん》じさせました。

客神社《まろうどじんじゃ》【国宝《こくほう》】

嚴島神社《いつくしまじんじゃ》に付属《ふぞく》する神社である客神社《まろうどじんじゃ》は、本社《ほんしゃ》と東廻廊《ひがしかいろう》でつながっています。本社よりひと回り小さい規模《きぼ》ですが、基本的《きほんてき》な形は本社と同じです。

撮影：新谷孝一

撮影：新谷孝一

本殿《ほんでん》【国宝《こくほう》】

室町《むろまち》時代の1571年に改修《かいしゅう》された本殿《ほんでん》は、平安《へいあん》時代の「両流造《りょうながれづくり》」という建築様《けんちくよう》式《しき》をよく伝《つた》えています。165畳《じょう》の広さがあり、日本最大級《さいだいきゅう》といわれています。

豆知識……社殿《しゃでん》には、壁《かべ》のないものが多く、開放的《かいほうてき》な感じを受けますが、これは風水《ふうすい》害《がい》への対策《たいさく》でもあります。海の上に建《た》てるために、強い風や波をまともに受けないよう、社殿を守るために考えられたくふうのひとつです。

能舞台《のうぶたい》【重要文化財《じゅうようぶんかざい》】

日本でただひとつ、海の上にある能舞台《のうぶたい》です。1568年に毛利元就《もうりもとなり》が能《のう》を奉納《ほうのう》するために建《た》てたものですが、現在《げんざい》の建物《たてもの》は江戸《えど》時代の再建《さいけん》です。

もっと知りたい!

平安絵巻《へいあんえまき》を見るような「管絃祭《かんげんさい》」

管絃祭《かんげんさい》は、嚴島神社《いつくしまじんじゃ》にまつられている神がみをなぐさめるため、平清盛《たいらのきよもり》がはじめたといわれています。その当時、都《みやこ》(京都《きょうと》)で流行していた、池や川に船をうかべて楽器《がっき》を演《えん》奏《そう》する遊びを海でおこなうようにしたもので、旧暦《きゅうれき》の6月17日の大潮《おおしお》の日におこなわれます。大潮の日の満潮《まんちょう》時には、大きな船が社殿《しゃでん》まで近づくことができたからです。提灯《ちょうちん》をともした管絃《かんげん》船が、はなやかな演奏《えんそう》とともに夜の海にうかぶさまは、とても幻想的《げんそうてき》です。

撮影：新谷孝一

原爆《げんばく》のおそろしさを、無言《むごん》で語りつづける

原爆《げんばく》ドーム

◆住所：〒730-0051／広島県広島市中区大手町1-10

★**世界遺産**

中央部ドームの屋根が吹《ふ》きとばされ、骨組《ほねぐ》みと、こわれた壁《かべ》だけが残《のこ》る。

広島《ひろしま》に落とされた原子爆弾《げんしばくだん》

第二次世界大戦末期《だいにじせかいたいせんまっき》の1945（昭和《しょうわ》20）年8月6日の朝、アメリカの爆撃機《ばくげきき》B29「エノラゲイ」が投下した原子爆弾《げんしばくだん》は、広島《ひろしま》市の上空約《やく》600mで爆発《ばくはつ》しました。市街《しがい》は、すさまじい爆風《ばくふう》と熱線《ねっせん》により、一瞬《いっしゅん》にして破壊《はかい》しつくされてしまいました。

広島《ひろしま》県産業奨励館《さんぎょうしょうれいかん》は、爆心地《ばくしんち》のすぐ近くにありましたが、一部が鉄骨《てっこつ》のレンガづくりで、爆風《ばくふう》がほぼ真上からおそってきたこともあり、倒壊《とうかい》することはなく、ドーム型《がた》の鉄骨とわずかな外壁《がいへき》が残《のこ》りました。そのすがたを見た市民は、いつしか「原爆《げんばく》ドーム」とよぶようになりました。

世界遺産《いさん》になった原爆《げんばく》ドーム

原爆《げんばく》ドームは、1966（昭和《しょうわ》41）年に永久保存《えいきゅうほぞん》されることが決まりました。その翌年《よくねん》、人びとからの募金《ぼきん》をもとに保《ほ》存《ぞん》工事は完了《かんりょう》し、被爆《ひばく》した当時のすがたで、いまもわたしたちに平和をうったえかけています。1995（平成《へいせい》7）年には国の史跡《しせき》に指定され、翌年《よくねん》、世界遺産《いさん》に登録《とうろく》されました。

原爆《げんばく》投下後の広島《ひろしま》市内。

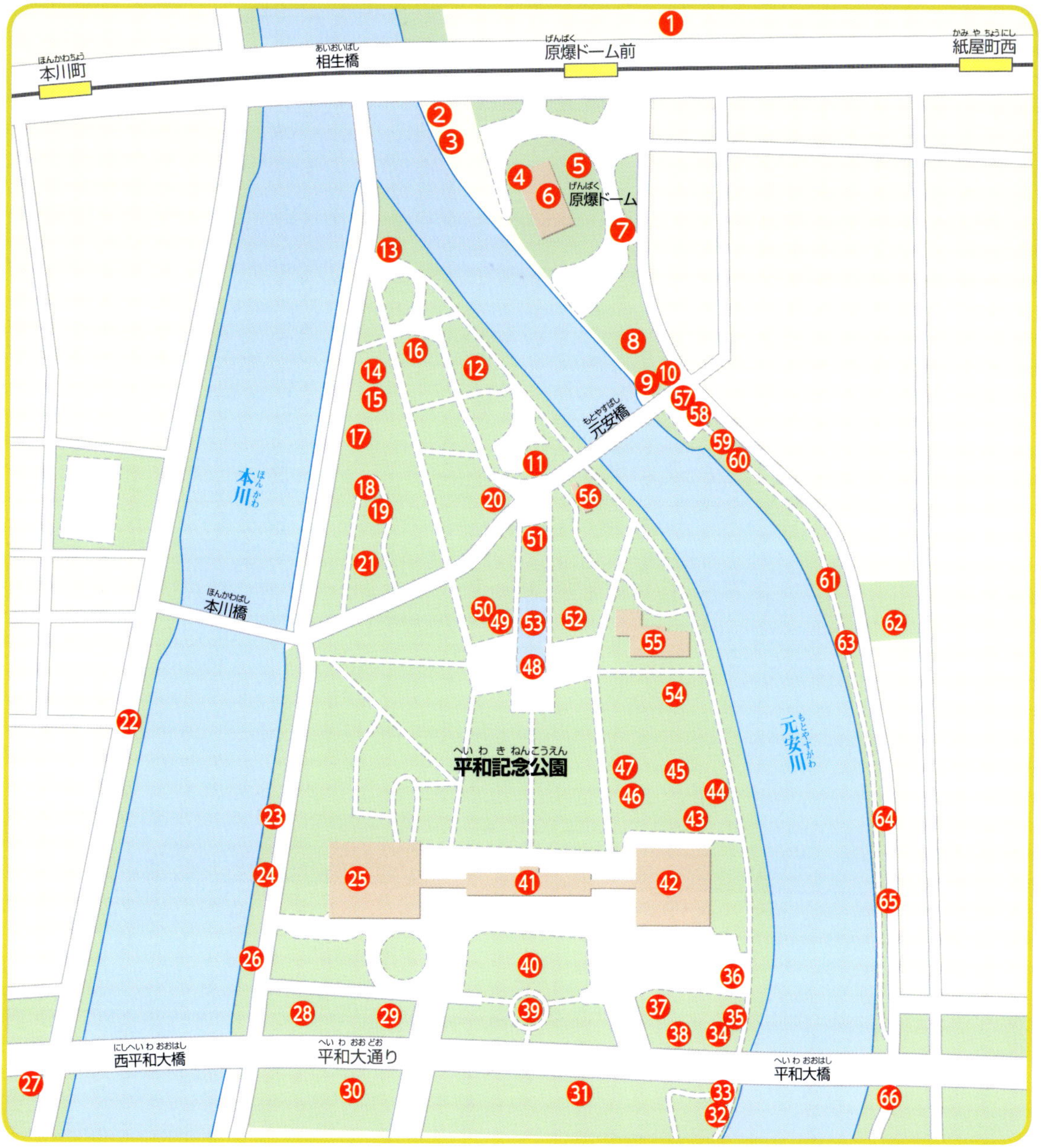

1. 世界《せかい》の子《こ》どもの平和像《へいわぞう》
2. 鈴木三重吉文学碑《すずきみえきちぶんがくひ》
3. 旧相生橋碑《きゅうあいおいばしひ》
4. 中国四国土木出張所職員殉職碑《ちゅうごくしこくどぼくしゅっちょうじょしょくいんじゅんしょくひ》
5. 広島県地方木材統制《ひろしまけんちほうもくざいとうせい》(株《かぶ》)慰霊碑《いれいひ》
6. 原爆《げんばく》ドーム
7. 原民喜詩碑《はらたみきしひ》(佐藤春夫《さとうはるお》の詩碑《しひ》の記《き》)
8. 動員学徒慰霊塔《どういんがくといれいとう》
9. 広島市道路原標《ひろしましどうろげんぴょう》
10. 花時計《はなどけい》
11. 原爆《げんばく》の子《こ》の像《ぞう》
12. 平和《へいわ》の石塚《いしづか》
13. 平和《へいわ》の時計塔《とけいとう》
14. 遭難横死者慰霊供養塔《そうなんおうししゃいれいくようとう》
15. 原爆供養塔《げんばくくようとう》
16. 平和《へいわ》の鐘《かね》
17. 平和《へいわ》の石燈《せきとう》
18. 韓国人原爆犠牲者慰霊碑《かんこくじんげんばくぎせいしゃいれいひ》
19. 被爆《ひばく》した墓石《はかいし》(慈仙寺跡《じせんじあと》の墓石《はかいし》)
20. 平和《へいわ》の泉《いずみ》
21. 平和《へいわ》の観音像《かんのんぞう》
22. 常夜燈《じょうやとう》
23. 義勇隊《ぎゆうたい》の碑《ひ》
24. 広島二中原爆慰霊碑《ひろしまにちゅうげんばくいれいひ》
25. 広島国際会議場《ひろしまこくさいかいぎじょう》
26. 広島市商《ひろしまししょう》・造船工業学校慰霊碑《ぞうせんこうぎょうがっこういれいひ》
27. 慈母《じぼ》の像《ぞう》
28. 原爆犠牲国民学校教師《げんばくぎせいこくみんがっこうきょうし》と子《こ》どもの碑《ひ》
29. 平和《へいわ》の像《ぞう》(若葉《わかば》)湯川秀樹歌碑《ゆかわひできかひ》
30. 友愛碑《ゆうあいひ》
31. 平和《へいわ》の門《もん》
32. 旧天神町南組慰霊碑《きゅうてんじんちょうみなみぐみいれいひ》
33. 広島市立高女原爆慰霊碑《ひろしましりつこうじょげんばくいれいひ》
34. マルセル・ジュノー博士記念碑《はかせきねんひ》
35. ノーマン・カズンズ氏記念碑《しきねんひ》
36. 朝鮮民主主義人民共和国帰国記念時計《ちょうせんみんしゅしゅぎじんみんきょうわこくきこくきねんどけい》
37. 平和記念《へいわきねん》ポスト
38. 平和《へいわ》の塔《とう》
39. 嵐《あらし》の中《なか》の母子像《ぼしぞう》
40. 祈《いの》りの泉《いずみ》
41. 広島平和記念資料館《ひろしまへいわきねんしりょうかん》(本館《ほんかん》)
42. 広島平和記念資料館《ひろしまへいわきねんしりょうかん》(東館《ひがしかん》)
(資料館《しりょうかん》東館内)ローマ法王《ほうおう》平和アピール碑《ひ》
43. 被爆《ひばく》したアオギリ
44. 全損保《ぜんそんぽ》の碑《ひ》
45. 峠三吉詩碑《とうげさんきちしひ》
46. 被爆《ひばく》したハマユウ
47. 材木町跡碑《ざいもくちょうあとひ》
48. 原爆死没者慰霊碑《げんばくしぼつしゃいれいひ》(広島平和都市記念碑《ひろしまへいわとしきねんひ》)
49. 平和祈念像《へいわきねんぞう》(草野心平《くさのしんぺい》の詩碑《しひ》)
50. 菩提樹《ぼだいじゅ》の碑《ひ》
51. 平和《へいわ》の灯《ともしび》
52. 祈《いの》りの像《ぞう》
53. 平和《へいわ》の池《いけ》
54. 旧天神町北組慰霊碑《きゅうてんじんちょうきたぐみいれいひ》
55. 国立広島原爆死没者追悼平和祈念館《こくりつひろしまげんばくしぼつしゃついとうへいわきねんかん》
56. レストハウス
57. 広島郵便局職員殉職碑《ひろしまゆうびんきょくしょくいんじゅんしょくひ》
58. 平和祈念碑《へいわきねんひ》
59. 原爆犠牲建設労働者《げんばくぎせいけんせつろうどうしゃ》・職人之碑《しょくにんのひ》
60. 「平和《へいわ》の祈《いの》り」句碑《くひ》
61. 原爆犠牲《げんばくぎせい》ヒロシマの碑《ひ》
62. 石炭関係原爆殉難者慰霊碑《せきたんかんけいげんばくじゅんなんしゃいれいひ》
63. 広島瓦斯《ひろしまがす》(株《かぶ》)原爆犠牲者追憶之碑《げんばくぎせいしゃついおくのひ》
64. 広島県農業会原爆物故者慰霊碑《ひろしまけんのうぎょうかいげんばくぶっこしゃいれいひ》
65. 毛髪碑《もうはつひ》
66. 被爆動員学徒慰霊慈母観音像《ひばくどういんがくといれいじぼかんのんぞう》

豆知識……世界遺産《いさん》には、人類《じんるい》が過去《かこ》におこしたあやまちを二度とくりかえさないために残《のこ》しておく「負《ふ》の遺産」もあります。原爆《げんばく》ドームはそれに該当《がいとう》し、ほかに、「アウシュビッツ強制収容所《きょうせいしゅうようじょ》」（ポーランド）などがあります。

● **原爆《げんばく》ドーム【史跡《しせき》】**

原爆《げんばく》ドームは、1915(大正《たいしょう》4)年につくられたヨーロッパ式建築《けんちく》で、被爆《ひばく》前は、広島《ひろしま》の名所のひとつでした。現在《げんざい》は、廃墟《はいきょ》のようなすがたで元安川《もとやすがわ》のほとりに立ち、原爆の被害《ひがい》のすさまじさを、無言《むごん》で伝《つた》えつづけています。

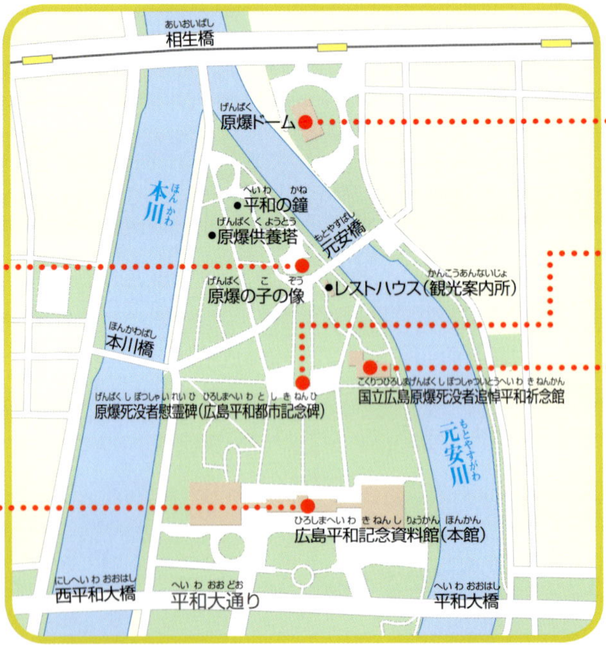

● **原爆《げんばく》の子《こ》の像《ぞう》**

1958(昭和《しょうわ》33)年に完成《かんせい》した「原爆《げんばく》の子《こ》の像《ぞう》」は、高さ約《やく》9mです。折《お》り鶴《づる》をかかげる少女のモデルとなった佐々木禎子《ささきさだこ》さんは、2歳《さい》で被爆《ひばく》し、12歳で短い命を終えました。

● **広島平和記念資料館《ひろしまへいわきねんしりょうかん》(本館は【重要文化財《じゅうようぶんかざい》】)**

原爆《げんばく》ドームのある「平和記念公園《へいわきねんこうえん》」は、1954(昭《しょう》和《わ》29)年、爆心地《ばくしんち》に近い中島《なかじま》地区につくられました。広島平和記念資料館《ひろしまへいわきねんしりょうかん》は、その中心施設《しせつ》で、原爆投下に関《かん》する歴史背景《れきしはいけい》の資料《しりょう》をはじめ、市民《しみん》がえがいた原爆の絵、原爆で焼《や》けた「黒こげの弁当箱《べんとうばこ》」など、原爆の被害《ひがい》に関する資料や遺品《いひん》が展示《てんじ》されています。

原爆《げんばく》死没者《しぼつしゃ》慰霊碑《いれいひ》（広島《ひろしま》平和《へいわ》都市《とし》記念碑《きねんひ》）

犠牲者《ぎせいしゃ》の霊《れい》を雨露《あめつゆ》から守るための屋根が、「はにわの家」の形をしています。石室には、原爆死没者《げんばくしぼつしゃ》の名簿《めいぼ》がおさめられています。

国立《こくりつ》広島《ひろしま》原爆《げんばく》死没者《しぼつしゃ》追悼《ついとう》平和《へいわ》祈念館《きねんかん》

原爆死没者《げんばくしぼつしゃ》（原爆《げんばく》で亡《な》くなった人）を追悼《ついとう》し、永遠《えいえん》の平和を願《ねが》うとともに、被爆体《ひばくたい》験《けん》を未来《みらい》に伝《つた》えるための施設《しせつ》です。死没者の名前や写真、被爆体験記《ひばくたいけんき》、追悼記《ついとうき》、被爆証言《しょうげん》ビデオなどを自由に見ることができます。

もっと知りたい！

平和を語り伝《つた》える、平和学習

平和学習とは、原爆《げんばく》のおそろしさと平和のたいせつさについて考え、平和を実《じつ》現《げん》するためにできることを考えるための体験《たいけん》学習です。

「被爆者証言講話《ひばくしゃしょうげんこうわ》・朗読会《ろうどくかい》」では、原爆の被害《ひがい》にあった人から、被爆当時の状況《じょうきょう》や実際《じっさい》の体験談を聞くことができます。体験記や文学作品の朗読会もあります。

また、「ヒロシマピースボランティア」の人びとといっしょに、広島平和記念資料《ひろしまへいわきねんしりょう》館《かん》の展示《てんじ》や、平和記念公園《へいわきねんこうえん》の碑《ひ》をめぐると、いろいろなことを教えてもらえます。

被爆《ひばく》したピアノを使い、演奏《えんそう》会などもおこなわれています。

見てみよう！沖縄

海外貿易《ぼうえき》で栄《さか》えた南海の王国

沖縄《おきなわ》は、むかし「琉球《りゅうきゅう》」とよばれた王国でした。
琉球王国は、日本や中国、東南アジアとの貿易《ぼうえき》で栄《さか》え、独特《どくとく》の文化が花開きました。
首里城《しゅりじょう》や沖縄各地《かくち》のグスクは、当時の繁栄《はんえい》のようすをいまに伝《つた》えています。

歴史《れきし》　琉球《りゅうきゅう》王国の波乱《はらん》に富《と》んだ歴史《れきし》

琉球《りゅうきゅう》では、12世紀《せいき》ごろから農耕《のうこう》がはじまり、按司《あじ》とよばれる豪族《ごうぞく》が、高い石垣《いしがき》に囲《かこ》まれたグスクを築《きず》いて各地方《かくちほう》をおさめていました。14世紀に入ると、これらの豪族による小国は、中山《ちゅうざん》・南山《なんざん》・北山《ほくざん》の三つの国にまとまります。これが「三山《さんざん》時代」のはじまりで、以後《いご》100年ほどつづきました。

このなかから頭角《とうかく》をあらわし、三山を次つぎに従《したが》えて、1429年に統一《とういつ》王朝を樹立《じゅりつ》したのが尚巴志《しょうはし》で、首里《しゅり》に王城《おうじょう》を構《かま》えました。これが第一尚氏王統《しょうしおうとう》です。ところが、政情《せいじょう》は安定せず、1469年に臣下《しんか》の金丸《かなまる》によってほろぼされてしまいます。

金丸は名前を尚円《しょうえん》と改《あらた》め、1470年に第二尚氏王統を樹立しました。琉球王国《りゅうきゅうおうこく》がもっとも栄《さか》えたのは、第三代国王の尚真《しょうしん》の時代です（1477～1526年）。海外貿易《ぼうえき》をさかんに展開《てんかい》し、安定した繁栄期《はんえいき》がつづきました。しかし、尚真王の死後は急速《きゅうそく》におとろえ、1609年の薩摩藩《さつまはん》の侵攻《しんこう》によって、首里城は陥落《かんらく》しました。

日本の江戸《えど》時代には、幕府《ばくふ》の支配下《しはいか》ではありましたが、羽地朝秀《はねじちょうしゅう》や蔡温《さいおん》らの改革《かいかく》によって貿易や産業《さんぎょう》が活発になり、琉球王国は一時立ちなおりました。しかし、明治新政府《めいじしんせいふ》により、「琉球処分《しょぶん》」によって沖縄県が設置《せっち》され、琉球王国は最期《さいご》をむかえます。

もっと知りたい！　琉球《りゅうきゅう》をもっともかがやかせた尚真王《しょうしんおう》

第二尚氏王統《しょうしおうとう》の第三代国王尚真《しょうしん》は、中国・朝鮮《ちょうせん》・日本や東南アジアの国ぐにとの貿易《ぼうえき》をさかんにおこなって国を富《と》ませるとともに、琉球各地《りゅうきゅうかくち》の按司《あじ》の武器《ぶき》を取りあげて中央集権体制《しゅうけんたいせい》を確立《かくりつ》しました。また、奄美大島《あまみおおしま》から先島諸島《さきしましょとう》まで領土《りょうど》を広げました。

さらにこの時代に首里城《しゅりじょう》の整備《せいび》を進め、尚円《しょうえん》王をまつる玉陵《たまうどぅん》をつくったほか、仏教《ぶっきょう》を奨励《しょうれい》して円覚寺《えんかくじ》、円鑑池《えんかんち》と弁財天堂《べざいてんどう》を造営《ぞうえい》。平和で豊《ゆた》かな、琉球王朝の黄金期を築《きず》いたといわれています。

琉球《りゅうきゅう》王国は海の交易《こうえき》を通じて栄《さか》えた。

赤い屋根瓦《やねがわら》が特徴的《とくちょうてき》な沖縄《おきなわ》の古民家《こみんか》。

琉球王国《りゅうきゅうおうこく》の政治《せいじ》・外交・文化の中心地

首《しゅ》里《り》城《じょう》跡《あと》

◆住所：〒903-0815　沖縄県那覇市首里金城町1-2
◆地図：141ページ B-10
★**世界遺産**

首里城正殿《しゅりじょうせいでん》は琉球《りゅうきゅう》王国統治《とうち》のシンボル。

よみがえった首里城《しゅりじょう》

首里城《しゅりじょう》は、1429年に琉球王国《りゅうきゅうおうこく》が建国《けんこく》されてから、1879(明治《めいじ》12) 年に沖縄《おきなわ》県が置《お》かれるまで、歴代《れきだい》の国王が住んでいた城《しろ》でした。1945(昭和《しょうわ》20) 年、第二次世界大戦末期《だいにじせかいたいせんまっき》の沖縄戦《おきなわせん》で焼失《しょうしつ》しましたが、1972年に沖縄がアメリカから日本に返還《へんかん》され、再建《さいけん》がはじまりました。

1992 (平成《へいせい》4) 年には、正《せい》殿《でん》を中心とする建築物《けんちくぶつ》や城《じょう》壁《へき》、城門《じょうもん》などが整備《せいび》され、首里城はよみがえりました。

正殿《せいでん》2階にある玉座《ぎょくざ》(御差床《うさすか》)。
御差床は1階にもある。

正殿《せいでん》は琉球最大《りゅうきゅうさいだい》の木造建築《もくぞうけんちく》

正殿《せいでん》前の御庭《うなー》とよばれる広場のまわりには、北殿《ほくでん》、南《なん》殿《でん》、奉神門《ほうしんもん》などの建物《たてもの》が立ちならんでいます。御庭では、中国からの使者(冊封使《さっぽうし》)をむかえるなど、さまざまな儀式《ぎしき》がおこなわれました。

中央の道は「浮道《うきみち》」といい、かつては国王や冊封使などにしか歩くことが許《ゆる》されていませんでした。

◆ 首里城跡《しゅりじょうあと》のおもな施設《しせつ》

●正殿《せいでん》 ●北殿《ほくでん》 ●南殿《なんでん》・番所《ばんどころ》 ●書院《しょいん》・鎖之間《さすのま》
●御庭《うなー》 ●奉神門《ほうしんもん》 ●継世門《けいせいもん》
●供屋《ともや》(万国津梁《ばんこくしんりょう》の鐘《かね》) ●日影台《にちえいだい》 ●広福門《こうふくもん》
●首里森御嶽《すいむいうたき》 ●漏刻門《ろうこくもん》 ●久慶門《きゅうけいもん》 ●瑞泉門《ずいせんもん》
●歓会門《かんかいもん》 ●園比屋武御嶽石門《そのひゃんうたきいしもん》 ●守礼門《しゅれいもん》

● **正殿《せいでん》**(左ページ上写真)

正殿《せいでん》は、３階建《だ》ての木造建築《もくぞうけんちく》で、中国や日本の影響《えいきょう》を受けながらも、正面階段《かいだん》下の龍《りゅう》の彫刻《ちょうこく》がある龍柱《りゅうちゅう》や屋《や》根《ね》瓦《がわら》などに、琉球独特《りゅうきゅうどくとく》の様式が見られます。正殿は中国皇帝《こうてい》のいる西を向いて建《た》っています。これは、中国皇帝に敬意《けいい》を表していたからだといわれています。

● **南殿《なんでん》・番所《ばんどころ》**

南殿《なんでん》は２階建《だ》てで、薩摩藩《さつまはん》の役人の接待《せったい》に使われていた和《わ》風《ふう》の建築《けんちく》です。１階建ての建物《たてもの》が番所《ばんどころ》で、首里城《しゅりじょう》に来た人の受付《うけつけ》がおこなわれていました。

● **歓会門《かんかいもん》・久慶門《きゅうけいもん》**

歓会門《かんかいもん》は明《みん》（中国）から来た冊封使《さっぽうし》などをむかえる正門で、久慶門《きゅうけいもん》は通用門でした。どちらも、二重に囲《かこ》まれている首《しゅ》里城《りじょう》の外側《そとがわ》(外郭《がいかく》)にある、アーチ状《じょう》の中国風の石造《せきぞう》門です。

● **守礼門《しゅれいもん》**

門にある「守禮之邦《しゅれいのくに》」（礼節《れいせつ》を重んじる国という意味）の額《がく》から、この名がつきました。沖縄戦《おきなわせん》で焼《や》けましたが、1958(昭《しょう》和《わ》33)年に再建《さいけん》され、沖縄のシンボルとなっています。

● **首里森御嶽《すいむいうたき》**

城内《じょうない》に10か所ある「十嶽《とたけ》」という礼拝所《れいはいじょ》のなかで、もっとも重要《じゅうよう》なところです。首里城《しゅりじょう》ができる前からここにあったため、首里城は首里森城《すいむいじょう》ともいわれました。

透《とう》視《し》してみよう！

首里城《しゅりじょう》 正殿《せいでん》

トイレはどこ？

復元《ふくげん》された現在《げんざい》の首里城《しゅりじょう》には公衆《こうしゅう》トイレが設置《せっち》されています。しかし、首里城を調査《ちょうさ》しても、むかしのトイレの跡《あと》はまだ見つかっていません。

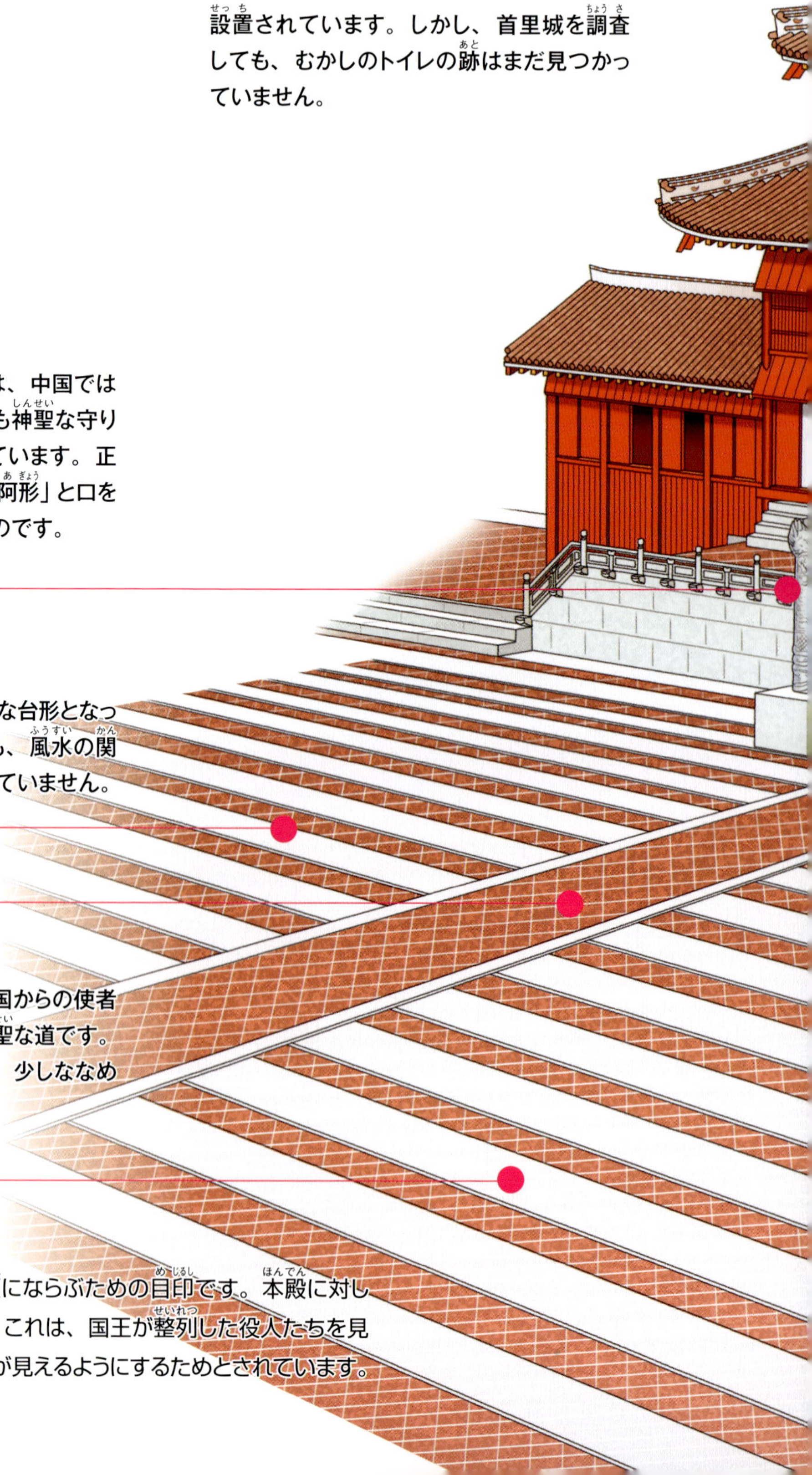

大龍柱《だいりゅうちゅう》

正殿《せいでん》には龍《りゅう》の彫刻《ちょうこく》がたくさんあります。龍は、中国では皇帝《こうてい》のしるしとされていたので、首里城《しゅりじょう》でも神聖《しんせい》な守り神《がみ》として、また国王の象徴《しょうちょう》としてかざられています。正殿の正面にある「大龍柱《だいりゅうちゅう》」は、口を開けた「阿形《あぎょう》」と口を閉《と》じた「吽形《うんぎょう》」の龍がならぶ、琉球独特《りゅうきゅうどくとく》のものです。

いびつな御庭《うなー》

御庭《うなー》（広場）全体は正方形ではなく、いびつな台形となっています。狭《せま》い地形上やむを得《え》なかったとも、風水《ふうすい》の関係《かんけい》ともいわれますが、その理由はよくわかっていません。

浮道《うきみち》

奉神門《ほうしんもん》から正殿《せいでん》にのびる浮道《うきみち》は、国王や中国からの使者など、限《かぎ》られた人しか歩くことができない神聖《しんせい》な道です。正殿に対して垂直《すいちょく》にのびているのではなく、少しななめにのびています。

御庭《うなー》の縞模様《しまもよう》

御庭《うなー》の縞模様《しまもよう》は、儀式《ぎしき》の際《さい》に役人が位《くらい》の順《じゅん》にならぶための目印《めじるし》です。本殿《ほんでん》に対して平行ではなく少しななめになっています。これは、国王が整列《せいれつ》した役人たちを見たとき、人と人のあいだから、後ろの人の顔が見えるようにするためとされています。

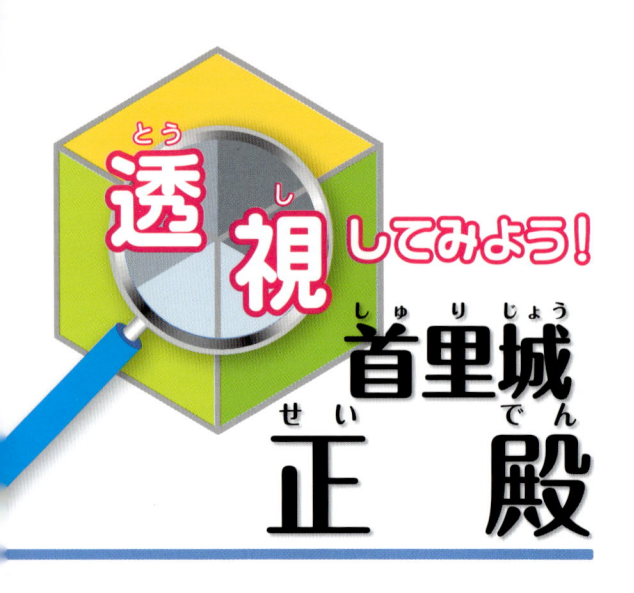

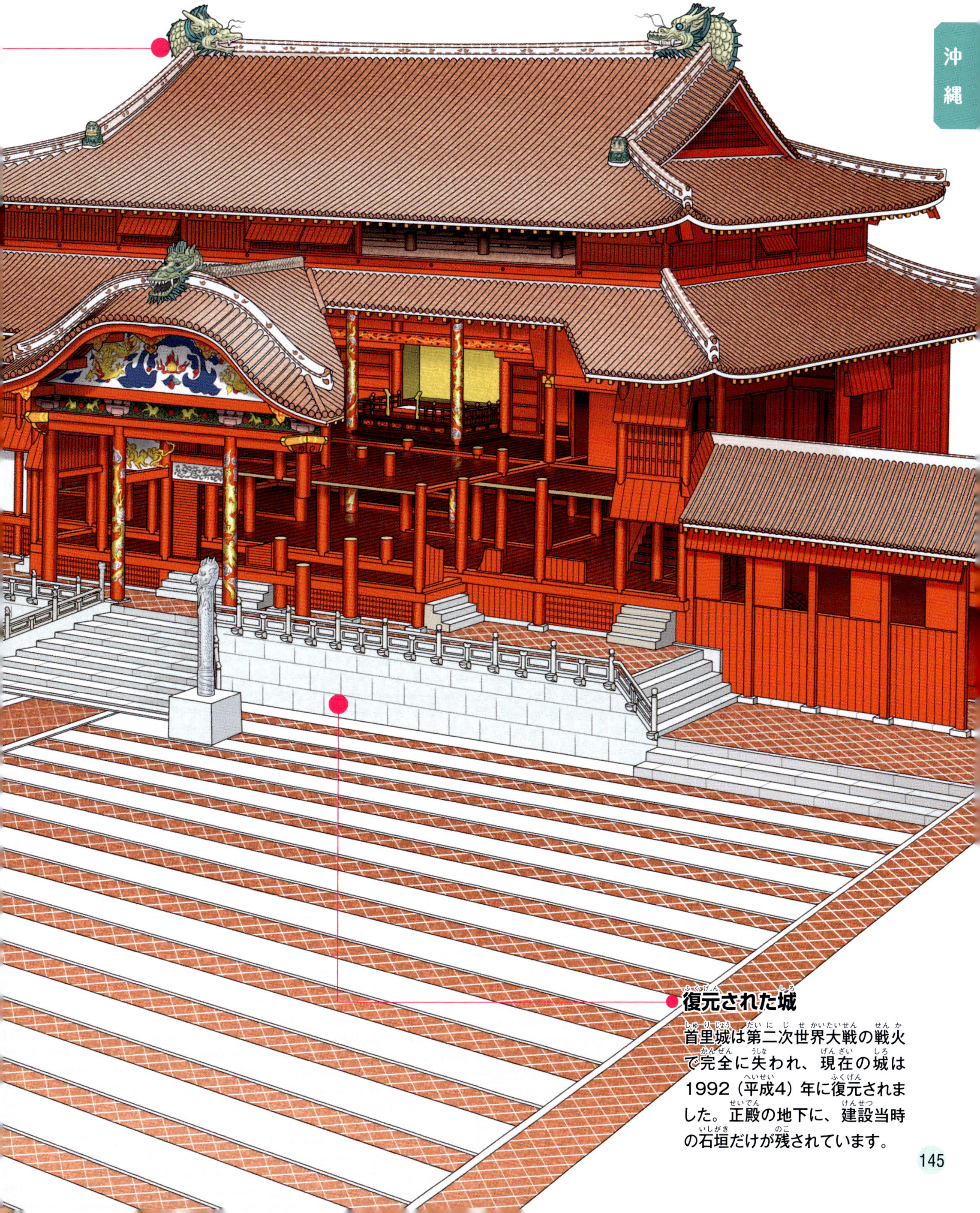

復元《ふくげん》された城《しろ》

首里城《しゅりじょう》は第二次世界大戦《だいにじせかいたいせん》の戦火《せんか》で完全《かんぜん》に失《うしな》われ、現在《げんざい》の城《しろ》は1992（平成《へいせい》4）年に復元《ふくげん》されました。正殿《せいでん》の地下に、建設《けんせつ》当時の石垣《いしがき》だけが残《のこ》されています。

琉球《りゅうきゅう》の「たましい」を感じる場所

玉陵《たまうどぅん》・園比屋武御嶽《そのひゃんうたき》

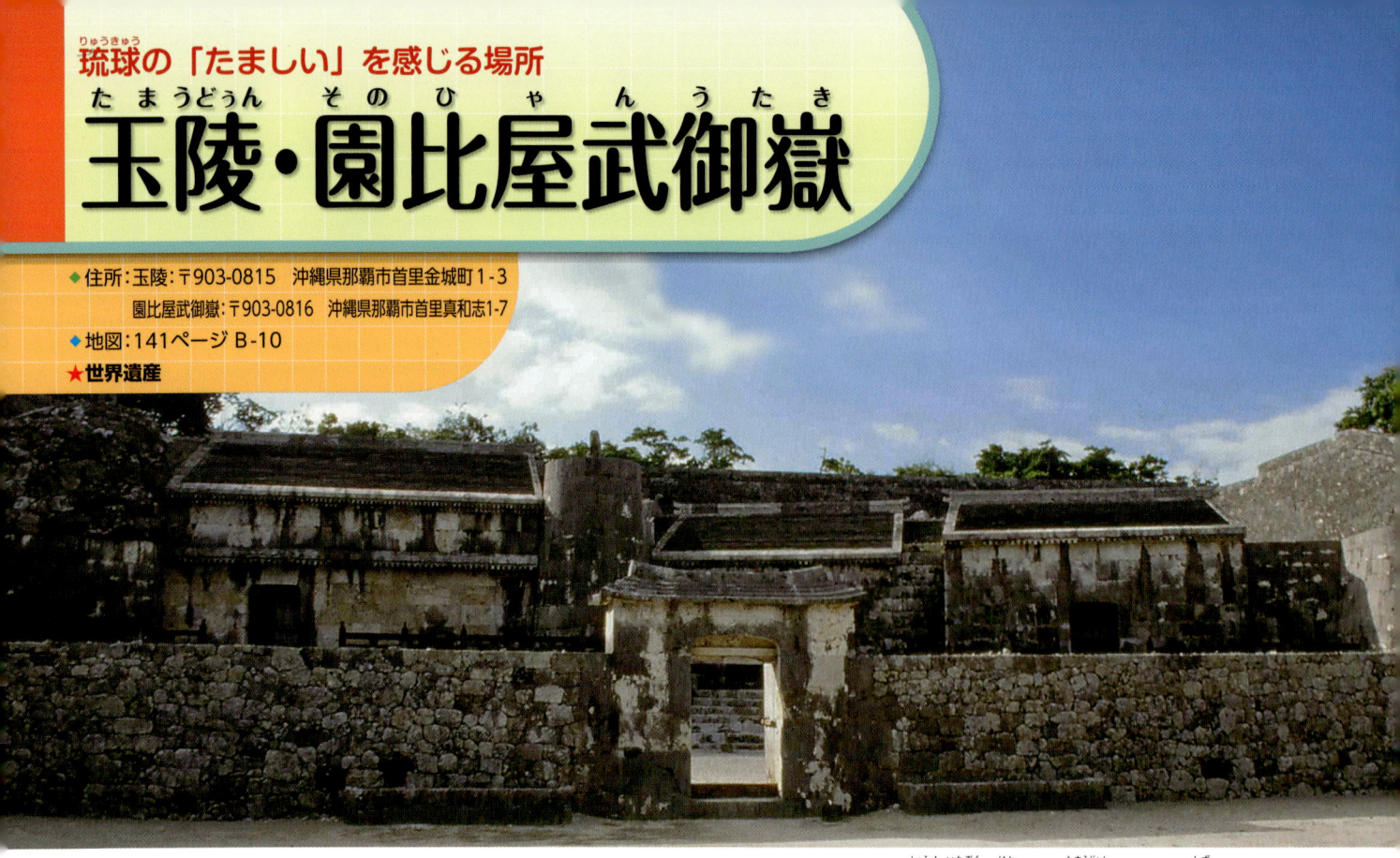

◆住所：玉陵：〒903-0815　沖縄県那覇市首里金城町1-3
園比屋武御嶽：〒903-0816　沖縄県那覇市首里真和志1-7
◆地図：141ページ B-10
★世界遺産

尚氏一族《しょうしいちぞく》の墓《はか》である玉陵《たまうどぅん》は、いつも静《しず》かなたたずまい。

巨大《きょだい》な石づくりの墓《はか》・玉陵《たまうどぅん》

玉陵《たまうどぅん》は、第二尚氏王統《しょうしおうとう》3代目の尚真王《しょうしんおう》が、首里城《しゅりじょう》の近くにつくった大規模《だいきぼ》な石づくりの墓《はか》で、3つの部分に分かれています。国王や妃《きさき》などは、亡《な》くなると「中室《ちゅうしつ》」で骨《ほね》になるまで置《お》かれ、そのあと、王と妃の骨は「東室《とうしつ》」に、ほかの王族《おうぞく》の骨は「西室《さいしつ》」におさめられました。

一族の結束《けっそく》と力を象徴《しょうちょう》する大きな墓は、中庭にサンゴの破片《はへん》がしきつめられ、神秘的《しんぴてき》なふんいきにつつまれています。

国王の礼拝所《れいはいじょ》、園比屋武御嶽石門《そのひゃんうたきいしもん》

園比屋武御嶽《そのひゃんうたき》は、首里城《しゅりじょう》から各地《かくち》をめぐる旅に出るとき、国王が道中の無事《ぶじ》を祈《いの》ったところです。門の奥《おく》には、かつて聖域《せいいき》の森がありましたが、現在《げんざい》は一部しか残《のこ》っていません。尚真王《しょうしんおう》の1519年につくられ、第二次世界大戦《だいにじせかいたいせん》の沖縄戦《おきなわせん》で破壊《はかい》されてしまいましたが、1957（昭和《しょうわ》32）年に復元《ふくげん》されました。

もっと知りたい！ 沖縄《おきなわ》の墓《はか》

むかしの沖縄《おきなわ》では、人が亡《な》くなると、土葬《どそう》も火葬《かそう》もせず、自然《しぜん》に骨《ほね》になるまで安置《あんち》する「風葬《ふうそう》」がおこなわれていました。骨は洗《あら》って壺《つぼ》に入れ、石づくりの一族の墓《はか》に葬《ほうむ》りました。墓には、家の屋根の形をした破風墓《はふばか》と、亀《かめ》の甲羅《こうら》の形をした亀甲墓《きっこうばか》があり、玉陵《たまうどぅん》は破風墓の代表例です。なお、現在《げんざい》では、風葬はおこなわれていません。

国王が安全を祈《いの》った、園比屋武御嶽石門《そのひゃんうたきいしもん》。

ゆったりとした時間が流れる

識名園《しきなえん》

◆住所：〒902-0072　沖縄県那覇市真地421-7
◆地図：141ページ B-10
★世界遺産

中国風《ふう》の石橋がかかる識名園《しきなえん》の池。

冊封使《さっぽうし》を歓待《かんたい》した王家の別荘《べっそう》

識名園《しきなえん》(特別名勝《とくべつめいしょう》)は、1799年、尚温王《しょうおんおう》のときに完成《かんせい》した、王家の別荘《べっそう》です。冊封使《さっぽうし》(中国皇帝《こうてい》の使者)の接待《せったい》などに使われました。石橋のかかる人工池を中心に、御殿《うどぅん》や六角堂《ろっかくどう》などがあり、池の周辺《しゅうへん》を歩きながら風景《ふうけい》を楽しむことができます。赤瓦《あかがわら》屋根の御殿は、琉球《りゅうきゅう》らしい木造建築《もくぞうけんちく》です。また、ふたつあるアーチ型《がた》の石橋の石組みは、自然《しぜん》に近いものと、整然《せいぜん》と加工《かこう》されたものの2種類《しゅるい》があります。

ここも、第二次世界大戦《だいにじせかいたいせん》の沖縄戦《おきなわせん》で、1945 (昭和《しょうわ》20) 年に破壊《はかい》されましたが、1975年から20年かけて復元《ふくげん》されました。

もっと知りたい! 琉球《りゅうきゅう》の石垣《いしがき》、いろいろ

琉球《りゅうきゅう》では、サンゴからできた琉球石灰岩《りゅうきゅうせっかいがん》が豊富《ほうふ》だったため、13世紀《せいき》ごろには、はやくも石積《いしづ》みの技術《ぎじゅつ》が確立《かくりつ》していました。四角に切った石を積《つ》む「布積《ぬのづ》み」、六角形に切った石を積む「亀甲積《きっこうづ》み」のほか、「野面積《のづらづ》み」や「相《あい》方積《かたづ》み」などがあります。

四角い石が積《つ》まれた琉球《りゅうきゅう》の石垣《いしがき》。

王国の盛衰《せいすい》を見てきた

琉球《りゅうきゅう》のグスク跡《あと》

◆住所：下記グスク跡所在地の一覧を参照。

★世界遺産

今帰仁城跡《なきじんじょうあと》の城壁《じょうへき》はなだらかなカーブが特徴《とくちょう》。

琉球《りゅうきゅう》王国と各地《かくち》のグスク

グスクは漢字で「城」と書きますが、日本の城《しろ》とは少しことなり、信仰《しんこう》の場でもありました。

12世紀《せいき》ごろから、琉球《りゅうきゅう》全土には、小規模《しょうきぼ》なグスクがたくさんありましたが、14世紀に入り、3つの有力な按司《あじ》(各地《かくち》の支配《しはい》者)が対立する「三山時代《さんざんじだい》」になると、按司はたがいに勢力《せいりょく》を競《きそ》うようになり、グスクも大規模になっていきました。

しかし、15世紀になって琉球王国が統一《とういつ》されると、尚真王《しょうしんおう》が按司たちを首里《しゅり》に住まわせたため、各地のグスクは次第《しだい》にさびれていきました。

グスクとニライカナイ信仰《しんこう》

グスク跡《あと》には、礼拝所《れいはいじょ》や神殿《しんでん》などの聖域《せいいき》が必《かなら》ずあります。琉球《りゅうきゅう》には、神が海の向こうのニライカナイ（浄土《じょうど》あるいは理想郷《りそうきょう》の意味）からやってくるという信仰《しんこう》がありました。この信仰のため、グスクの多くは、海の近くの丘《おか》の上にありました。

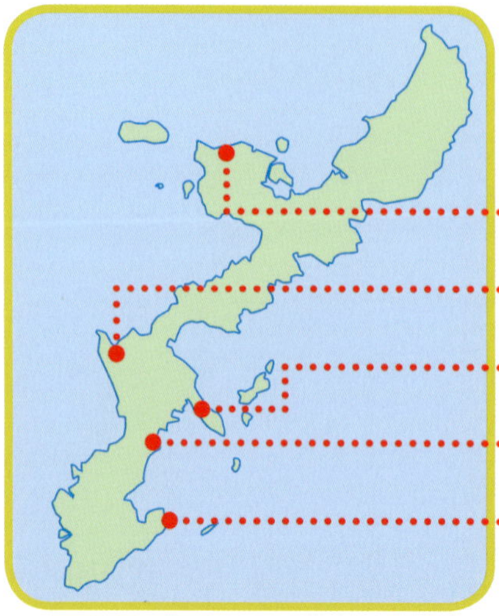

■グスク跡所在地《あとしょざいち》

❶今帰仁城跡《なきじんじょうあと》：〒905-0428
沖縄県《おきなわけん》国頭郡《くにがみぐん》今帰仁村《なきじんそん》字《あざ》今泊《いまどまり》5101

❷座喜味城跡《ざきみじょうあと》：〒904-0301
沖縄県《おきなわけん》中頭郡《なかがみぐん》読谷村《よみたんそん》字《あざ》座喜味《ざきみ》708-6

❸勝連城跡《かつれんじょうあと》：〒904-2311
沖縄県《おきなわけん》うるま市《し》勝連《かつれん》南風原《はえばる》3908

❹中城城跡《なかぐすくじょうあと》：〒901-2314
沖縄県《おきなわけん》中頭郡《なかがみぐん》北中城村《きたなかぐすくそん》大城《おおぐすく》503

❺斎場御嶽《せーふぁうたき》：〒901-1511
沖縄県《おきなわけん》南城市《なんじょうし》知念《ちねん》久手堅《くでけん》270-1

❶ **今帰仁城跡《なきじんじょうあと》【史跡《しせき》】**

本部半島《もとぶはんとう》の今帰仁村《なきじんそん》にあり、北山王《ほくざんおう》の大きなグスクでした。13世紀《せいき》につくられた古いグスクであることは、なだらかな城壁《じょうへき》が「野面積《のづらづ》み」という古い技法《ぎほう》で積《つ》まれていることからわかります。

❷ **座喜味城跡《ざきみじょうあと》【史跡《しせき》】**

15世紀初《せいきはじ》めに、尚巴志《しょうはし》の家臣《かしん》の護佐丸《ごさまる》が、東シナ海がよく見える読谷村《よみたんそん》の丘《おか》の上に築《きず》きました。当時の新しい技法《ぎほう》による石《いし》積《づ》みと、沖縄最古《おきなわさいこ》のアーチ門がみごとです。

❸ **勝連城跡《かつれんじょうあと》【史跡《しせき》】**

沖縄《おきなわ》本島中部の勝連《かつれん》半島の丘《おか》の上にあり、13世紀《せいき》から14世紀に築《きず》かれました。琉球《りゅうきゅう》王国に最後《さいご》まで抵抗《ていこう》した按司《あじ》・阿麻和利《あまわり》がほろぼされたところです。

❹ **中城城跡《なかぐすくじょうあと》【史跡《しせき》】**

15世紀《せいき》の中ごろ、座喜味城《ざきみじょう》から移《うつ》ってきた護佐丸《ごさまる》が、もとからあったグスクを拡張《かくちょう》しました。幕末《ばくまつ》の1853年、黒船《くろふね》に乗ったペリーが琉球《りゅうきゅう》に立ちより、その石積《づ》みの技術《ぎじゅつ》の高さにおどろいたといいます。

❺ **斎場御嶽《せーふぁうたき》【史跡《しせき》】**

斎場御嶽《せーふぁうたき》は、琉球《りゅうきゅう》王国が定めた最高《さいこう》の聖地《せいち》です。天然《てんねん》の巨大《きょだい》な石灰《せっかい》岩《がん》がもたれあってできた三角形のすき間《ま》は、三庫理《さんぐぅい》（左写真）といいます。その向こうにある久高島遥拝所《くだかじまようはいしょ》からは、琉球の島をつくったアマミキヨが降《お》りたったという神話のある、久高島《くだかじま》がよく見えます。いかにも聖域《せいいき》らしい、神秘的《しんぴてき》なふんいきがあります。

[用語解説《かいせつ》]

●校倉造【あぜくらづくり】

木材《もくざい》をななめに割《わ》り、断面《だんめん》を三角形や四角形、あるいは台形にしたものを、丸太《まるた》小屋のように井《い》げたに組んで外壁《がいへき》としている倉《くら》。内部の湿度を常《つね》に一定に保《たも》つことができる。東大寺《とうだいじ》の正《しょう》倉院《そういん》や、唐招提寺《とうしょうだいじ》の宝蔵《ほうぞう》などに見られる。

●懸造【かけづくり】

急な斜面《しゃめん》やがけ、または池などに建《た》てられた寺院建築《けんちく》のこと。「崖造《がけづくり》」ともいう。床《ゆか》を支《ささ》える木材《もくざい》の長さを調節《ちょうせつ》して、床を水平に保《たも》つ。「清水《きよみず》の舞台《ぶたい》」として有名な清水寺《きよみずでら》の本堂《ほんどう》などに見られる。

●唐門【からもん】

中央がふくらみ、両端《りょうたん》がへこんだ、S字型《エスじがた》の曲線でつくられた唐破風《からはふ》という屋根をもつ門のこと。平安《へいあん》時代後期から見られるようになった。寺院や神社の建築《けんちく》によく見られ、西本願寺《にしほんがんじ》や二条城《にじょうじょう》の唐門《からもん》などが有名。

二条城《にじょうじょう》の唐門《からもん》。

●鬼門【きもん】

北東の方位《ほうい》のこと。鬼《おに》が出入りする方角といわれ、すべてにおいて不吉《ふきつ》なものとして避《さ》けられ、きらわれた。鬼門《きもん》よけとして北東の方角に神仏《しんぶつ》などをまつる場合もあり、平安京《へいあんきょう》の北東にある延暦寺《えんりゃくじ》、江戸城《えどじょう》の北東にある寛永寺《かんえいじ》などはその例《れい》である。

●京都五山【きょうとござん】

鎌倉《かまくら》・室町幕府《むろまちばくふ》が臨済宗《りんざいしゅう》の寺院をおさめるためにつくった制《せい》度《ど》で、最高《さいこう》の格《かく》をあたえられた5つの寺のこと。鎌倉《かまくら》時代末期《まっき》の鎌倉五山《かまくらござん》にはじまり、京都《きょうと》では南禅寺《なんぜんじ》を五山の上位《じょうい》に置《お》き、天龍寺《てんりゅうじ》、相国寺《しょうこくじ》、建仁寺《けんにんじ》、東福寺《とうふくじ》、万寿寺《まんじゅじ》を五山とした。鎌倉では、建長寺《けんちょうじ》、円覚寺《えんがくじ》、寿福寺《じゅふくじ》、浄智寺《じょうちじ》、浄妙寺《じょうみょうじ》の5つの寺が「鎌倉五山」とよばれる。

●光背【こうはい】

仏像《ぶつぞう》の背後《はいご》から発する光をあらわした彫刻《ちょうこく》。この光はどんなすみずみの場所も照《て》らすといわれる。時代や仏像《ぶつぞう》の種類《しゅるい》によってさまざまな形があるが、大きく分けると、頭のうしろから円形の光を放つ頭光《ずこう》と、からだ全体から光を放つ身光《しんこう》があり、それらを組みあわせたものは挙身光《きょしんこう》とよばれる。

●山門・三門【さんもん】

仏教《ぶっきょう》寺院の正面につくられる門を山門《さんもん》といい、禅宗《ぜんしゅう》の寺院では、悟《さと》りにいたるために通らなければならない3つの関門《かんもん》の意味で「三門《さんもん》」とも書く。南正面に開いた山門を南大門《なんだいもん》（禅宗では総門《そうもん》）という。寺院の門は、通常《つうじょう》、入母屋造《いりもやづくり》(→7ページ)で、上の層《そう》があるものが一般的《いっぱんてき》で、下層《かそう》の左右に金剛力士像《こんごうりきしぞう》などが、上層には釈迦如来像《しゃかにょらいぞう》や十六羅漢像《じゅうろくらかんぞう》などが配置《はいち》されている。

●七堂伽藍【しちどうがらん】

伽藍《がらん》は、僧侶《そうりょ》が集まって修行《しゅぎょう》をする清らかな場所のことで、七堂伽藍は、寺院のおもな7つの建物《たてもの》をさす。金堂《こんどう》、講堂《こうどう》、塔《とう》、鐘楼《しょうろう》、経蔵《きょうぞう》、僧坊《そうぼう》、食堂《じきどう》をあわせてよぶことが多いが、宗派《しゅうは》によっては山門《さんもん》や法堂《はっとう》、庫裡《くり》などの建物《たてもの》をふくむこともある。禅宗《ぜんしゅう》の七堂伽藍は、三門《さんもん》、仏殿《ぶつでん》、法堂《はっとう》、僧堂《そうどう》、庫院《くいん》、東司《とうす》、浴室《よくしつ》とされる。実際《じっさい》に建物が7つあるという意味だけではなく、建物が完備《かんび》している大きな寺院という意味で使う場合もある。

●鴟尾【しび】

瓦《かわら》ぶきの屋根の、もっとも高い部分の両《りょう》はしにつけられる、鳥の尾《お》が曲がったような形をしたかざり。瓦《かわら》の伝来《でんらい》とともに、中国より伝《つた》わったものとされ、寺院の建物《たてもの》によく使われる。室《むろ》町《まち》時代よりあとには、魚がそりかえった姿《すがた》の鯱《しゃちほこ》も同じように使われている。

●書院造【しょいんづくり】

日本の住宅《じゅうたく》を建《た》てる形式のひとつ。平安時代《へいあんじだい》の貴族《きぞく》の住宅様式であった寝殿造《しんでんづくり》から発展《はってん》したもので、床《とこ》の間《ま》や棚《たな》などが設《もう》けられ、部屋と部屋のしきりにふすまを使うなど、格式《かくしき》を重んじ、お客をもてなす機能《きのう》をたいせつにしてつくられた。現在《げんざい》の日本の住宅も、この形を受けついでいる。

●神仏混淆【しんぶつこんこう】

神道《しんとう》と仏教《ぶっきょう》がむすびつくこと。神仏習合《しんぶつしゅうごう》ともいう。古くから、日本の人びとは、それぞれの土地の神さまをあがめ、祈《いの》っていたが、奈良《なら》時代に伝《つた》わった仏教がそこにむすびついたことで、仏教は日本の各地《かくち》にひろまり、神道も宗教《しゅうきょう》としての形をととのえたといわれる。これによって、寺院の中に神社が置《お》かれたり、神社に神宮寺《じんぐうじ》とよばれる寺院が建《た》てられたりした。

透塀【すきべい】

神社でよく見られる塀《へい》の形。木材《もくざい》を彫刻《ちょうこく》したり、棒《ぼう》のような木材や竹を、縦《たて》か横にならべたり、縦横《じゅうおう》に交差《こうさ》させたりすることによって、内部が透《す》けて見える塀のこと。

台座【だいざ】

仏像《ぶつぞう》を乗せる台のこと。もともとは釈迦《しゃか》の居場所《いばしょ》を示《しめ》すもの。如来《にょらい》や菩薩《ぼさつ》の像《ぞう》には、蓮華《れんげ》の花びらをデザインした蓮華座《れんげざ》が用いられる。泥《どろ》の中から茎《くき》をのばして清らかな花びらを開く蓮華が、迷《まよ》いをすて、悟《さと》りを開くことの象徴《しょうちょう》とされるからである。ほかにも、岩をかたどった岩座《いわざ》、海辺《うみべ》の波打《なみう》ち際《ぎわ》のような州浜座《すはまざ》、飛天《ひてん》や阿弥陀如来《あみだにょらい》などが雲に乗って迎《むか》えにくるさまをあらわした雲座《くもざ》などがある。獅子《しし》や象《ぞう》などの動物や鳥の姿《すがた》を模《も》した鳥獣座《ちょうじゅうざ》もある。

塔頭【たっちゅう】

大きな寺院の敷地内《しきちない》にある小さな寺院で、「院」や「庵《あん》」などの称号《しょうごう》がつく。もとは、禅宗《ぜんしゅう》の寺院で、尊敬《そんけい》を集めた僧《そう》が亡《な》くなったあと、弟子《でし》がその人徳《じんとく》をしたい、塔《とう》（墓《はか》のこと）の頭（ほとり）に小さな寺を建《た》てて、塔をまもったことから、このようによばれるようになったといわれる。

拝殿【はいでん】

神社で、神様がまつられている本殿《ほんでん》の前にある、参拝者《さんぱいしゃ》が祈《いの》り、願《ねが》いごとをする建物《たてもの》。伊勢神宮《いせじんぐう》などのように拝殿《はいでん》のない神社や、拝殿の中央に土間の通路がある割拝殿《わりはいでん》が設《もう》けられている神社もある。

廃仏毀釈運動【はいぶつきしゃくうんどう】

明治《めいじ》時代に全国各地《かくち》でおこった、仏教《ぶっきょう》をしりぞける動き。神道《しんとう》と仏教を分離《ぶんり》させようと政府《せいふ》が出した神仏分離令《しんぶつぶんりれい》や、神道を国の宗教《しゅうきょう》にする動きなどがきっかけとなったといわれる。その結果《けっか》、数多くの寺院や仏像《ぶつぞう》などが、こわされたり、すてられたり、売りはらわれたりした。

祓殿【はらえどの】

神社で、わざわいをのぞくための儀式《ぎしき》をする建物《たてもの》。

東山文化【ひがしやまぶんか】

室町《むろまち》時代中期の文化のこと。当時の室町幕府《むろまちばくふ》の将軍足利義政《しょうぐんあしかがよしまさ》が、応仁《おうにん》の乱《らん》のあとに、京都《きょうと》の東山《ひがしやま》の地に山荘《さんそう》（のちの銀閣寺《ぎんかくじ》）を建《た》てたことからこうよばれる。山荘には、公家《くげ》、武士《ぶし》、禅僧《ぜんそう》など、さまざまな人が集まったため、それぞれの文化がまざりあい、とくに禅宗《ぜんしゅう》の影響《えいきょう》を受けて、簡素《かんそ》で奥《おく》が深い東山文化がうまれたといわれている。水墨画《すいぼくが》、庭園、能《のう》、茶の湯、生《い》け花などもさかんになった。これに対し、金閣寺《きんかくじ》を建てた足利《あしかが》義満《よしみつ》が将軍であった室町時代初期《しょき》の文化を「北山文化《きたやまぶんか》」といい、武家の文化のなかに、公家の文化の影響が残《のこ》った、はなやかさが特徴《とくちょう》である。

檜皮葺【ひわだぶき】

ヒノキの皮を、すきまのないようにぎっしりと重ね、竹のくぎでおさえて屋根をふくこと。世界的《せかいてき》にもほかに例《れい》のない、日本独自《どくじ》の伝統的《でんとうてき》な工法《こうほう》である。格式《かくしき》の高いふき方として、古くから貴族《きぞく》の住宅《じゅうたく》や、寺院や神社などの屋根によく使われており、京都御所《きょうとごしょ》の紫宸殿《ししんでん》や清涼殿《せいりょうでん》、二条城《にじょうじょう》、春日大社《かすがたいしゃ》、宇治上神社《うじがみじんじゃ》などでも見られる。これに対し、こけら（うすい木片《もくへん》）を重ねてふいた屋根のことを「こけら葺《ぶき》」という。

檜皮葺《ひわだぶき》の清水寺《きよみずでら》の屋根。

仏舎利【ぶっしゃり】

仏教《ぶっきょう》をひらいたブッダの遺骨《いこつ》のこと。「シャリ」は、古いインドの言葉で「遺骨《いこつ》」を意味する。ブッダは、亡《な》くなったあと火葬《かそう》され、その遺骨は８つの部族が分けあったとされる。日本でもっとも古い仏教寺院である飛鳥寺《あすかでら》をはじめ、寺院に建《た》てられている塔《とう》は、仏舎利《ぶっしゃり》をまつるためのものである。

方形造【ほうぎょうづくり】

屋根の形式のひとつで、正方形の建物《たてもの》に寄棟造《よせむねづくり》(→7ページ)のように屋根をつくったもの。寄棟造とちがって、４枚《まい》の屋根すべてが三角形となり、水平な直線ができない。奈良《なら》の法隆寺《ほうりゅうじ》夢殿《ゆめどの》は八角形、京都の六角堂《ろっかくどう》（頂法寺《ちょうほうじ》）は六角形の方形造《ほうぎょうづくり》である。

方丈【ほうじょう】

禅宗《ぜんしゅう》寺院で、来客の応対《おうたい》をしたり、仏教《ぶっきょう》の行事をおこなったりするときに使う建物《たてもの》。

菩提寺【ぼだいじ】

ある家が代だいその教えを信じて墓《はか》を建《た》て、葬式《そうしき》や法事《ほうじ》などをおこなう寺のこと。「ボダイ」とは、古いインドの言葉で、ブッダの迷《まよ》いのない悟《さと》りの状態《じょうたい》をあらわす言葉。

●本瓦葺【ほんかわらぶき】

丸瓦《まるがわら》と平瓦《ひらがわら》を用いる瓦屋根《かわらやね》のふき方。古い建物《たてもの》の屋根はすべてこのふき方で、とくに寺院の屋根に多く用いられている。江《え》戸《ど》時代にあらわれた、現在《げんざい》の住宅《じゅうたく》のような一枚瓦《いちまいがわら》を使うふき方は「桟瓦葺《さんがわらぶき》」という。

●本尊【ほんぞん】

寺院などで、拝《おが》む対象《たいしょう》としてもっとも主要《しゅよう》な仏像《ぶつぞう》や曼荼羅《まんだら》などのこと。本尊《ほんぞん》を中心(中尊《ちゅうそん》)とし、左右に「脇侍《きょうじ》」とよばれる仏像が置《お》かれることも多い。釈迦三尊像《しゃかさんぞんぞう》の場合、中尊が釈迦如《しゃかにょ》来《らい》で、左脇侍に文殊菩薩《もんじゅぼさつ》、右脇侍に普賢菩薩《ふげんぼさつ》。薬師三尊像《やくしさんぞんぞう》の場合、中尊が薬師如来《やくしにょらい》で、左脇侍に日光菩薩《にっこうぼさつ》、右脇侍に月光菩薩《がっこうぼさつ》のように、中尊と脇侍の組みあわせは決まったものが多い。

●曼荼羅【まんだら】

「マンダラ」は、古いインドの言葉で「本質《ほんしつ》をもつもの」という意味。曼荼羅《まんだら》は、仏教《ぶっきょう》の本質である悟《さと》りの世界を、仏像《ぶつぞう》などの絵で表現《ひょうげん》したものである。曼荼羅にはさまざまな種類《しゅるい》があるが、代表的《だいひょうてき》なものは、金剛界曼荼羅《こんごうかいまんだら》と胎蔵界曼荼羅《たいぞうかいまんだら》である。

●密教【みっきょう】

古いインドの宗教《しゅうきょう》の影響《えいきょう》を受けた仏教《ぶっきょう》の一派《いっぱ》。神秘的《しんぴてき》な儀式《ぎしき》や象徴的《しょうちょうてき》な世界観《せかいかん》を特色《とくしょく》とする。日本の密教《みっきょう》は、空海《くうかい》が真言宗《しんごんしゅう》を、最澄《さいちょう》が天台宗《てんだいしゅう》をひらいたことにはじまる。密教では、曼荼羅《まんだら》などの絵画《かいが》が重要《じゅうよう》なものとされ、絵を描《えが》くことも修行《しゅぎょう》のひとつとされる。密教以外《いがい》の、すべての人びとに対してあきらかに説《と》かれた仏教は、顕教《けんきょう》とよばれる。

●裳階【もこし】

寺院の主要《しゅよう》な建物《たてもの》の軒下《のきした》の壁《かべ》につけられる、小さな屋根のようなひさし。法隆寺《ほうりゅうじ》の金堂《こんどう》、薬師寺《やくしじ》の東塔《とうとう》にあるものが有名。もとは内部におさめられた仏像《ぶつぞう》や壁画《へきが》などを雨風から守るためにつけられたと考えられるが、建物の外観《がいかん》をバランスよく、優《ゆう》美《び》に見せる効果《こうか》もあるとされる。

●門跡寺院【もんぜきじいん】

皇族《こうぞく》や貴族《きぞく》などが出家《しゅっけ》して住職《じゅうしょく》をつとめる、特定《とくてい》の、格《かく》の高い寺院のこと。宇多天皇《うだてんのう》が出家して仁和寺《にんなじ》に入ったことがはじまりとされる。仁和寺のほかには平等院《びょうどういん》、醍醐寺三宝院《だいごじさんぼういん》などがある。

●八棟造【やつむねづくり】

神社建築《けんちく》のひとつの形。本殿《ほんでん》と拝殿《はいでん》を石《いし》の間《ま》でつなぎ、つながれた２つの建物《たてもの》の屋根の上に、さらに大きな屋根をかけて、ひとつの建物としたもので、変化《へんか》に富《と》んだ屋根の形となる。権《ごん》現造《げんづくり》、石《いし》の間造《まづくり》ともいわれる。

●寄木造【よせぎづくり】

木を彫《ほ》って像《ぞう》をつくる際、頭や胴体《どうたい》などのおもな部分を、２本以上《いじょう》の木をはぎあわせる日本独自《どくじ》の技法《ぎほう》。11世紀《せいき》前半に完《かん》成《せい》した。これに対し、頭や胴体を一本の木から彫りだすことを「一木造《いちぼくづくり》」という。

●四脚門【よつあしもん】

門の種類《しゅるい》のひとつ。２本の門柱《もんちゅう》の前とうしろに、控《ひか》えの柱が２本ずつ、合計４本建《た》てられている門のこと。これに対し、門柱が４本あり、控えの柱が、それぞれの門柱の前とうしろに、合計８本建てられている門は「八脚門《やつあしもん》」という。

●輪蔵【りんぞう】

柱を中心に回転《かいてん》する本棚《ほんだな》がある建物《たてもの》。転輪蔵《てんりんぞう》ともいう。もとは、おさめられた経典《きょうてん》の出し入れに便利《べんり》なため設《もう》けられた本棚だが、のちに、回転させるだけで、経典を読むのと同じご利益《りやく》があるともいわれるようになった。

調べ学習のために

文化財《ぶんかざい》について、さらにくわしく知りたい人は、ホームページで調べてみましょう。代表的《だいひょうてき》なページをあげておきました。また、それぞれの文化財のある社寺や、博物館《はくぶつかん》のホームページも参考《さんこう》になります。

- 文化庁《ぶんかちょう》
  http://www.bunka.go.jp/bunkazai/index.html
- 文化遺産《ぶんかいさん》オンライン
  http://bunka.nii.ac.jp/
- 文化庁《ぶんかちょう》　子ども文化教室
  http://www.bunka.go.jp/kids/
- 京都府文化財保護課《きょうとふぶんかざいほごか》
  http://www.kyoto-be.ne.jp/bunkazai/cms/
- 奈良文化財研究所《ならぶんかざいけんきゅうじょ》
  http://www.nabunken.go.jp/
- 京都国立博物館《きょうとこくりつはくぶつかん》
  http://www.kyohaku.go.jp/
- 奈良国立博物館《ならこくりつはくぶつかん》
  http://www.narahaku.go.jp/

京都《きょうと》・奈良《なら》を学ぼう！ モデルコース 9

<モデルコースについて>

ここには、本書で学習した文化財《ぶんかざい》のある社寺や施設《しせつ》を、効率《こうりつ》よく見学できるように選《えら》んでいます。修学《しゅうがく》旅行や校外学習で一日グループ行動をすることを前提《ぜんてい》に、地下鉄やバスなどの公共《こうきょう》交通機関《きかん》を活用するコースとして設定《せってい》しました。

京都《きょうと》の寺院建築《けんちく》(1) 1

東寺《とうじ》の建築物《けんちくぶつ》は室町《むろまち》時代から江戸《えど》時代の再建《さいけん》ですが、伽藍配置《がらんはいち》などは平安《へいあん》時代のおもかげをとどめています。西本願寺《にしほんがんじ》には桃山《ももやま》建築が多く、二条城二《にじょうじょうに》の丸御殿《まるごてん》は桃山時代の影響《えいきょう》を残《のこ》して江戸時代に再建されました。金閣《きんかく》は室町時代の北山《きたやま》文化を代表する建物《たてもの》、平安神宮《へいあんじんぐう》は明治《めいじ》時代に、平安京大極殿《へいあんきょうだいごくでん》を再現《さいげん》したものです。

1.5時間
東寺《とうじ》(金堂《こんどう》・講堂《こうどう》・五重塔《ごじゅうのとう》など)

周辺見学地　羅城門跡《らじょうもんあと》

1時間
西本願寺《にしほんがんじ》(御影堂《ごえいどう》・唐門《からもん》・飛雲閣《ひうんかく》など)

周辺見学地　東本願寺《ひがしほんがんじ》

1.5時間
二条城《にじょうじょう》(二《に》の丸御殿《まるごてん》・唐門《からもん》など)

周辺見学地　神泉苑《しんせんえん》・京都御所《きょうとごしょ》

1.5時間
金閣寺《きんかくじ》(金閣《きんかく》・鏡湖池《きょうこち》・夕佳亭《せっかてい》など)

周辺見学地　北野天満宮《きたのてんまんぐう》・龍安寺《りょうあんじ》・仁和寺《にんなじ》

1時間
平安神宮《へいあんじんぐう》(応天門《おうてんもん》・白虎楼《びゃっころう》・大極殿《だいごくでん》など)

周辺見学地　琵琶湖疏水記念館《びわこそすいきねんかん》・無鄰菴《むりんあん》

京都《きょうと》の寺院建築《けんちく》(2) 2

知恩院《ちおんいん》の三門《さんもん》は、楼門建築《ろうもんけんちく》としては日本最大《さいだい》。南禅寺《なんぜんじ》三門は、歌舞伎《かぶき》の舞台《ぶたい》になった有名な門です。東福寺《とうふくじ》三門は、現存《げんそん》する三門のなかで最古《さいこ》のものです。清水寺《きよみずでら》の本堂《ほんどう》は、清水の舞台として有名な懸造《かけづくり》の建築物。東福寺《とうふくじ》には、禅宗《ぜんしゅう》寺院の建築物が整っています。醍醐寺《だいごじ》の五重塔《ごじゅうのとう》は、京都《きょうと》では最古の木造建築物です。

1時間
知恩院《ちおんいん》(三門《さんもん》・御影堂《みえいどう》・勢至堂《せいしどう》など)

周辺見学地　青蓮院《しょうれんいん》・円山公園《まるやまこうえん》・八坂神社《やさかじんじゃ》

1時間
南禅寺《なんぜんじ》(三門《さんもん》・方丈《ほうじょう》など)

周辺見学地　永観堂《えいかんどう》・琵琶湖疏水記念館《びわこそすいきねんかん》・無鄰菴《むりんあん》

1.5時間
清水寺《きよみずでら》(本堂《ほんどう》・仁王門《におうもん》・三重塔《さんじゅうのとう》など)

周辺見学地　地主神社《じしゅじんじゃ》・高台寺《こうだいじ》・八坂塔《やさかのとう》

1時間
東福寺《とうふくじ》(三門《さんもん》・東司《とうす》・浴室《よくしつ》・禅室《ぜんしつ》など)

周辺見学地　泉涌寺《せんにゅうじ》

1時間
醍醐寺《だいごじ》(五重塔《ごじゅうのとう》・三宝院《さんぽういん》など)

周辺見学地　勧修寺《かじゅうじ》

京都《きょうと》の仏像《ぶつぞう》 3

京都国立博物館《きょうとこくりつはくぶつかん》には、京都の社寺の文化《ぶんか》財《ざい》が多数保管《ほかん》・展示《てんじ》されています。三十三《さんじゅうさん》間堂《げんどう》には千一体の千手観音立像《せんじゅかんのんりゅうぞう》など、東《とう》寺《じ》の講堂《こうどう》には立体曼荼羅《りったいまんだら》の仏像群《ぶつぞうぐん》があります。広隆寺《こうりゅうじ》の弥勒菩薩像《みろくぼさつぞう》は国宝《こくほう》第一号です。

1時間
京都国立博物館《きょうとこくりつはくぶつかん》

周辺見学地　智積院《ちさんいん》・妙法院《みょうほういん》・豊国神社《とよくにじんじゃ》

1時間
三十三間堂《さんじゅうさんげんどう》(千手観音坐像《せんじゅかんのんざぞう》・風神像《ふうじんぞう》・雷神像《らいじんぞう》など)

周辺見学地　養源院《ようげんいん》

1.5時間
東寺《とうじ》(五大菩薩坐像《ごだいぼさつざぞう》・五大明王像《ごだいみょうおうぞう》・四天王立像《してんのうりゅうぞう》など)

周辺見学地　西本願寺《にしほんがんじ》

1時間
広隆寺《こうりゅうじ》(弥勒菩薩像《みろくぼさつぞう》など)

周辺見学地　東映太秦映画村《とうえいうずまさえいがむら》

京都《きょうと》の庭園(1)　4

天龍寺《てんりゅうじ》の方丈庭園《ほうじょうていえん》は、嵐山《あらしやま》などを借景《しゃっけい》とする回遊式庭園《かいゆうしきていえん》です。龍安寺《りょうあんじ》の方丈庭園は、「石庭《せきてい》」として有名な枯山水《かれさんすい》です。妙《みょう》心寺《しんじ》には退蔵院《たいぞういん》や大心院《だいしんいん》など、方丈庭園のある大徳寺《だいとくじ》には大仙院《だいせんいん》・孤篷庵《こほうあん》・龍玄院《りょうげんいん》など、それぞれ枯山水の庭園がある塔頭《たっちゅう》がたくさんあります。

1時間

天龍寺《てんりゅうじ》(方丈庭園《ほうじょうていえん》)

周辺見学地　嵐山《あらしやま》·化野念仏寺《あだしのねんぶつじ》·清涼寺《せいりょうじ》·大覚寺《だいかくじ》

1時間

龍安寺《りょうあんじ》(石庭《せきてい》)

周辺見学地　等持院《とうじいん》

1時間

妙心寺《みょうしんじ》(退蔵院庭園《たいぞういんていえん》・大心院庭園《だいしんいんていえん》など)

周辺見学地　等持院《とうじいん》

1.5時間

大徳寺《だいとくじ》(方丈庭園《ほうじょうていえん》・大仙院庭園《だいせんいんていえん》・孤篷庵庭園《こほうあんていえん》など)

周辺見学地　今宮神社《いまみやじんじゃ》·上賀茂神社《かみがもじんじゃ》

京都《きょうと》の庭園(2)　5

銀閣寺《ぎんかくじ》の庭園は、足利義政《あしかがよしまさ》が西芳寺《さいほうじ》（苔《こけ》寺《でら》)にならって東山《ひがしやま》につくらせたものです。平安神宮神苑《へいあんじんぐうしんえん》は、明治《めいじ》時代につくられた回遊式庭園《かいゆうしきていえん》。南禅寺《なんぜんじ》には方丈庭園《ほうじょうていえん》と、塔《たっ》頭《ちゅう》・金地院《こんちいん》の枯山水《かれさんすい》などがあります。平等《びょうどう》院《いん》の庭園は、極楽浄土《ごくらくじょうど》をこの世に再現《さいげん》しようとした、浄土式庭園です。

1.5時間

銀閣寺《ぎんかくじ》(銀沙灘《ぎんしゃだん》・向月台《こうげつだい》)

周辺見学地　法然院《ほうねんいん》·哲学《てつがく》の道《みち》·下鴨神社《しもがもじんじゃ》

1時間

平安神宮《へいあんじんぐう》(神苑《しんえん》)

周辺見学地　金戒光明寺《こんかいこうみょうじ》

1時間

南禅寺《なんぜんじ》(方丈庭園《ほうじょうていえん》・金地院庭園《こんちいんていえん》)

周辺見学地　永観堂《えいかんどう》·琵琶湖疏水記念館《びわこそすいきねんかん》·無鄰菴《むりんあん》

1.5時間

平等院《びょうどういん》(浄土式庭園《じょうどしきていえん》)

周辺見学地　宇治上神社《うじがみじんじゃ》·源氏物語《げんじものがたり》ミュージアム

伝統《でんとう》産業を学ぶ　6

西陣織会館《にしじんおりかいかん》では、西陣織の手《て》織《お》り体験《たいけん》や、着物ショーの見学ができます(体験は要《よう》予《よ》約《やく》)。京菓子資料館《きょうがししりょうかん》では、京菓子に関《かん》する古文書《こもんじょ》や絵画、工芸品《こうげいひん》が展示《てんじ》されています。京都伝統産業《きょうとでんとうさんぎょう》ふれあい館《かん》では、伝統工芸品73品目の展示などがあります。河井寛次郎記念館《かわいかんじろうきねんかん》は、河井寛次郎が設計《せっけい》した住まいと仕事場を公開《こうかい》したものです。

1時間

西陣織会館《にしじんおりかいかん》

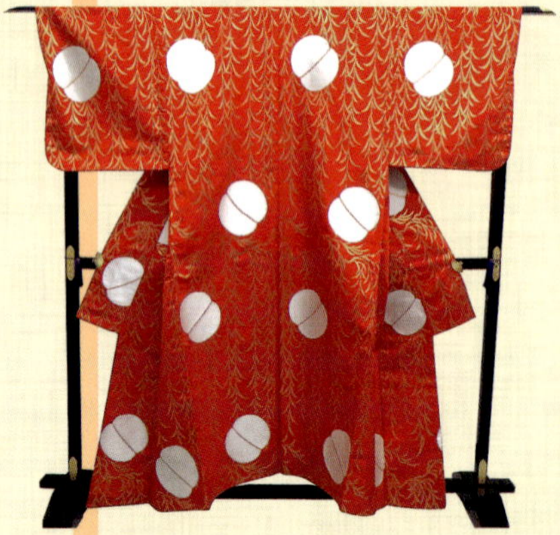

周辺見学地　京屋敷跡《きょうやしきあと》·京都市考古資料館《きょうとしこうこしりょうかん》

0.5時間

京菓子資料館《きょうがししりょうかん》

周辺見学地　相国寺《しょうこくじ》

1時間

京都伝統産業《きょうとでんとうさんぎょう》ふれあい館《かん》

周辺見学地　京都市美術館《きょうとしびじゅつかん》·平安神宮《へいあんじんぐう》

0.5時間

河井寛次郎記念館《かわいかんじろうきねんかん》

周辺見学地　京都国立博物館《きょうとこくりつはくぶつかん》

奈良《なら》公園　7

東大寺《とうだいじ》には大仏《だいぶつ》や金剛力士像《こんごうりきしぞう》のほか、二月堂《にがつどう》・三月堂《さんがつどう》などの建造物《けんぞうぶつ》がたくさんあります。春日大社《かすがたいしゃ》には、春日造《かすがづくり》の本殿《ほんでん》のほか、宝物《ほうもつ》に見るべきものが多くあります。新薬師寺《しんやくしじ》は十二神将《じゅうにしんしょう》で知られ、興福寺《こうふくじ》は阿修羅像《あしゅらぞう》をはじめとする仏像彫刻《ぶつぞうちょうこく》の宝庫《ほうこ》です。奈良国立博物館《ならこくりつはくぶつかん》では、文化財《ぶんかざい》を間近に見ることができます。

3時間

東大寺《とうだいじ》（大仏殿《だいぶつでん》・二月堂《にがつどう》・三月堂《さんがつどう》など）

写真:矢野建彦

周辺見学地　正倉院《しょうそういん》・東大寺《とうだいじ》ミュージアム

0.5時間

春日大社《かすがたいしゃ》

0.5時間

新薬師寺《しんやくしじ》

写真提供:奈良市観光協会

周辺見学地　白毫寺《びゃくごうじ》

1.5時間

奈良国立博物館《ならこくりつはくぶつかん》

1時間

興福寺《こうふくじ》（五重塔《ごじゅうのとう》・国宝館《こくほうかん》など）

周辺見学地　猿沢池《さるさわいけ》・元興寺《がんこうじ》

西《にし》ノ京《きょう》　8

薬師寺《やくしじ》には、奈良《なら》時代にもどったような色鮮《いろあざ》やかな建築物《けんちくぶつ》が再建《さいけん》されています。唐招提寺《とうしょうだいじ》の金堂《こんどう》は、「天平《てんぴょう》の甍《いらか》」として知られます。平城宮跡《へいじょうきゅうせき》では、朱雀門《すざくもん》や東院《とういん》庭園《ていえん》、大極殿《だいごくでん》が復原《ふくげん》されています。

1.5時間

薬師寺《やくしじ》（金堂《こんどう》・東塔《とうとう》・東院堂《とういんどう》など）

写真提供:一般社団法人　奈良県ビジターズビューロー

1.5時間

唐招提寺《とうしょうだいじ》（金堂《こんどう》・講堂《こうどう》・御影堂《みえいどう》など）

写真提供:一般社団法人　奈良県ビジターズビューロー

周辺見学地　崇神天皇陵《すじんてんのうりょう》

1時間

平城宮跡《へいじょうきゅうせき》（朱雀門《すざくもん》・第一次大極殿《だいいちじだいごくでん》・東院庭園《とういんていえん》など）

斑鳩《いかるが》・飛鳥《あすか》　9

法隆寺《ほうりゅうじ》は文化財《ぶんかざい》の宝庫《ほうこ》で、建築《けんちく》では金堂《こんどう》・五重塔《ごじゅうのとう》・夢殿《ゆめどの》、仏像《ぶつぞう》では釈迦三尊像《しゃかさんぞんぞう》・百済観音像《くだらかんのんぞう》などがあります。中宮寺《ちゅうぐうじ》では弥勒菩薩像《みろくぼさつぞう》が有名です。飛鳥《あすか》には石舞台《いしぶたい》古墳《こふん》や亀石《かめいし》など、謎《なぞ》の石造物《せきぞうぶつ》がたくさんあります。

3時間

法隆寺《ほうりゅうじ》（中門《ちゅうもん》・五重塔《ごじゅうのとう》・金堂《こんどう》・大講堂《だいこうどう》・夢殿《ゆめどの》など）

周辺見学地　法起寺《ほっきじ》

0.5時間

中宮寺《ちゅうぐうじ》（弥勒菩薩像《みろくぼさつぞう》など）

周辺見学地　法起寺《ほっきじ》

2時間

飛鳥《あすか》（石舞台古墳《いしぶたいこふん》・酒船石《さかふねいし》・飛鳥寺跡《あすかでらあと》など）

周辺見学地　橿原神宮《かしはらじんぐう》

さくいん

- 本文の中に出てくる文化財《ぶんかざい》や地名、関係《かんけい》する人や用語などを五十音順《じゅん》にならべています。
- 数字は、その文化財《ぶんかざい》や地名などが出てくるページ数を示しています。
- 太字は、文化財《ぶんかざい》の概要《がいよう》などの内容《ないよう》がくわしく紹介《しょうかい》されているものです。

あ

か

さ

た

な

は

平安京《へいあんきょう》 …… 10、18、36、40、46、62、67、79、81
平安神宮《へいあんじんぐう》 …… 23、**36**、**37**、79
平家納経《へいけのうきょう》 …… 132、133
平城宮跡《へいじょうきゅうせき》 …… 9、**100**、**101**、155
平城京《へいじょうきょう》 …… 8、80、81、90、92、94、100、101、111
平和学習《へいわがくしゅう》 …… 139
平和記念公園《へいわきねんこうえん》 …… 138
弁慶《べんけい》 …… 29
鳳凰《ほうおう》 …… 55、57、70
方形造《ほうぎょうづくり》(宝形造《ほうぎょうづくり》) …… 7、117、151
方丈《ほうじょう》 …… 32、34、35、45、48、49、58、59、72、73、151
方丈記《ほうじょうき》 …… 45
法然《ほうねん》 …… 32、33
法隆寺《ほうりゅうじ》 …… 8、62、81、**102**、**103**、**104**、**106**、108、128、155
北山王《ほくざんおう》 …… 149
菩薩《ぼさつ》 …… 8
細川勝元《ほそかわかつもと》 …… 58
法起寺《ほっきじ》 …… **109**、155
法水院《ほっすいいん》 …… 56
本瓦葺《ほんかわらぶき》 …… 92、152

ま

松尾芭蕉《まつおばしょう》 …… 65、114
松鷹図《まつたかず》 …… 14、15
客神社《まろうどじんじゃ》 …… 135
万葉集《まんようしゅう》 …… 110
三井寺《みいでら》 …… 41
三島由紀夫《みしまゆきお》 …… 54
弥山《みせん》 …… 132、133
源《みなもとの》 融《とおる》 …… 71
源《みなもとの》 頼朝《よりとも》 …… 67、114、117
宮崎友禅斎《みやざきゆうぜんさい》 …… 112
宮島詣《みやじまもうで》 …… 132
明恵上人《みょうえしょうにん》 …… 66
妙心寺《みょうしんじ》 …… 9、**61**
向井去来《むかいきょらい》 …… 65
夢窓疎石《むそうそせき》 …… 64、65、68
紫式部《むらさきしきぶ》 …… 65、71
村田珠光《むらたじゅこう》 …… 49
明治維新《めいじいしん》 …… 11、36、79、88
面《めん》 …… 113
毛利元就《もうりもとなり》 …… 132、135
裳階《もこし》 …… 95、97、104、152
桃山文化《ももやまぶんか》 …… 22
門跡寺院《もんぜきじいん》 …… 42、60、63、152

や

薬師寺《やくしじ》 …… 8、**94**、**95**、**96**、155
八脚門《やつあしもん》 …… 31
八棟造《やつむねづくり》 …… 7、51、119、123、152
山背大兄王《やましろのおおえのおう》 …… 109
倭建命《やまとたけるのみこと》 …… 80
柚木灯籠《ゆのきのとうろう》 …… 90
用明天皇《ようめいてんのう》 …… 102、103
寄木造《よせぎづくり》 …… 31、152
寄棟造《よせむねづくり》 …… 7、83、92
四脚門《よつあしもん》 …… 49、92、93、152

ら

離宮《りきゅう》 …… 34、61、63、64
理源大師《りげんだいし》 …… 74、75
琉球王国《りゅうきゅうおうこく》 …… 140、141、142、148、149
琉球《りゅうきゅう》のグスク跡《あと》 …… **148**
龍門瀑《りゅうもんばく》 …… 65
龍安寺《りょうあんじ》 …… 9、**58**、**59**、154
龍源院《りょうげんいん》 …… 49
両流造《りょうながれづくり》 …… 7、135
両部鳥居《りょうぶとりい》 …… 133
臨済宗《りんざいしゅう》 …… 38、54、61、65
輪蔵《りんぞう》 …… 33、152
輪王寺《りんのうじ》 …… 119、120、124、125、**126**
連立式天守《れんりつしきてんしゅ》 …… 129

わ

若草山《わかくさやま》 …… 79、91
若草山焼《わかくさやまや》き …… 79
和気清麻呂《わけのきよまろ》 …… 67
和様《わよう》 …… 7

写真提供(五十音順・敬称略)

明日香村教育委員会／今帰仁村教育委員会／一般財団法人 奈良県ビジターズビューロー／うるま市教育委員会／ NPO 法人四条京町家／おばんざい嵐山ぎゃあてい／春日大社／賀茂御祖神社　下鴨神社／賀茂別雷神社　上賀茂神社／北野天満宮／旧嵯峨御所大覚寺門跡／京菓子司 甘春堂／京都大原三千院／京都御所／京料理いそべ／公益財団法人　京都伝統産業交流センター／国立広島原爆死没者追悼平和祈念館／（社）奈良市観光協会／首里城公園／総本山醍醐寺／総本山知恩院／総本山仁和寺／大雲山龍安寺／大本山天龍寺／大本山東福寺／大本山妙心寺／東山慈照寺　銀閣寺／那覇市教育委員会／奈良県産業・雇用振興部商業振興課／なら工藝館／日光山輪王寺／日光二荒山神社／比叡山延暦寺／姫路市／広島平和記念資料館／伏見稲荷大社／便利堂／宮島観光協会／元離宮二条城／読谷村教育委員会／蓮華王院　三十三間堂／鹿苑寺金閣寺／ kyoto-design.jp ／ © Jinyee - © kazama14 - © knet2d - © paylessimages - © promolink- © rudiuk - © terkey - Fotolia.com

監修：公益財団法人全国修学旅行研究協会

編集・制作：（株）エヌ・アンド・エス企画

本文デザイン：吉澤光夫（エヌ・アンド・エス企画）

構成・取材・執筆：水口保（こどもくらぶ／編集事務所・なずな）

イラスト：乙牧美喜子／山崎猛

取材協力：小森マリ／小丸和恵／當村まり／福岡登美子

地図製作：周地社（斉藤義弘）

校正：くすのき舎

もっと知りたい！図鑑

行ってみよう！京都・奈良図鑑

2013年4月　第1刷発行 ©

2020年12月　第4刷

発行者　千葉 均

編　集　浦野由美子

発行所　株式会社ポプラ社　〒102-8519　東京都千代田区麹町4－2－6

電　話　03-5877-8109（営業）　03-5877-8113（編集）

ホームページ　www.poplar.co.jp（ポプラ社）

印刷　凸版印刷株式会社　　製本　株式会社難波製本

ISBN978-4-591-13247-0　N.D.C.709/159P/27cm×22cm　Printed in Japan

P7108006

日本一

古い文化財《ぶんかざい》大集合

世界一・日本一古い木造建築《もくぞうけんちく》

法隆寺《ほうりゅうじ》金堂《こんどう》・五重塔《ごじゅうのとう》

飛鳥《あすか》時代

もっと知りたい！

法隆寺《ほうりゅうじ》をつくった世界最古《さいこ》の企業《きぎょう》

大阪《おおさか》府にある建設《けんせつ》会社「金剛組《こんごうぐみ》」は、聖徳太子《しょうとくたいし》により百済《くだら》からよびよせられ、四天王寺《してんのうじ》や法隆寺《ほうりゅうじ》を建《た》てた3人の大工《だいく》のうちのひとり、金剛重光《こんごうしげみつ》がはじめたといわれています。創業《そうぎょう》は578年で、1430年以上《いじょう》の歴史《れきし》をもつ世界最古《さいこ》の企業《きぎょう》として知られています。

日本一古い神社の建物《たてもの》

宇治上神社本殿《うじがみじんじゃほんでん》

1060年ごろ

日本一古い校倉造《あぜくらづくり》

唐招提寺経蔵《とうしょうだいじきょうぞう》

奈良《なら》時代

日本一古いトイレ

東福寺東司《とうふくじとうす》

室町《むろまち》時代